RUDOLF DIECKMANN

Aufgabenkritik in einer Großstadtverwaltung

Schriftenreihe der Hochschule Speyer

Band 65

Aufgabenkritik in einer Großstadtverwaltung

unter besonderer Berücksichtigung Hamburgs

Von

Dr. Rudolf Dieckmann

DUNCKER & HUMBLOT / BERLIN

CIP-Kurztitelaufnahme der Deutschen Bibliothek

Dieckmann, Rudolf

Aufgabenkritik in einer Grossstadtverwaltung: unter bes. Berücks. Hamburgs. — 1. Aufl. — Berlin: Duncker und Humblot, 1977.
(Schriftenreihe der Hochschule Speyer; Band 65)
ISBN 3-428-03941-6

Gedruckt 1977 bei Berliner Buchdruckerei Union GmbH., Berlin 61
Printed in Germany

ISBN 3 429 03941 6

Vorwort

Die in den letzten Jahren in Gang gekommene Diskussion um die Überprüfung öffentlicher Aufgaben hat die Hochschule für Verwaltungswissenschaften Speyer veranlaßt, das Forschungsprojekt „Aufgabenkritik in einer Großstadtverwaltung“ zu vergeben. Ich habe das Angebot der Hochschule, diesen Gegenstand zu bearbeiten, gerne angenommen, weil so eine Möglichkeit bestand, Überlegungen aus meiner beruflichen Tätigkeit in Hamburg systematischer fortzuführen. Aus der Beschäftigung in der Verwaltung der Freien und Hansestadt Hamburg ergab sich zugleich aber auch eine Einschränkung für das Forschungsprojekt. Durch die befristete Abordnung zur Hochschule Speyer mußte von vornherein darauf verzichtet werden, dem Thema in allen Verästelungen nachzugehen. Im Vordergrund stand deshalb das Bemühen, die „Aufgabenkritik“ in ihrer Breite zu ordnen und — wenn möglich — zu systematisieren, um so für eine Vertiefung des Gegenstandes durch weitere Forschungsarbeiten eine Grundlage zu liefern.

Um das Projekt durchführen zu können, bedurfte es der Unterstützung einer ganzen Reihe von Personen und Institutionen, für die ich mich bedanken möchte. Die Freie und Hansestadt Hamburg und meine Familie sind hier in erster Linie zu nennen, denn sie haben durch ihre Zustimmung zum Aufenthalt in Speyer die Voraussetzungen für das Projekt geschaffen. Herrn Senatsdirektor Prof. Ulrich Becker, Hamburg, verdanke ich weitgehend den Zugang zum Problem der Überprüfung der öffentlichen Aufgaben und dessen Durchdringung auch in einzelnen Fragestellungen. Sowohl Herr Becker als auch der Leiter des Projekts, Herr Prof. Dr. Frido Wagener, haben mich durch Anregungen und Material bei meiner Arbeit sehr unterstützt. Außerordentlich hilfreich war auch die Bereitschaft der Kommunalen Gemeinschaftsstelle in Köln und des Senatsamts für den Verwaltungsdienst in Hamburg, die bisherigen Ergebnisse ihrer Bemühungen zu diesem Thema zur Verfügung zu stellen und ergänzende Auskünfte zu geben. Da ich nicht allen Personen dieser Institutionen an dieser Stelle danken kann, möchte ich besonders nur die Hauptreferenten Dr. Gottschalk und Dr. Hack bei der Kommunalen Gemeinschaftsstelle sowie

Amtsrat Brandt, Regierungsrat Jessen, Oberregierungsrat Dr. Martens, Regierungsrat Meyer sowie Oberamtsrat Schoppe und seine Mitarbeiter beim Senatsamt für den Verwaltungsdienst in Hamburg nennen.

Speyer 1976 *Rudolf Dieckmann*

Inhaltsverzeichnis

Tabellenverzeichnis

Abbildungsverzeichnis

Einleitung

Die öffentlichen Aufgaben sind ins Gerede gekommen. Die Forderungen nach einer kritischen Überprüfung des Aufgabenbestandes und einer stärkeren Rationalisierung der öffentlichen Verwaltung haben in den letzten Jahren zugenommen.

Vordergründig wird die Diskussion um den Personalkostenanteil an den öffentlichen Haushalten geführt. Hinter dieser Kritik am öffentlichen Dienst steht aber ein weit verbreitetes Unbehagen der Öffentlichkeit über die Entwicklung der staatlichen Aufgaben und die Grenzen ihrer Finanzierbarkeit.

Die Heftigkeit der Auseinandersetzung, insbesondere seit der Einführung von „Sparprogrammen" bei einer Vielzahl von Gebietskörperschaften in den Jahren seit 1973, zeigt, daß die Probleme und Bedingungen der staatlichen Verwaltung und des öffentlichen Dienstes in der Vergangenheit nicht ihrer Bedeutung entsprechend gesehen wurden. Die aus der Zunahme der öffentlichen Aufgaben und der Vermehrung des Personals folgenden Schwierigkeiten bestanden grundsätzlich auch schon vor den „Sparprogrammen". Sie wurden allerdings für viele nicht so sichtbar, weil die öffentlichen Einnahmen regelmäßig stiegen.

Zugleich wird deutlich, daß bei der Mehrzahl der Bürger die — verglichen mit privaten Unternehmungen — relativ große Offenheit der Verwaltung nach außen[1] nicht zu einer differenzierten Kritik führt[2]. Vielmehr scheint sich die Vorstellung, im öffentlichen Dienst werde auf Kosten der Bürger wenig und ineffizient gearbeitet, zu bestätigen. Dagegen hält sich der Privatwirtschaft gegenüber auch bei Zunahme der Konkurse und starken Preissteigerungen die Meinung, dort werde nicht geschlafen, sondern hart gearbeitet, weil sonst die Gewinne beeinträchtigt würden.

Die Reaktion aus dem Bereich der öffentlichen Verwaltung auf diese Kritik hat sich vielfach darin erschöpft festzustellen, die Personal-

---

[1] z. B. durch Presse, parlamentarische Kontrolle, Rechnungshöfe, Gerichte, Bürokratieforschung, die seit 1967 zunehmende Eigenkritik und eigene Wahrnehmung.

[2] Hartmut Tofaute, Probleme des Personaleinsatzes im öffentlichen Dienst, WSI-Studien Nr. 28, Köln 1974, S. 170; Günter Hartfiel, Die öffentliche Verwaltung zwischen technischem Fortschritt und sozialem Wandel, in: Hamburger Jahrbuch für Wirtschaft und Gesellschaftspolitik, 15. Jahrgang 1970, S. 191.

vermehrung beruhe auf den von den Gesetzgebern beschlossenen Aufgaben und sei deshalb nicht von ihr zu verantworten. Außerdem sei es angesichts des grundlegenden Unterschiedes von öffentlichen und privaten Aufgaben in der Regel nicht möglich, Grundsätze privaten Wirtschaftlichkeitsdenkens auf den öffentlichen Bereich zu übertragen[3].

Wie man sich zu dieser Kritik und der Gegenkritik im einzelnen auch stellen mag, es kann keinem Zweifel unterliegen, daß die öffentliche Verwaltung ihre Aufgaben, ihr Personal, ihre Strukturen und ihre Mittel einer kritischen Betrachtung unterziehen und die schon bestehenden Ansätze zu Reformen verstärken muß[4]. Dies nicht nur, um die Finanzen „in Ordnung zu bringen", was zumindest teilweise auch über eine Verbesserung der Einnahmeseite der öffentlichen Haushalte möglich wäre, sondern um ihre Leistungskraft zu erhöhen und die hergebrachten Grundsätze der Sparsamkeit und Wirtschaftlichkeit der neueren Entwicklung anzupassen. Ein solches Vorhaben wird aber nur dann Aussicht auf Erfolg haben, wenn die herkömmlichen Rationalisierungsversuche, die regelmäßig die Aufgabenerfüllung zum Gegenstand haben, ergänzt werden um eine kritische Überprüfung der öffentlichen Aufgabenstellung insgesamt. Der Aufgabenzuwachs zwingt zu einer Selektion und Gewichtung innerhalb des Aufgabenkatalogs der öffentlichen Hände durch eine umfassende „Abschichtung" alter Aufgaben und eine strengere Auswahl neuer Aufgaben. Diese Thematik ist — im Gegensatz zur Rationalisierungsproblematik — bisher weder theoretisch noch empirisch ausreichend erforscht.

Mit der folgenden Untersuchung über Aufgabenkritik in einer Großstadtverwaltung soll versucht werden,

— speziell die Probleme der Aufgabenentwicklung und der Aufgabenkritik bewußt zu machen,

— darzustellen, welche wesentlichen Ansätze und Instrumente der Aufgabenkritik in einer Großstadtverwaltung bestehen, wie sie ausgestaltet sind und wie sie angewandt werden können,

---

[3] Vgl. z. B. Günter Hartkopf, Der öffentliche Dienst als leistungsfähiges Instrument zum Nutzen des Bürgers, Bulletin der Bundesregierung Nr. 117 vom 9. Oktober 1974, S. 1189; Diskussion auf dem Gewerkschaftstag 1976 der Gewerkschaft Öffentliche Dienste, Transport und Verkehr in Hamburg (Tagungsprotokoll Nr. 5).

[4] Zum Stand der öffentlichen Auseinandersetzung um die „Ökonomisierung" des öffentlichen Dienstes und die geringe wissenschaftliche Fundierung vgl. kritisch Klaus Dammann, Ökonomisierung, Loyalisierung, Reform und Gegenreform des öffentlichen Dienstes, in: WSJ-Mitteilungen des Wirtschafts- und Sozialwissenschaftlichen Instituts des Deutschen Gewerkschaftsbundes GmbH 1974, S. 479 ff.; zum Forschungsdefizit vgl. auch Peter Eichhorn, Was die Ökonomen ignorieren, in: Wirtschaftswoche Nr. 22 vom 25. 5. 1973, S. 36 ff.

— zu verdeutlichen, daß nur der Einsatz aller Instrumente im Zusammenhang und auf der Grundlage eines einheitlichen Ansatzes Erfolg verspricht,
— beispielhaft zu zeigen, wo und warum Schwierigkeiten bei der Anwendung der Instrumente bestehen und
— hinzuweisen auf die Notwendigkeit eines mittel- und langfristigen Konzeptes der Aufgabenkritik.

Die Freie und Hansestadt Hamburg bot sich als Untersuchungsobjekt an, weil dort in den vergangenen Jahren zahlreiches Material zu den einzelnen Bereichen der Aufgabenkritik und Rationalisierung erstellt worden ist. Hamburg läßt in seiner Doppelstellung als Großstadt und als Land der Bundesrepublik in gewissem Umfang Schlüsse sowohl für die Aufgabenkritik in anderen Ländern als auch in anderen Großstädten zu. Zudem besteht zwischen der Großstadt Hamburg und dem Zentralstaat Bundesrepublik — etwa durch die Gesetzgebung — ein so enger Zusammenhang, daß über den Rahmen der Stadt hinaus auch die Probleme des Gesamtstaates bei der Aufgabenüberprüfung einzubeziehen sind.

Gleichwohl ist es das grundsätzliche Ziel der Arbeit, Aufgabenkritik anhand einer konkreten Stadt empirisch zu vermitteln und zu systematisieren und nicht, mehrere Städte untereinander zu vergleichen. Angesichts der unterschiedlichen Strukturen und Bedingungen selbst von Städten gleicher Größenklasse, hätte eine vergleichende Betrachtung mehrerer Städte bei sehr groben Aussagen enden müssen. Es kommt entscheidend auf den Entwicklungsstand der Instrumente der Aufgabenkritik in einer politischen Einheit an. Soweit Material anderer Städte zur Verfügung stand, ist es allerdings in den Text eingearbeitet worden, um der Praxis Anhaltspunkte für Lösungsmöglichkeiten zu liefern.

Zum besseren Verständnis der Ausführungen wird zunächst kurz die Regierungs- und Verwaltungsstruktur Hamburgs vorangestellt (Erster Abschnitt).

Die Arbeit umreißt sodann die Notwendigkeit der Aufgabenkritik, abgeleitet aus der Aufgaben-, Personal- und Finanzentwicklung und grenzt sie begrifflich und nach Zielsetzung von der Rationalisierung und Aufgabenplanung ab (Zweiter Abschnitt).

Es folgt die Darstellung einzelner Ansätze der Aufgabenkritik:
— der Abbau und die Einschränkung von vorhandenen Aufgaben,
— die Privatisierung von Aufgaben und die Verlagerung von Aufgaben aus der unmittelbaren Verwaltung auf verselbständigte öffentliche Träger sowie
— die Gestaltung der neuen Aufgaben (Dritter Abschnitt).

Die Instrumente zur wirksamen Aufgabenüberprüfung innerhalb einer Großstadtverwaltung sind Gegenstand eines weiteren Abschnittes (Vierter Abschnitt).

In diesen Zusammenhang gehören auch die bisherigen Bemühungen der Kommunalen Gemeinschaftsstelle für Verwaltungsvereinfachung in Köln (Fünfter Abschnitt).

Da Aufgabenkritik noch stärker als die Rationalisierung in einen politischen und gesellschaftlichen Bedingungsrahmen gestellt ist, kommt es darauf an, die Gegebenheiten der Verwaltung sowie die Anforderungen der Politik und der Mitarbeiter in einem Gesamtkonzept der Aufgabenüberprüfung zu berücksichtigen (Sechster Abschnitt).

Die Zusammenfassung der wesentlichen Ergebnisse dieser systematisierenden Deskription erfolgt im Schlußkapitel (Siebter Abschnitt).

Erster Abschnitt

Regierung und Verwaltung in Hamburg

Die Freie und Hansestadt Hamburg ist als Stadtstaat zugleich Land der Bundesrepublik Deutschland und einheitliche Stadtgemeinde mit rund 1,8 Mill. Einwohnern[1].

Hamburg erfüllt

— selbstgesetzte Aufgaben als Land und Gemeinde

— bundesstaatliche Aufgaben

— Gemeinschaftsaufgaben von Bund und Ländern.

Als Bundesland wirkt Hamburg an der Bundesgesetzgebung über den Bundesrat mit.

Der Senat ist die Regierung und oberste Verwaltungsbehörde. Die Senatoren werden von der Bürgerschaft (Parlament) nicht für bestimmte Ressorts gewählt. Die Geschäftsverteilung unter den Senatoren und die Wahl oder Wiederwahl des Ersten und des Zweiten Bürgermeisters durch das Senatskollegium findet jährlich statt. Die Senatoren sind:

— Kollegialmitglieder des Senats

— Präses (Chef) eines Ressorts.

Neben dem Senat bestehen Senatskommissionen und die Konferenz der Staatsräte.

Senatskommissionen werden aus Mitgliedern des Senats und Staatsräten zur Vorbereitung wichtiger Entscheidungen des Senats und/oder zur Entscheidung für den Senat eingesetzt.

Die Staatsrätekonferenz ist ein wichtiges Koordinierungsorgan im Vorfeld von Entscheidungen des Senats, insbesondere zur Erfüllung der laufenden Verwaltungsgeschäfte. In dieser Funktion ist ihr im Sommer

[1] Vgl. zum folgenden: Ulrich Becker, Das strukturelle Instrumentarium der Regierung und Verwaltungsführung der Freien und Hansestadt Hamburg, Die Verwaltung 1969, Hefte 2 und 3, S. 213 ff. und 347 ff.; Freie und Hansestadt Hamburg, Koordination und integrierte Planung in den Staatskanzleien, Landesbericht Hamburg, Schriftenreihe der Hochschule Speyer, Band 60, Berlin 1976, S. 268 ff.

1974 vom Senat der Auftrag erteilt worden, alternative Vorschläge für das „Sparprogramm“ des Senats[2] auszuarbeiten.

Die Verwaltungsaufgaben werden von neun Fachbehörden, sieben Bezirksämtern und zwei Senatsämtern ausgeführt.

Die Fachbehörden vereinigen in sich ministerielle, mittelbehördliche und unterbehördliche Aufgaben.

Die Bezirksämter sind ein Kompromiß zwischen selbständigen Gemeinden und dekonzentrierten Außenstellen der Verwaltung. Sie sollen den Ausgleich zwischen den Anforderungen nach Einheitlichkeit für das ganze Staatsgebiet und bevölkerungsnaher Verwaltung gewährleisten.

Der Senat hat sich bestimmte Aufgaben wegen ihrer Bedeutung für die Regierungs- und Verwaltungsführung als überlagernde und ressortneutrale Aufgaben vorbehalten.

Für die Aufgaben- und Investitionsplanung, die Planung des Instrumentariums (Organisation und Personal, Haushaltssysteme, Methoden, Techniken), die Bedarfsfeststellung und die Bereitstellung von Finanzen, Flächen, Personal und Sachmitteln verfügt der Senat über ein System von Assistenzeinheiten, die teilweise unmittelbar dem Ersten Bürgermeister unterstellt (Senatskanzlei und Senatsamt für den Verwaltungsdienst) oder Fachbehörden zugeordnet sind[3]:

- Senatskanzlei — Planungsstab —
- Senatsamt für den Verwaltungsdienst — Organisationsamt und Personalamt —
- Finanzbehörde — Finanzverwaltung —
- Baubehörde — Landesplanungsamt —
- Behörde für Wirtschaft, Verkehr und Landwirtschaft — Amt für Wirtschaftspolitik —

Unter Verwaltung soll in dieser Untersuchung die Gesamtheit der Behörden der Freien und Hansestadt Hamburg verstanden werden. Mit der Großstadtverwaltung Hamburg ist deshalb die Gebietskörperschaft Hamburg im materiellen Sinne gemeint unter Ausschluß der

---

[2] Vgl. hierzu die Ausführungen zum Sparprogramm Abschnitt IV Ziff. 15, S. 188.

[3] Zur Bedeutung dieser Querschnittseinheiten mit Ressourcencharakter vgl. Klaus König, Die Rolle zentraler oder ressorteigener Einheiten für Regierungspolitik und für Planung im Bereich der Politikentscheidung und Prioritätensetzung, Länderbericht: Bundesrepublik Deutschland, in: Regierungspolitik und Koordination, Schriftenreihe der Hochschule Speyer, Bd. 57, Berlin 1976, S. 227 ff.; Eberhard Laux, Personalplanung im öffentlichen Dienst, Die Verwaltung 1976, Heft 2, S. 137 ff. (153).

öffentlichen Unternehmen und der Zuwendungsempfänger, die aufgrund ihrer Zugehörigkeit zur Stadt oder ihrer Finanzierung durch den Staat ebenfalls der Verpflichtung zur Aufgabenkritik unterliegen könnten.

Die Grundstruktur des Verwaltungsaufbaus ergibt sich aus dem folgenden Schaubild.

Schaubild 1: Regierung und Verwaltung in Hamburg

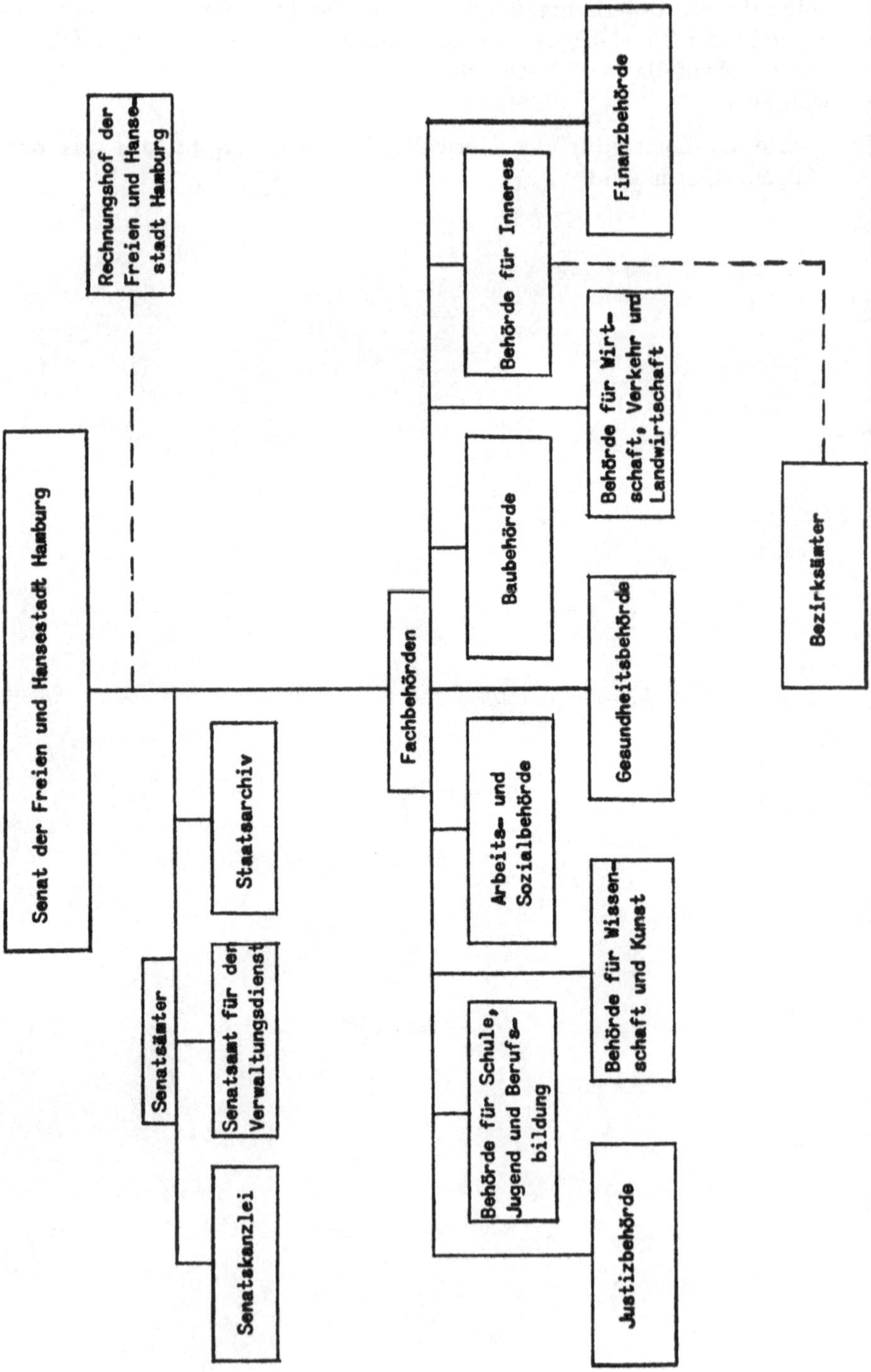

Zweiter Abschnitt

Notwendigkeit der Aufgabenkritik

1. Entwicklung der Aufgaben, des Personals und der Finanzen

Die Notwendigkeit einer Überprüfung der öffentlichen Aufgaben und der Rationalisierung der Aufgabenerfüllung wird regelmäßig aus der zunehmenden Knappheit der Ressourcen und der auch für die Zukunft prognostizierten qualitativen und quantitativen Zunahme der öffentlichen Aufgaben abgeleitet[1].

Trotz der kaum bestrittenen Argumentationskette: Ausweitung der öffentlichen Aufgaben und Vermehrung des Personals = finanzielle Krise, erscheint es für die Beurteilung eines wirksamen Einsatzes der Aufgabenkritik notwendig, die Entwicklung der Aufgaben, des Personals und der Finanzen etwas detaillierter nachzuvollziehen. Es könnte sich herausstellen, daß eine stärkere Aufgabenüberprüfung nicht nur wegen der finanziellen Schwierigkeiten erfolgen muß, sondern nicht weniger wegen anderer bedeutsamer Mängel im Regierungs- und Verwaltungssystem.

Aus diesem Grunde sollen im folgenden die Ausweitung der öffentlichen Aufgaben (1.1), die Veränderung der Personalzahlen im öffentlichen Dienst (1.2), der finanzielle Rahmen der öffentlichen Hände in der Bundesrepublik und in Hamburg (1.3) und sich hieraus ergebende Mängel der Verwaltung (1.4) skizziert werden.

1.1 Ausweitung der Aufgaben

Der Bestand an öffentlichen Aufgaben ist Ergebnis der bisherigen historischen Entwicklung der jeweils in Betracht kommenden politischen Einheiten. Diese Entwicklung darf nicht als zwangsläufig oder als nur von einem Motor angetrieben vorgestellt werden. Zwar gehen starke Anforderungen von den Veränderungen im wirtschaftlichen Bereich aus. Einheitliche Kriterien, nach denen Art und Umfang der öffentlichen Aufgaben festgelegt werden könnten, sind aber nicht vorhanden und haben den Entscheidungen, etwas als öffentliche Aufgabe wahrzunehmen, nicht zugrundegelegen. Allenfalls wird man sagen

[1] KGSt-Bericht, Aufgabenkritik, Nr. 21/1974 vom 29. 10. 1974, S. 3.

können, daß Gründe des allgemeinen Wohls die öffentliche Aufgabenwahrnehmung als geboten und erforderlich erscheinen ließen. Daher mag leicht der Eindruck entstehen, „die öffentlichen Aufgaben seien der Sache nach der öffentlichen Hand in der Geschichte einfach zugewachsen, teils in einem Prozeß aktiver Gestaltung, teils in bloßer Reaktion auf historische ‚Lagen' und ihre Anforderungen"[2]. Gleichwohl können für die Entwicklung der öffentlichen Aufgaben in der Bundesrepublik Deutschland zumindest einige Trends aufgezeigt werden.

So übertrifft die öffentliche Verwaltung des 20. Jahrhunderts „nach Aufgabenkreis, Intensität der Aufgabenerfüllung sowie Umfang des Personal- und Mitteleinsatzes diejenige aller früheren Epochen"[3]. Ob diese Entwicklung den Charakter einer Gesetzmäßigkeit hat, wie Adolph Wagner in seinem Buch „Das Gesetz der zunehmenden Ausdehnung der Staatstätigkeit"[4] ausführt, mag dahinstehen[5]. Nicht von der Hand zu weisen ist auf jeden Fall ein seit langem absolutes qualitatives und quantitatives Aufgabenwachstum, eine Entwicklung zum „Verwaltungsstaat"[6], der hinsichtlich seiner Aufgaben und der Träger der Aufgaben kaum noch überblickt werden kann.

Die Ursachen dieser Entwicklung werden nicht immer einheitlich beurteilt, insbesondere nicht, wie maßgeblich die einzelnen Ursachen zu dem gekennzeichneten Verlauf beigetragen haben.

Für die Zielsetzung dieser Arbeit dürfte es ausreichen, auf folgende Faktoren hinzuweisen[7]:

— Industrialisierung und Urbanisierung

— Entwicklung zum Sozialstaat

— „Lückenbüßer"-Funktion

— Verflechtung von „Staat" und „Wirtschaft"

— Verwaltung der Verwaltung.

---

[2] Thomas Ellwein, Ralf Zoll: Zur Entwicklung der öffentlichen Aufgaben in der Bundesrepublik Deutschland, Studienkommission für die Reform des öffentlichen Dienstrechts Bd. 8, Baden-Baden 1973, S. 203 ff. (209).

[3] Hans-Peter Bull: Handbuch der Verwaltung, Heft 2.1, S. 12; vgl. auch Frido Wagener, Neubau der Verwaltung, Berlin 1969, S. 44 f. und Thomas Ellwein, Zur Entwicklung der öffentlichen Aufgaben, DÖV 1972, S. 13 ff.

[4] Vgl. Auszug in: H.-C. Recktenwald (Hrsg.), Finanztheorie, Köln und Berlin 1969, S. 241 ff.

[5] Vgl. kritisch hierzu Udo Rödel, Umstrittener Staat, Faktoren und Merkmale staatlicher Aktivität und Rationalität, ZBR Heft 9/1975, S. 269 ff. (271); Volker Ronge, Günter Schmieg, Restriktionen politischer Planung, Frankfurt 1973, S. 178 ff.

[6] Vgl. Hans-Peter Bull.

[7] Unter weitgehender Bezugnahme auf die Ausführungen von Hans-Peter Bull.

Diese Entwicklungstendenzen stehen in einem inneren Zusammenhang. Sie lassen sich mit Fritz Scharpf[8] als Ausdruck einer „Verstaatlichung" kennzeichnen, die auf der zunehmenden Überweisung der wirtschaftlichen und sozialen Folgeprobleme einer grundsätzlich marktwirtschaftlichen Ordnung und einer Zunahme der Ansprüche der Bürger auf für nicht vom Markt produzierte Leistungen an den Staat beruht. Die Verarbeitung der wirtschaftlichen und sozialen Folgeprobleme durch den Staat führt zu einer Ausdehnung der Verwaltung. Damit wird zugleich ein zusätzlicher administrativer Aufgabenzuwachs in Form einer wachsenden Verwaltung der Verwaltung erzeugt.

Während der Aufgabenerweiterung aufgrund der Industrialisierung, der Verflechtung von Staat und Wirtschaft und der Verwaltung der Verwaltung zumindest in einem bestimmten Umfang eine gewisse Eigengesetzlichkeit zugrunde liegt, kann dies für die Entwicklung zum Sozialstaat und die „Lückenbüßer"-Funktion nicht in gleichem Maße gesagt werden. Zwar ergibt sich das Anspruchsniveau des Bürgers an den Staat zum Teil aus „gesellschaftlichen Mängellagen", es ist aber auch Resultat der Parteiendemokratie. Die politischen Parteien konkurrieren in der Suche nach noch nicht vom Staat abgedeckten Bereichen der Gesellschaft. Das politische System sieht seinen Beitrag im wesentlichen darin, das Vorhandene zu mehren, sei es, daß die politischen Parteien originäre Forderungen entwickeln, sei es, daß sie als „Transformationsriemen" von Interessenten vertretene Forderungen verstärken. Die Folge ist ein gesellschaftlicher Erwartungsdruck, dem wenigstens teilweise entsprochen werden muß, wenn es nicht zu einer Krise des politischen Systems kommen soll. Die Pflege des Aufgabenbestandes wird dagegen vom Bürger nicht anerkannt und daher vom Politiker auch nicht bewußt ins Auge gefaßt.

Begünstigt wird diese Entwicklung dadurch, daß die Zuständigkeit und Verantwortung auf der Ebene der Vertretungskörperschaften häufig auseinanderfallen. Die für die Zunahme oder Ausweitung öffentlicher Aufgaben maßgebenden Vertretungskörperschaften sind nicht zugleich für den Verwaltungsvollzug und die durch ihn entstehenden Folgen (Kosten) verantwortlich. Diese Folgen haben häufig andere Gebietskörperschaften oder die Sozialversicherungsträger zu tragen[9].

Manche Anzeichen deuten darauf hin, daß so in den vergangenen Jahren Wünsche nach neuen Aufgaben geweckt worden sind, die wieder

[8] Vgl. Bilanz: Steigende Anforderungen und abnehmende Handlungsmöglichkeiten — das selbstblockierende System, unveröffentlichtes Manuskript, Berlin Oktober 1974, S. 3.

[9] Vgl. Rudolf Dieckmann, Regierungspolitik und Gesetzgebung, Recht und Politik, Heft 2/1975, S. 84 ff.

zu reduzieren außerordentlich schwierig ist. Noch mehr gilt dies, wenn bisher schon gewährte Leistungen abgebaut werden sollen.

Mit den angeführten Gründen der Aufgabenausweitung ist allerdings ein Faktor noch nicht erfaßt, der in den letzten Jahren zunehmende Bedeutung erlangt hat, möglicherweise sogar der stärkste Impuls für die Aufgabenentwicklung geworden ist: die „vertikale Ressort-Kumpanei" der Fachleute[10]. Das geänderte Selbstverständnis der Verwaltung, die gesellschaftliche Entwicklung mitgestalten zu wollen, eine Tendenz der Verwaltung, den Eigenwert gegenüber anderen am gesellschaftlichen Gestaltungsprozeß Beteiligten erhöhen zu wollen, das Interesse der Mitarbeiter am Erfolg der eigenen Arbeit und ihr Bewußtsein, aufgrund des spezialisierten Sachverstandes weitgehend die Aufgabenstellung und Aufgabendurchführung steuern zu können, haben zu einer Überbetonung bestimmter Aufgaben auf allen drei Ebenen der Verwaltung (Bund, Länder und Gemeinden) durch Zusammenwirken der Ressorts und Ressortvertreter mit übereinstimmenden Geschäftsbereichen geführt[11]. Das gilt nicht nur für den Bereich der Gesetzgebung, sondern noch stärker für die Abfassung der Rechtsverordnungen und die Verwaltungsvorschriften sowie die Handhabung der Vorschriften in der Praxis. Die Standards der Aufgabenerfüllung in den einzelnen Aufgabenbereichen sind ständig erhöht worden, ohne daß ein horizontaler Ausgleichsmechanismus wirksam wurde, der eine Überprüfung sichergestellt hätte, in welchem Verhältnis die Ausweitung der einen Aufgabe zu einer anderen in ihrer Bedeutung stand.

Diese „Maximierung des out-put des eigenen Amtes" mit „gesellschaftlichen Bedürfnissen" legitimieren zu wollen, wäre stark vereinfacht. Natürlich wird — bezogen auf das einzelne Aufgabengebiet — kaum jemand etwas gegen die Anhebung der Standards in den Heimen, Schulen, Verwaltungsgebäuden usw. einwenden. Es stellt sich nur die Frage, ob nicht so erst „gesellschaftliche Bedürfnisse" zum Nachteil anderer Aufgaben entwickelt worden sind, die bei Knappheit der Ressourcen zu einem kaum lösbaren Konflikt führen.

Im Zusammenhang mit der Ausweitung der Aufgaben wird regelmäßig von einem Wachstum der Dienstleistungsaufgaben und einem Rückgang oder Stagnieren der Ordnungsaufgaben gesprochen. Diese Zweiteilung der öffentlichen Aufgaben in Ordnungs- und Dienstleistungsaufgaben wird jedoch weder der Vielfalt staatlichen Handelns gerecht[12] noch ist die Aussage vom Rückgang oder Stagnieren der Ordnungsaufgaben richtig.

---

[10] Vgl. Frido Wagener, System einer integrierten Entwicklungsplanung im Bund, in den Ländern und in den Gemeinden, Schriftenreihe der Hochschule Speyer, Bd. 55, Berlin 1975, S. 129 ff. (134).

[11] Vgl. Rudolf Dieckmann, ebenda; Frido Wagener, ebenda.

Versteht man unter Ordnungsfunktionen mit Jochimsen[13] das Setzen aller rechtlichen, institutionellen und organisatorischen Rahmenbedingungen, innerhalb deren gesellschaftliche und individuelle Sozialprozesse ablaufen sollen, dann ergibt sich hieraus, daß zwischen wachsenden Staatsaufgaben und Ordnungsfunktion eine unmittelbare Wechselbeziehung besteht. Je mehr Menschen und Lebenssachverhalte in das staatliche Handeln einbezogen werden, um so stärker wird es notwendig, sowohl die Gemeinschaftswerte als auch die individuellen Freiheiten durch Ordnungsregeln zu sichern. So gesehen stellt die Entwicklung der Ordnungsfunktion einen Reflex auf die allgemeine Entwicklung der staatlichen Aufgaben dar, was sich an den Umweltschutzgesetzen, der Lebensmittelhygiene oder dem Arzneimittelschutz beispielhaft ablesen läß[14].

Für eine wirksame Aufgabenkritik ist die Zusammenfassung aller Aufgaben als Dienstleistungsaufgaben, soweit sie nicht unter die Ordnungsfunktion in dem genannten Sinne fallen, zu wenig differenziert[15]. Die später noch zu erörternden Fragen der „Privatisierung" öffentlicher Aufgaben und der „Bildung verselbständigter Verwaltungsträger" setzen einen engeren Dienstleistungsbegriff voraus. Im Anschluß an Jochimsen[16] soll im folgenden von fünf Funktionen staatlichen Handelns ausgegangen werden[17]:

---

[12] Vgl. Udo Rödel, Umstrittener Staat, ZBR Heft 9/1975, S. 270.

[13] Reimut Jochimsen, Überlegungen zur mittel- und längerfristigen Aufgabenplanung und deren Einfluß auf die Vorbereitung der Haushaltsentscheidungen, in: Der öffentliche Haushalt, Archiv für das öffentliche Haushaltswesen, Jahrgang 13, Heft 3/1972, S. 130.

[14] Vgl. hierzu Ulrich Becker, Die öffentlichen Leistungen — ihr Strukturbild, in: Öffentlicher Dienst und Gesellschaft — Eine Leistungsbilanz, Godesberger Taschenbücher, Band 11, 1974, S. 43 ff.

[15] Zu den Schwierigkeiten einer Abgrenzung von Leistungs- und Eingriffsverwaltung vgl. ausführlich bei Hendrik Gröttrup, Die kommunale Leistungsverwaltung, Stuttgart 1973, S. 80 ff.

[16] Vgl. derselbe: Planung im staatlichen Bereich, Bulletin der Bundesregierung Nr. 113 vom 23. 7. 1971, S. 1236 ff.

[17] Vgl. hierzu auch Ulrich Becker, Die öffentlichen Leistungen — ihr Strukturbild; weitere Einteilungen der öffentlichen Aufgaben vgl. bei: Frido Wagener, Einwohnerzahl und Aufgabenerfüllung der Länder, in: Materialien zum Bericht der Sachverständigenkommission für die Neugliederung des Bundesgebietes, Der Bundesminister des Inneren (Hrsg.), Bonn, Februar 1973, S. 84 f. (Einteilung nach Erfüllungszuständigkeiten); Thomas Ellwein, Einführung in die Regierungs- und Verwaltungslehre, Stuttgart 1966, S. 36 ff. (Einteilung nach Lebenskreisen, Bürger, Raum und Wirtschaft, innere Administration); Hans-Peter Bull, Handbuch der Verwaltung, Heft 2.1, S. 22 (Einteilung nach Erfüllungsmodalitäten); Aufgabensystematik nach den „Verwaltungsvorschriften zur Haushaltssystematik des Bundes", hrsg. vom Bundesminister der Finanzen.

— Ordnungsfunktion
— Funktionsfunktion:
Realisierung von Funktionszielen wie Vollbeschäftigung, Preisstabilität, Wirtschaftswachstum. Handlungsfähigkeit des Gesellschaftssystems in bezug auf die Gewährleistung bestimmter sozio-ökonomischer Mindeststandards.
— Dienstleistungsfunktion:
Versorgung der Bürger mit öffentlichen Gütern.
— Redistributionsfunktion:
Verteilung und Umverteilung von Einkommen, Vermögen, Privilegien und Verfügungsmacht.
— Entwicklungsfunktion:
Staatliche Aktivitäten zur Veränderung der Gesellschaftsordnung und ihrer Struktur durch langfristige, geplante Maßnahmen und Programme.

Zur Dienstleistungsfunktion im engeren Sinne zählen entsprechend der Systematik von Isenberg[18]:

Öffentliche Leistungen im engeren Sinne

Sachlich/techn. Bereich	Humanbereich	Unterbringung (Quartierwesen)
VIII	IX	X
A) „Versorgung“ 1. Energie (Elektr., Gas etc.) meist als Zuleitung, Verteilung 2. Wasser Gewinnung und Verteilung 3. Entsorgung Abwasser, Müll, Straßenreinigung 4. Sonstige Dienste B) Verkehr Anlage, Betrieb Regelung 1. Wasser (See und Fluß) 2. Land Schiene und Straße, insbes. öffentlicher Personennahverkehr 3. Luft 4. Post und Fernmeldewesen 5. Sonstiges	A) Lebensführung i. w. Sinn, insbesondere 1. Gesundheit Krankenhaus 2. Hilfen für Schwache etc. 3. Jugend, Alter, Familie 4. Bestattung Friedhof 5. Freizeit (Loisir) Sportl. Erholung B) Erziehung Bildung, Kultur 1. Allg. Schulen 2. Fachl. Schulen 3. Hochschulen 4. Kultur 5. Kultus	1. Bereitstellung von Wohnraum 2. Obdachlosenheime 3. Camping Zeltplätze, Hilfen beim Tourismus

[18] Gerhard Isenberg, Leistungsverwaltung, Finanzen, Marktwirtschaft und Raumordnung, Der öffentliche Haushalt, Jahrgang 16, Heft 1 und 2, S. 13.

1.2 Veränderung der Personalzahlen

Die skizzierte Ausweitung der öffentlichen Aufgaben korrespondiert mit der Zunahme des Personals im öffentlichen Dienst der Bundesrepublik[19]. Im Jahre 1974 waren in den Verwaltungen von Bund, Ländern und Gemeinden rund 3 421 000 Personen beschäftigt. Dies bedeutet gegenüber 1960 eine Zunahme von rund 782 000 Personen, das sind rund 30 %.

Tabelle 1

Hauptberuflich vollbeschäftigtes Personal bei Bund, Ländern und Gemeinden von 1960 bis 1974

Beschäftigungsbereich	Jahr	insgesamt	Zu- (+) bzw. Abnahme (−) gegenüber dem Vorjahr in %
Bund, Länder, Gemeinden (GV),	1960	2 638 936	
Wirtschaftsunternehmen ohne	1961	2 698 373	+ 2,3
eigene Rechtspersönlichkeit,	1962	2 748 273	+ 1,8
Deutsche Bundesbahn und	1963	2 812 548	+ 2,3
Deutsche Bundespost insgesamt	1964	2 862 920	+ 1,8
	1965	2 906 461	+ 1,3
	1966	2 930 692	+ 0,8
	1967	2 964 271	+ 1,1
	1968	2 926 755	− 1,3
	1969	2 987 895	+ 2,1
	1970	3 078 783	+ 3,0
	1971	3 197 925	+ 3,9
	1972	3 296 355	+ 3,1
	1973	3 376 180	+ 2,4
	1974	3 421 092	+ 1,3
Bund	1974	296 253	− 0,2
Länder	1974	1 367 293	+ 3,3
Gemeinden (GV)	1974	753 622	+ 1,6
Wirtschaftsunternehmen ohne eigene Rechtspersönlichkeit	1974	134 757	− 2,0
Gebietskörperschaften zusammen	1974	2 551 925	+ 2,1
Deutsche Bundesbahn	1974	433 449	− 0,0
Deutsche Bundespost	1974	435 718	− 1,4

Quelle: Statistisches Bundesamt (Hrsg.), Wirtschaft und Statistik 1972, S. 281 und 1973, S. 412 sowie 1976 S. 164. Bis 1973 ist der Stichtag jeweils der 2. 10., ab 1974 der 30. 6.

Aus den Veränderungsraten der Tabelle 2 läßt sich erkennen, daß beim Bund und den Ländern zwischen 1960 und 1972 eine etwa gleichstarke Zunahme des Personals, dagegen bei den Stadtstaaten und Gemeinden ein geringerer Anstieg zu verzeichnen ist. Seit 1966 hat der

[19] Vgl. Hartmut Tofaute, Probleme des Personaleinsatzes im öffentlichen Dienst, WSJ-Studien Nr. 28, Köln 1974, S. 57/58; Otto-Erich Geske, Zur Personalentwicklung bei Bund, Ländern und Gemeinden, 1963 - 1974, Wirtschaftsdienst 1975/XI, S. 576.

Tabelle 2: **Entwicklung des Personals im unmittelbaren öffentlichen Dienst nach Beschäftigungsbereichen — Jährliche Veränderungsraten (ohne Teilzeitbeschäftigte) in v. H.[a]**

Jahr (Stichtag 2. 10.)	Insgesamt	Verwaltung				Wirtschaftsunternehmen ohne eigene Rechtspersönlichkeit	Gebietskörperschaften zusammen	Deubtsche Bundesbahn[c]	Deutsche Bundespost[c] [d]
		Bund[b]	Länder (ohne Stadtstaaten)	Stadtstaaten	Gemeinden (Gv.)				
1960	—	—	—	—	—	—	—	—	—
1961	+ 2,3	+ 12,0	+ 3,1	+ 2,9	+ 3,2	− 3,5	+ 3,2	− 1,4	+ 2,6
1962	+ 1,8	+ 6,4	+ 2,6	+ 3,2	+ 3,0	− 3,7	+ 2,5	− 1,9	+ 3,2
1963	+ 2,3	+ 6,1	+ 3,4	+ 1,8	+ 3,4	+ 0,3	+ 3,2	− 0,8	+ 1,8
1964	+ 1,8	+ 4,9	+ 3,3	+ 1,5	+ 3,0	− 3,4	+ 2,6	− 0,1	+ 0,1
1965	+ 1,3	+ 4,2	+ 3,4	+ 0,6	+ 3,0	− 2,8	+ 2,5	− 2,5	− 0,1
1966	+ 0,8	+ 2,2	+ 3,1	+ 1,4	+ 2,9	− 3,0	+ 2,2	− 4,9	+ 0,3
1967	+ 1,1	+ 3,1	+ 4,2	+ 0,5	+ 1,5	− 4,8	+ 2,1	− 4,0	+ 1,6
1968	− 1,3	− 1,4	+ 1,1	− 1,3	− 1,1	− 1,8	− 0,3	− 5,1	− 2,0
1969	+ 2,1	+ 1,4	+ 3,7	+ 2,7	+ 3,3	− 0,5	+ 2,9	− 1,5	+ 1,5
1970	+ 3,0	+ 1,6	+ 4,3	+ 2,2	+ 3,7	− 3,6	+ 3,0	+ 3,5	+ 2,9
1971	+ 3,9	+ 1,8	+ 5,7	+ 2,8	+ 4,1	− 2,9	+ 3,9	+ 3,3	+ 4,6
1972	+ 3,1	+ 1,9	+ 5,0	+ 3,3	+ 3,5	− 2,6	+ 3,5	+ 1,2	+ 2,6
Veränderung von 1972 zu 1960 (1960 = 100)	124,7	153,3	152,3	123,7	139,1	72,1	136,2	86,5	120,1

a) 1972 vorläufiges Ergebnis. — b) Ohne Soldaten und ohne Vollzugsdienst des Bundesgrenzschutzes. — c) Stichtag 30. September. — d) Einschl. Bundesministerium für das Post- und Fernmeldewesen.

Quelle: Hartmut Tofaute, Probleme des Personaleinsatzes im öffentlichen Dienst, S. 26.

Bund relativ geringe Personalzuwächse von ca. 1,6 %; bei den Ländern schwankt die Zuwachsrate jährlich um 4 %, bei den Stadtstaaten um 1,7 % mit höheren Steigerungen seit 1969; bei den Gemeinden um 2,6 % mit ebenfalls stärkeren Raten seit 1969.

Für das Verhältnis von Personal im öffentlichen Dienst zu den abhängig Beschäftigten und der Bevölkerungszahl ergibt sich folgendes Bild:

Tabelle 3

Personal im öffentlichen Dienst und seine Anteile an den abhängig Beschäftigten und der Bevölkerungszahl[a])

Stichtag 2. Oktober	Vollbeschäftigte im unmittelbaren Öffentlichen Dienst[b])	Beschäftigte Arbeitnehmer im Inland insgesamt	Anteil der öffentlichen Bediensteten an den beschäftigten Arbeitnehmern im Inland insgesamt	Bevölkerung insgesamt[c])	Öffentliche Bedienstete je 1 000 Einwohner
	1 000	1 000	v. H.	1 000	Anzahl
1960	2 644	20 102	13,2	55 433	48
1961	2 704	20 592	13,1	56 175	48
1962	2 754	20 887	13,2	56 938	48
1963	2 818	21 125	13,5	57 587	49
1964	2 868	21 361	13,4	58 266	49
1965	2 906	21 650	13,4	59 012	49
1966	2 931	21 662	13,5	59 638	49
1967	2 964	20 933	14,2	59 873	50
1968	2 927	21 065	13,9	60 184	49
1969	2 988	21 647	13,8	60 848	49
1970	3 077	22 160	13,9	60 651	51
1971	3 198	22 321	14,3	61 302	52
1972	3 296	22 277	14,8	61 669	53

a) 1971 und 1972 vorläufiges Ergebnis. — b) Ohne Soldaten und ohne Vollzugsdienst des Bundesgrenzschutzes. — c) Gerundete Zahlen.
Quelle: Hartmut Tofaute, Probleme des Personaleinsatzes im öffentlichen Dienst, S. 46.

Tabelle 4: **Vollbeschäftigtes Personal bei Bund Ländern und Gemeinden[a]) (Gv.) nach Aufgabenbereichen[b])**

Aufgabenbereiche	1960 Anzahl	1960 vH	1963 Anzahl	1963 vH	1966 Anzahl	1966 vH	1969 Anzahl	1969 vH	1972 Anzahl	1972 vH	Zuwachs 1972 gegenüber 1960 (vH)
Politische Führung und zentrale Verwaltung[c])	332 000	21,0	364 600	20,7	365 850	19,0	354 100	17,4	423 869	(18,6)	—
darunter: Finanzverwaltung	169 286	10,7	174 741	9,9	178 864	9,3	181 395	8,9	192 336	8,4	+ 13,6
Auswärtige Angelegenheiten	4 442	0,3	4 357	0,2	4 911	0,3	4 680	0,2	5 232	0,2	+ 17,8
Verteidigung[d])	85 506	5,4	134 887	7,6	160 927	8,4	167 989	8,3	178 473	7,8	+ 108,7
Öffentliche Sicherheit und Ordnung[e])	169 000	10,7	182 000	10,3	196 600	10,2	205 849	10,1	222 089	9,7	+ 31,4
Rechtsschutz	92 200	5,8	97 194	5,5	99 672	5,2	103 693	5,1	111 564	4,9	+ 21,0
Schulen	265 978	16,8	291 411	16,6	330 404	17,2	379 612	18,7	432 325	18,9	+ 62,5
Hochschulen	52 210	3,3	74 533	4,2	97 727	5,1	117 041	5,8	176 630	7,7	+ 238,3
Sonstiges Bildungswesen und übriger Kultusbereich	33 018	2,1	37 366	2,1	40 703	2,1	43 440	2,1	48 443	2,1	+ 46,7
Soziale Sicherung	110 227	7,1	113 270	6,4	116 971	6,1	115 196	5,7	122 287	5,4	+ 10,9
Gesundheit, Sport und Erholung	175 000	11,1	195 000	11,1	215 000	11,2	232 000	11,4	266 606	11,7	+ 52,3
Wohnungswesen und Raumordnung[c]), [f])	68 500	4,3	61 200	3,5	72 700	3,8	71 200	3,5	52 371	(2,3)	—
Kommunale Gemeinschaftsdienste[c])	59 000	3,7	61 500	3,5	73 000	3,8	78 000	3,8	60 296	(2,6)	—
Ernährung, Landwirtschaft und Forsten	23 000	1,5	22 600	1,3	21 700	1,1	22 400	1,1	22 914	1,0	— 0,4

Energie und Wasserwirtschaft, Gewerbe, Dienstleistungen	17 900	1,1	19 000	1,1	20 300	1,1	21 000	1,0	24 898	1,1	+ 39,1
Verkehrs- und Nachrichtenwesen	90 900	5,8	100 500	5,7	105 100	5,5	116 900	5,7	133 662	5,9	+ 47,0
Verwaltung zusammen	1 578 881	100	1 759 418	100	1 921 565	100	2 033 100	100	2 281 659	100	+ 44,5
Zuwachs gegenüber vorheriger Erhebung (vH)	—		+ 11,4		+ 9,2		+ 5,8		+ 12,2		—
desgl. ohne Verteidigung, Bildungs-, Sozial- und Gesundheitswesen	856 942	54,3	912 951	51,9	959 833	50,0	977 822	48,1	1 056 895	46,4	+ 23,3
Zuwachs gegenüber vorheriger Erhebung (vH)	—		+ 6,5		+ 5,1		+ 1,2		+ 8,1		—
Verteidigung, Bildungs-, Sozial- und Gesundheitswesen zusammen	721 939	45,7	846 467	48,1	961 732	50,0	1 055 278	51,9	1 224 764	53,6	+ 69,6
Zuwachs gegenüber vorheriger Erhebung (vH)	—		+ 17,2		+ 13,6		+ 9,7		+ 16,1		—

a) Ohne Gemeinden mit weniger als 1000 Einwohnern sowie ohne Bundespost und Bundesbahn und Wirtschaftsunternehmen ohne eigene Rechtspersönlichkeit. — b) Nach der ab 1970 gültigen Systematik, Zuordnung teilweise geschätzt. — c) 1972er Systematik konnte anhand des vorliegenden Materials noch nicht mit den früheren Ergebnissen abgestimmt werden. — d) Ohne Soldaten. — e) Ohne Vollzugsdienst des Bundesgrenzschutzes. — f) Einschließlich Hochbauverwaltung.

Quelle: Hartmut Tofaute, Probleme des Personaleinsatzes im öffentlichen Dienst, S. 74.

Danach hat der Anteil der im öffentlichen Dienst Beschäftigten sowohl im Verhältnis zu den abhängig Beschäftigten als auch im Verhältnis zur Einwohnerzahl kontinuierlich zugenommen.

Die Frage nach den Gründen der Personalvermehrung läßt sich verhältnismäßig leicht an Hand der vorstehenden Tabelle des Personals nach Aufgabenbereichen beantworten.

Analysiert man Tabelle 4, dann ergibt sich im Verhältnis von 1972 zu 1960 eine Gesamtzunahme von 44,5 v. H. der Beschäftigten. Von diesem Durchschnittswert weichen die Zuwächse im Schuldienst mit 238,3 v. H., im Verteidigungssektor mit 108,7 v. H., im Hochschulbereich mit 62,5 v. H. am stärksten ab. Auch der Leistungsbereich Gesundheit und Erholung weist mit 52,3 eine überdurchschnittliche Zuwachsrate aus.

Im Vergleich zur Privatwirtschaft läßt sich feststellen, „daß die Personalentwicklung in der staatlichen Verwaltung und bei den Sozialversicherungen der allgemeinen auf den tertiären Sektor hin orientierten Beschäftigungstendenz gefolgt ist“[20]. So ist bei der Karstadt AG bzw. der Kaufhof AG von 1960 bis 1971 der Personalbestand um 37,5 v. H. bzw. 60,9 v. H. gestiegen[21].

Die für die öffentliche Verwaltung der Bundesrepublik gekennzeichnete Entwicklung der Personalzahlen entspricht im großen und ganzen auch der Hamburgs.

Im Jahre 1975 waren im unmittelbaren öffentlichen Dienst der Freien und Hansestadt Hamburg rund 110 000 Personen beschäftigt. Das sind 63 öffentlich Bedienstete auf 1000 Einwohner oder 154 in der staatlichen Verwaltung Beschäftigte auf 1000 Erwerbstätige in Hamburg. Das Ausgangsjahr 1966 der nachfolgenden Tabelle weist rund 20 000 Staatsdiener weniger aus. Die Steigerungsrate zwischen 1966 und 1975 beträgt demnach über 20 % bei einer um über 120 000 Personen gesunkenen Einwohnerzahl. Als durchschnittlicher Zuwachs ergeben sich + 2 % jährlich. Dabei ist zu berücksichtigen, daß den zwischen 1960 und 1970 25 000 neu geschaffenen Arbeitsplätzen 9000 weggefallene gegenüberstehen[22].

Der Eindruck eines wachsenden Personalbestandes bei schrumpfender Bevölkerungszahl bedarf insofern einer Korrektur, als die abwandernde Bevölkerung zu einem großen Teil in die um Hamburg angren-

---

[20] Hartmut Tofaute, Probleme des Personaleinsatzes im öffentlichen Dienst, S. 53.

[21] Vgl. Tofaute, ebenda.

[22] Vgl. Ulrich Becker, Zweck und Maß der Organisation, Handbuch der Verwaltung, Heft 3.1. S. 5.

Tabelle 5: **Allgemeiner Stellenplan und Anhang (Ist)**
Entwicklung der Beschäftigtenzahl in Hamburg seit 1966

Jahr	Einwohnerzahl jeweils zum 1. 1.	Vollbeschäftigte Anzahl jeweils zum 1. 4.a)	Vollbeschäftigte mehr/weniger gegenüber dem Vorjahr	Vollbeschäftigte je 1000 Einwohner	Teilzeitbeschäftigte Anzahl jeweils zum 1. 4.a)	Teilzeitbeschäftigte mehr/weniger gegenüber dem Vorjahr	Teilzeitbeschäftigte je 1000 Einwohner	insgesamt Anzahl jeweils zum 1. 4.a)	insgesamt mehr/weniger gegenüber dem Vorjahr	insgesamt je 1000 Einwohner
1966	1 854 361	72 814	+ 816	39,3	17 384	+ 1 125	9,4	90 198	+ 1 941	48,7
1967	1 847 267	74 049	+ 1 235	40,1	17 673	+ 289	9,6	91 722	+ 1 524	49,7
1968	1 832 560	74 842	+ 793	40,8	18 048	+ 375	9,8	92 890	+ 1 168	50,6
1969	1 822 837	80 662	+ 5 820	44,3	13 430	− 4 618	7,4	94 092	+ 1 202	51,7
1970	1 817 122	82 127	+ 1 465	45,2	13 517	+ 87	7,4	95 644	+ 1 552	52,6
1971	1 793 640	85 547	+ 3 420	47,7	14 564	+ 1 047	8,1	100 111	+ 4 467	55,8
1972	1 781 621	87 110	+ 1 563	48,9	14 986	+ 422	8,4	102 096	+ 1 985	57,3
1973	1 766 214	88 165	+ 1 055	49,9	16 537	+ 1 551	9,4	104 702	+ 2 606	59,3
1974	1 751 621	90 155	+ 1 990	51,5	17 373	+ 836	9,9	107 528	+ 2 826	61,3
1975	1 733 802	89 027a)	− 1 128	51,3	20 349a)	+ 2 976	11,7	109 376a)	+ 1 848	63,0
1976	1 717 000b)									

a) ab 1975 Stichtag 31. 12. des Vorjahres. — b) geschätztes Ergebnis zum 1. 1. 1976.

Quelle: Senatsamt für den Verwaltungsdienst Hamburg, 1975.

Tabelle 6: **Personal der staatlichen Verwaltung in Hamburg am 30. Juni 1974 nach Aufgabenbereichen und Dienstverhältnissen sowie Veränderungen gegenüber dem 2. Oktober 1970**

Lfd. Nr.	Aufgabenbereiche	Vollbeschäftigtes Personal a)												Außerdem: teilzeitbeschäftigtes Personal mit 20 und mehr Wochenarbeitsstunden		
		insgesamt			davon Beamte und Richter			davon Angestellte			davon Arbeiter					
		Anzahl	Veränderungen gegenüber 1970 in %	in % der Spaltengesamtheit	Anzahl	Veränderungen gegenüber 1970 in %	in % der Spaltengesamtheit	Anzahl	Veränderungen gegenüber 1970 in %	in % der Spaltengesamtheit	Anzahl	Veränderungen gegenüber 1970 in %	in % der Spaltengesamtheit	Anzahl	Veränderungen gegenüber 1970 in %	in % der Spaltengesamtheit
		1	2	3	4	5	6	7	8	9	10	11	12	13	14	15
1	Politische Führung und zentrale Verwaltung	11 633	+12,9	12,8	6 135	+16,9	16,0	5 184	+ 8,3	13,0	314	+17,2	2,5	1 075	+ 25,3	7,7
	darunter															
2	Innere Verwaltung	2 155	+12,7	2,4	784	+ 3,8	2,0	1 251	+18,1	3,1	120	+21,2	0,9	580	+ 25,8	4,1
3	Steuer- u. Finanzverwaltung	5 652	+ 8,6	6,2	3 710	+ 8,0	9,6	1 861	+ 9,0	4,7	81	+30,6	0,6	256	+ 45,5	1,8
4	Hochbauverwaltung	1 754	− 1,2	1,9	465	−20,8	1,2	1 198	+ 8,7	3,0	91	+ 5,8	0,7	102	− 8,1	0,7
5	Öffentliche Sicherheit und Ordnung	13 002	+ 3,1	14,3	10 294	+ 1,0	26,8	2 159	+11,9	5,4	549	+13,0	4,3	245	+ 65,5	1,7
	darunter															
6	Polizei	9 393	+ 3,0	10,3	8 049	+ 1,3	20,9	920	+16,2	2,3	424	+11,0	3,3	135	+ 82,4	1,0
7	Feuerschutz	1 903	+ 8,7	2,1	1 736	+ 8,0	4,5	72	+ 9,1	0,2	95	+21,8	0,7	8	.	0,1
8	Rechtsschutz	5 492	+ 6,2	6,0	4 127	+ 8,4	10,7	1 299	+ 0,9	3,3	66	−16,5	0,5	419	+ 71,7	3,0
	darunter															
9	Ordentliche Gerichte und Staatsanwaltschaften	3 851	+ 6,4	4,2	2 796	+ 8,5	7,3	1 010	+ 1,8	2,5	45	.	0,4	375	+ 72,0	2,7
10	Strafvollzugsanstalten	1 357	+10,3	1,5	1 175	+ 8,7	3,1	161	+ 8,1	0,4	21	.	0,2	13	.	0,1
11	Schulen (einschl. Unterrichtsverwaltung)	13 677	+14,4	15,0	10 926	+11,2	28,4	2 435	+35,1	6,1	316	− 2,8	2,5	5 064	+ 31,8	36,1
	darunter															

12	Grund-, Haupt-, Sonder- und Realschulen b)	8 457	+11,4	9,3	6 807	+ 9,7	17,7	1 404	+22,8	3,5	246	+ 1,7	1,9	4 555	+ 26,6	32,5
13	Gymnasien	2 852	+18,6	3,1	2 457	+13,6	6,4	391	+65,7	1,0	4	.	0,0	334	+110,1	2,4
14	Berufsbildende Schulen	1 731	+18,5	1,9	1 365	+11,9	3,5	356	+49,6	0,9	10	.	0,1	103	+102,0	0,7
15	Hochschulen (einschl. Fachhochschulen)	8 177	+18,2	9,0	1 882	+ 5,8	4,9	5 285	+22,1	13,3	1 010	+24,5	8,0	1 498	+ 82,2	10,7
	darunter															
16	Wissenschaftliche Hochschulen	3 213	+24,1	3,5	1 026	+14,0	2,7	1 994	+28,0	5,0	193	+46,2	1,5	849	+ 72,6	6,0
17	Hochschulkliniken	3 950	+13,9	4,3	351	−17,4	0,9	2 826	+17,9	7,1	773	+19,3	6,1	586	+171,3	4,2
18	Sonstiges Bildungswesen	1 906	+14,7	2,1	1 766	+11,8	4,6	140	+70,7	0,4	—	—	—	13	.	0,1
19	Kulturelle Angelegenheiten	888	+ 7,0	1,0	78	± 0,0	0,2	772	+ 5,3	1,9	38	.	0,3	249	+ 49,1	1,8
20	Soziale Sicherung, soziale Kriegsfolgeaufgaben, Wiedergutmachung	9 591	+10,3	10,5	1 250	− 4,5	3,3	7 519	+11,1	18,9	822	+33,2	6,5	2 042	+ 9,8	14,5
	darunter															
21	Jugendämter	1 087	+ 6,5	1,2	373	+ 3,3	1,0	699	+ 7,4	1,8	15	.	0,1	82	+ 6,5	0,6
22	Einrichtungen der Sozialhilfe	1 881	+10,5	2,1	47	.	0,1	1 524	+10,8	3,8	310	+11,1	2,4	789	+ 15,4	5,6
23	Einrichtungen der Jugendhilfe	4 186	+23,2	4,6	121	+31,5	0,3	3 595	+19,4	9,0	470	+60,4	3,7	968	+ 3,2	6,9
24	Gesundheit, Sport, Erholung	13 799	+13,1	15,2	513	−10,9	1,3	9 953	+18,0	25,0	3 333	+ 4,3	26,3	3 014	+ 35,3	21,5
	darunter															
25	Krankenanstalten ohne Hochschulkliniken	11 212	+15,2	12,3	119	−27,0	0,3	8 772	+18,7	22,0	2 321	+ 6,3	18,3	2 660	+ 33,3	19,0
26	Park- und Gartenanlagen	1 048	− 1,0	1,2	55	−12,7	0,1	137	+ 7,0	0,3	856	− 1,4	6,8	6	.	0,0
27	Wohnungswesen u. Raumordnung	1 183	− 2,6	1,3	213	− 5,8	0,6	852	− 0,7	2,1	118	− 9,2	0,9	38	.	0,3
28	Kommunale Gemeinschaftsdienste	5 310	+ 4,7	5,8	186	−10,1	0,5	1 046	+ 3,4	2,6	4 078	+ 5,9	32,2	51	± 0,0	0,4
29	Verkehrs- u. Nachrichtenwesen	4 648	+ 1,0	5,1	726	+ 1,3	1,9	2 128	+ 3,6	5,3	1 794	− 2,1	14,2	55	.	0,4
	darunter															
30	Straßen- und Brückenbau	721	− 0,1	0,8	186	+10,7	0,5	518	+ 5,3	1,3	17	.	0,1	15	.	0,1
31	Wasserstraßen, Häfen	455	− 3,4	0,5	200	+ 5,8	0,5	254	− 7,6	0,6	1	.	0,0	10	.	0,1
32	Sonstige	1 652	− 4,5	1,8	359	−17,7	0,9	1 054	− 1,3	2,6	239	+ 5,8	1,9	273	+ 0,7	1,9
33	Insgesamt	90 958	+ 9,6	100	38 455	+ 6,9	100	39 826	+13,3	100	12 677	+ 7,1	100	14 036	+ 32,9	100

a) Einschl. Personal in Ausbildung. — b) Einschl. Gesamtschulen.

Quelle: Hamburg in Zahlen, Monatsschrift des Statistischen Landesamtes der Freien und Hansestadt Hamburg, Heft 4/1975, S. 102.

zenden Gebiete Niedersachsens und Schleswig-Holsteins zieht und als Pendler eine ganze Reihe staatlicher Leistungen in Hamburg weiterhin in Anspruch nimmt.

Die Freie und Hansestadt Hamburg beschäftigte 1975 mehr als

18 300	Lehrer,
12 800	Arbeiter bei der Straßenreinigung, der Müllabfuhr und ähnlichen Betriebsdiensten,
10 000	Krankenschwestern und Krankenpfleger,
7 900	Polizei- und Kriminalbeamte,
8 400	Reinmachefrauen,
5 400	Fürsorger, Erzieher, Kindergärtnerinnen sowie über
3 000	Hochschullehrer und Wissenschaftler.

Von den rd. 110 000 Beschäftigten sind demgegenüber im Management und in der Indendantur („Verwaltung der Verwaltung") nur insgesamt rd. 3100 Verwaltungskräfte tätig.

Eine noch detailliertere Aufgliederung der Beschäftigten nach Berufsgruppen für die Jahre 1970 und 1974 ergibt sich aus Tabelle 6.

Auch für Hamburg zeigt sich, daß die wesentliche Ursache für die Zunahme des Personals im öffentlichen Dienst in den letzten Jahren die Ausweitung des Stellenbestandes im Bildungs- und Ausbildungsbereich ist, gefolgt vom Bereich Gesundheit und öffentliche Sicherheit. Der Sektor Bildung und Ausbildung stellt rund 30 000 Mitarbeiter von insgesamt 110 000 Beschäftigten. Während in dem Zeitraum 1970 - 1974 die Zahl der Vollbeschäftigten sämtlicher Aufgabenbereiche eine Steigerung von 9,6 % hatte, betrug sie in den Hochschulen 18,2 %, den Krankenanstalten 15,2 %, den Schulen 14,4 %.

Zusammenfassend kann für Hamburg wie für die Bundesrepublik insgesamt festgestellt werden, daß in den letzten Jahren auf die Bereiche, die ohnehin einen hohen Personalbestand hatten, auch noch überproportionale Zunahmen entfielen; insbesondere in den Bereichen Bildung und Gesundheit. Darin drücken sich die politischen Prioritätsentscheidungen aus und weniger das „Parkinsonsche Gesetz" einer sich von selbst vermehrenden öffentlichen Verwaltung[23]. Es bestätigt sich, daß keine „künstliche Aufblähung" stattgefunden hat — diese hätte sich auch auf andere Aufgabensektoren in gleicher Weise auswirken

[23] Vgl. Parkinson, C. N., Parkinsons Gesetz und andere Untersuchungen über die Verwaltung, Düsseldorf 1958: Wachsen des Personals vollzieht sich unabhängig davon, ob die Arbeit zunimmt oder abnimmt oder ganz verschwindet (S. 14), weil jeder die Zahl seiner Untergebenen zu vermehren wünscht.

müssen —, sondern eine für jedermann nachvollziehbare und von den Bürgern unterstützte Ausweitung im Bildungs- und Gesundheitswesen.

Im Verhältnis zu Ländern und Gemeinden ist keine generelle Abweichung der Entwicklung in Hamburg festzustellen. Hier wie dort sind es bestimmte Bereiche der Leistungsverwaltung, die den Personalzuwachs ausmachen. Lediglich mit der Zuwachsrate von rund 2 % (rd. 2000 Stellen) jährlich liegt Hamburg etwas niedriger als andere Länder und auch Stadtstaaten.

1.3 Finanzieller Rahmen

Das Wachstum des öffentlichen Sektors in der Bundesrepublik, wie es in der dargestellten Entwicklung der öffentlichen Aufgaben und des Personals im öffentlichen Dienst zum Ausdruck kommt, stößt trotz steigender Einnahmen der öffentlichen Hände zunehmend auf finanzielle Grenzen.

In der Bundesrepublik Deutschland zeigt sich für den öffentlichen Gesamthaushalt (Gebietskörperschaften, Lastenausgleichsfonds, ERP-Sondervermögen, Deutsche Gesellschaft für öffentliche Arbeiten und Europäische Gemeinschaften ohne Sozialversicherungen) eine Entwicklung von 32,2 Mrd. DM im Jahre 1952 auf rund 200 Mrd. DM im Jahre 1972. Bezogen auf das Brutto-Sozialprodukt erreichten die Ausgaben des öffentlichen Gesamthaushaltes 1952 ein Volumen von 29,2 %, 1972 von 32,1 %.

Die volkswirtschaftliche Steuerquote beträgt in den letzten Jahren in etwa gleichbleibend rund 24 % des Brutto-Sozialprodukts.

Die Einzelheiten ergeben sich aus der nachstehenden Übersicht[24]:

Tabelle 7

Ausgaben und Steuerquote des öffentlichen Gesamthaushalts

Bezeichnung	1952	1957	1962	1967	1972	1975a)
Bruttosozialprodukt in Milliarden DMb)	137,0	218,5	360,1	495,5	833,9	1 041,2
Steuern des Gesamthaushalts in Milliarden DMb)	32,2	48,3	86,4	114,6	197,0	238,3
Ausgabenquote des öffentlichen Gesamthaushaltsc)	29,2	29,2	29,6	31,1	32,1	35,5
Volkswirtschaftliche Steuerquoted)	23,5	22,1	24,0	23,1	23,6	22,9

a) Vorläufige Ergebnisse. — b) 1952 und 1957 ohne Saarland und Berlin. — c) Anteil der Gesamtausgaben am Bruttosozialprodukt (1952 und 1957 einschließlich Berlin). — d) Anteil der gesamten Steuereinnahmen am Bruttosozialprodukt.

Quelle: Bundesministerium der Finanzen (Hrsg.), Finanzberichte 1973, Bonn 1973, S. 163 und 1976, Bonn 1975, S. 24 - 26 und 37.

Analysiert man die Aufteilung der Ausgaben nach Aufgabenbereichen, dann ergeben sich in den letzten 20 Jahren erhebliche Strukturverschiebungen innerhalb der Ausgaben des öffentlichen Gesamthaushalts. Diese Strukturverschiebungen folgen den Prioritäten, die sich bei der Erfüllung der öffentlichen Aufgaben entwickelt haben oder gesetzt wurden.

Tabelle 8

Aufteilung der Ausgaben nach Aufgabenbereichen 1950 und 1971

	1950	1971
Besatzungs-Verteidigungskosten	16,7 %	10,0 %
Öffentliche Sicherheit und Rechtsschutz	4,0 %	4,0 %
Schulwesen	6,0 %	10,0 %
Hochschulen, Forschung	1,5 %	5,5 %
Soziale Sicherheit (soweit aus öffentlichem Gesamthaushalt finanziert)	27,0 %	20,0 %
Gesundheit, Sport, Erholung	3,6 %	5,7 %
Wohnungswesen, Raumordnung	12,3 %	5,6 %
Wirtschaftsförderung	7,0 %	5,0 %
Verkehrs- und Nachrichtenwesen	4,5 %	8,8 %

Quelle: Eberhard Thiel, Handbuch der Verwaltung, Heft 6.1, S. 6.

Noch deutlicher wird dieser Zusammenhang bei einer isolierten Betrachtung der Ausgabenentwicklung der Länder und hier insbesondere bei der Steigerung der Personalausgaben.

Die Ausgabenentwicklung der Länder ist in den Jahren seit 1969 durch eine ungewöhnlich hohe Expansion gekennzeichnet[25]. So haben sich ihre Gesamtausgaben im Jahre 1972 auf rund 99,9 Mrd. DM, d. h. um rund 13,8 von 100 im Durchschnitt der letzten drei Jahre erhöht. Innerhalb der Gesamtausgaben der Länder haben sich die Personalausgaben von 1970 - 1972 um nahezu 11 Mrd. DM bzw. um 15,9 von 100 im Jahresdurchschnitt erhöht. Allein 1971 betrug die Zunahme 20,2 von 100. Ausschlaggebend für die Entwicklung der Personalausgaben besonders im Jahre 1971 waren neben linearen und strukturellen Besoldungserhöhungen auch umfangreiche Stellenvermehrungen, die ihr Schwergewicht im Bildungsbereich hatten. Der Anteil der Personalausgaben an den Gesamtausgaben belief sich auf 42,5 von 100 in 1972.

Für *Hamburg* ergibt die Entwicklung der Personalausgaben im einzelnen folgendes Bild:

[24] Weitere Einzelheiten bei Eberhard Thiel, Der staatliche Haushalt im volkswirtschaftlichen Zusammenhang, Handbuch der Verwaltung, Heft 6.1, S. 4 f.

[25] Vgl. zum folgenden Frido Wagener, Öffentliche Finanzen und Haushalt in der Bundesrepublik Deutschland, Vorlesungsmanuskript Hochschule für Verwaltungswissenschaften Speyer, Sommersemester 1976 (nicht veröffentlicht).

Tabelle 9: **Entwicklung der Personalausgaben in Hamburg seit 1966 (ohne Wirtschaftsbetriebe) — nach Angaben der Finanzbehörde —**

Rechnungsjahr	Gesamthaushalt[a] — in Mill. DM —	Personalausgaben — in Mill. DM —	Anteil am Gesamthaushalt — v. H. —	Zuwachsrate Personalausgaben gegenüber dem Vorjahr — in Mill. DM —	Zuwachsrate Personalausgaben gegenüber dem Vorjahr — v. H. —	Von den persönlichen Ausgaben entfallen auf Dienstbezüge in Mill. DM	Versorgungsbezüge in Mill. DM	Anzahl der Beschäftigten (ohne Anhang zum St. Plan) jeweils am 1. 4.	Anzahl der Versorgungsempfänger jeweils am 1. 4.
1966	3 526,2	1 478,8	41,9	146,5	11,0	1 212,9	265,9	85 788	39 200
1967	3 625,3	1 552,8	42,8	74,0	5,0	1 275,5	277,3	87 515	40 300
1968	3 800,9	1 646,1	43,3	93,3	6,0	1 359,3	286,8	88 901	41 500
1969	4 055,7	1 826,1	45,0	180,0	10,9	1 508,1	318,0	90 034	42 100
1970	4 584,6	2 112,8	46,1	286,7	15,7	1 745,6	367,2	91 432	43 400
1971	5 273,4	2 537,1	48,1	424,3	20,1	2 118,4	418,7	95 724	44 100
1972	5 797,9	2 800,4	48,3	263,3	10,4	2 340,1	460,3	97 640	45 100
1973	6 342,0[b]	3 182,8	50,2	382,4	13,7	2 648,4	534,4	99 879	46 200
1974[c]	7 290,0	3 650,8	50,1	468,0	14,7	3 033,0	617,8	102 691	47 100
1975[d]	7 852,0	3 923,8[f]	50,0	273,0	7,5	3 266,2[g]	657,6[g]	104 453[h]	49 100
1976[e]	8 272,0	3 975,4[f]	48,1	51,6	1,3	3 283,9	691,5		

a) Nach Abzug der haushaltstechnischen Verrechnungen, der Finanzausgleiche, der Zuführung an Rücklagen, zur Tilgung von Kreditmarktmitteln sowie der Deckung von Fehlbeträgen aus Vorjahren. — b) Ab 1973 ohne Wohnungsbau. — c) Ist-Zahlen. — d) Haushaltsplan 1975 einschließlich Nachtrag. — e) Haushaltsplanentwurf. — f) Ohne Kindergeld. — g) Voraussichtliches Ist. — h) Stand 31. 12. 1974.

Quelle: Senatsamt für den Verwaltungsdienst Hamburg, 1976.

Die Personalausgaben sind in den vergangenen Jahren überproportional gestiegen. Sie erhöhten sich

von rd. 1 400 Mill. DM im Jahre 1966 auf rd. 3 900 Mill. DM im Jahre 1975. Das entspricht einer Steigerung um rd. 180 %.

Auf die Jahre 1965 - 1970 entfallen 800 Mill. DM = 60 % der Mehrkosten.

Auf die Jahre 1971 - 1974 entfallen 1 600 Mill. DM = 120 % der Mehrkosten.

Vom Gesamthaushaltsvolumen von rd. 8 Mrd. DM für 1975 entfallen auf

Personalausgaben	rd. 3,9 Mrd. DM
Sachausgaben	rd. 2,6 Mrd. DM
Investitionen	rd. 1,5 Mrd. DM.

Die Personalausgaben sind mit rd. 3,9 Mrd. DM der weitaus größte Ausgabenblock. Die Entwicklung der Personalausgaben ist in Tabelle 9 dargestellt.

Die Steigerung der Personalausgaben korrespondiert mit der Zunahme des Personals in den in Tabelle 6 aufgeführten Aufgabenbereichen.

Es wäre allerdings verfehlt, das Wachsen der Personalkosten in den letzten Jahren allein auf die Ausweitung dieser Aufgaben zurückzuführen.

Ein großer Teil der Steigerung beruht auf Einkommenserhöhungen im öffentlichen Dienst, die sich aus

- linearen Erhöhungen und
- strukturellen Verbesserungen
  z. B. Lehrerbesoldung,
  Besoldung der Polizeibeamten,
  Zulagen für Beamte, Angestellte und Arbeiter,
  allgemeine Neuordnung des Tarifrechts
  (Einführung des Monatslohns für Arbeiter),
  Verbesserung des Stellenkegels

zusammensetzen.

Hinzu kommen noch Veränderungen im inneren Leistungsbereich in Hamburg wie z. B.:

— Verkürzung der Arbeitszeit	die Arbeitszeit wurde seit 1957 von 48 auf 42 Stunden verkürzt; die Arbeitszeitverkürzung zum 1. 10. 1974 erforderte rd. 2 000 Stellen zusätzlich mit jährlichen Kosten von rd. 38 Mill. DM.
— Verlängerung der Urlaubsdauer	der dadurch bedingte Mehrbedarf ist bisher geringfügig.
— erweiterte Mitbestimmung aufgrund des Personalvertretungsgesetzes	freigestellte Personalratsmitglieder *vor* der Novellierung des Personalvertretungsgesetzes: rd. 70; freigestellte Personalratsmit-

	glieder *nach* der Novellierung des Personalvertretungsgesetzes: rd. 170; mehr aufgrund der Novellierung bisher rd. 100; *zusätzliche* Kosten rd. 3 Mill. DM jährlich.
— Einführung des Schichtdienstes in den Krankenhäusern und in den Heimen der Sozialbehörde	bisherige Stellungszuweisungen rd. 1 300 Stellen mit jährlichen Kosten von rd. 26 Mill. DM.

Die Auswirkungen der Stellenvermehrungen auf den finanziellen Rahmen wären ohne den Hinweis auf den Bindungscharakter von Stellenneuschaffungen nicht vollständig.

In welchem Ausmaß die Bereitstellung neuer Stellen die Dispositionsfreiheit über künftige Haushaltseinnahmen und damit die Investitionskraft einschränkt, wird deutlich, wenn man sich bewußt macht, daß die Bewilligung von 1 Mill. DM für Sachinvestitionen den Haushalt einmalig mit diesem Betrag und anschließend nur mit den Kosten der Instandhaltung und Verwaltung belastet. Demgegenüber wird bei Personalinvestitionen in dieser Höhe gleichzeitig eine entsprechende Summe in den folgenden Jahren gebunden, die zudem durch die Teilnahme an der Erhöhung der Dienstbezüge noch laufend steigt und in späterer Zeit zusätzlich zu einem Anstieg der Versorgungslasten beiträgt.

Die Entwicklung der öffentlichen Aufgaben und der hohe Anteil der Personalkosten am Gesamthaushalt der öffentlichen Hand haben in den letzten Jahren zu einer immer stärkeren Kreditaufnahme der Gebietskörperschaften geführt, da die ordentlichen Einnahmen zur Erfüllung der Ausgabenverpflichtungen nicht ausreichten. „Mit dem überproportionalen Wachstum der Personalausgaben und dem aus der Zunahme der Fremdfinanzierung wie veränderten Kapitalmarktkonditionen resultierenden rapiden Anstieg des Schuldendienstes korrespondiert eine ständige Verringerung des Überschusses im Betriebshaushalt und damit der Selbstfinanzierungsquote der Sachinvestitionen; die Entwicklung der Personalausgaben beeinträchtigt die Investitionskraft der Gebietskörperschaften immer stärker[26]."

So betrug der durchschnittliche jährliche Anteil der Schulden an den kommunalen Gesamthaushalten zwischen 1960 und 1969 11,1 v. H. und er steigt weiter[27]. In Hamburg sind 1976 alle Investitionen nur durch Kredite zu decken. Die Verschuldung der Gebietskörperschaften, die Ende 1972 155 Mrd. DM betrug, dürfte sich nach Auffassung des Wis-

[26] Klaus Lindner, Quantitative Aspekte des Personalbedarfs, Handbuch der Verwaltung, Heft 5.3, S. 4.

[27] Vgl. Heinz Zielinski, Diskrepanz zwischen Aufgabenentwicklung und Finanzierung in den Gemeinden, Göttingen 1975, S. 77.

senschaftlichen Beirats beim Bundesministerium der Finanzen[28] auf rund 250 Mrd. DM erhöhen. Nach diesem Gutachten wird das Defizit der Haushalte der Gebietskörperschaften in der Bundesrepublik 1975 mit über 60 Mrd. DM angenommen. Etwa 30 Mrd. DM davon sind „Ausdruck eines strukturellen Ungleichgewichts der öffentlichen Haushalte, d. h. daß dieser Teil des Defizits bei gleicher Staatsaufgabenquote auch nach Erreichung der Vollbeschäftigung bestehen bleibt"[29].

Es erscheint nicht erforderlich, in dem hier vorliegenden Zusammenhang den Ursachen[30] der finanziellen Krise der öffentlichen Hände weiter nachzugehen[31]. Die nicht unerheblich über die Wachstumsrate des nominellen Sozialprodukts hinausgehende Steigerungsrate der Staatsausgaben zwingt auf jeden Fall zu Maßnahmen, mit denen das Finanzierungsdefizit abgebaut werden kann und zur Entwicklung von Instrumenten, mit denen auch in Zukunft vergleichbaren Situationen wirksam begegnet werden kann. Als Maßnahmen kommen sowohl solche der Steigerung der Einnahmen als auch solche der Einschränkung des Anstiegs der Staatsausgaben in Betracht.

Ob und inwieweit eine Steigerung der Einnahmen anzustreben ist, kann dahinstehen, da einer Erhöhung der Steuerlast des Bürgers auf jeden Fall Grenzen gesetzt sind und eine Erhöhung der Steuern langfristig kein Mittel sein dürfte, um das Ungleichgewicht der Entwicklung des Sozialprodukts und der Staatsausgaben auszugleichen. Einnahmeerhöhungen haben in der Regel dazu geführt, zusätzliche Ausgabenwünsche der Ressorts zu wecken und damit nicht unwesentlich zu der finanziellen Krise beigetragen. Es ist zu befürchten, daß Einnahmeerhöhungen die eingetretene Entwicklung nicht bremsen, sondern eher fördern[32]. Es ist daher dem Wissenschaftlichen Beirat beim Bundesministerium der Finanzen[33] zuzustimmen, daß „eine Steigerung der Einnahmen grundsätzlich nur nach Ausschöpfung aller Möglichkeiten von Ausgabensenkungen in Erwägung gezogen werden sollten, weil die Staatsausgaben in der jüngeren Vergangenheit z. T. auf Grund

[28] Vgl. Gutachten zur Lage und Entwicklung der Staatsfinanzen in der Bundesrepublik Deutschland, Bulletin der Bundesregierung Nr. 103 vom 16. 8. 1975, S. 1001.

[29] Wissenschaftlicher Beirat.

[30] Neben den Personalkosten u. a.: Steuerreform 1975, Folgekosten gesteigerter Investitionen in den 60er Jahren, Ölkrise, Arbeitslosigkeit.

[31] Ein eindrucksvolles Bild dieser Krise vermitteln die Auszüge aus städtischen Haushaltsreden von 1976, abgedruckt in: Der Städtetag, Heft 1, 1976, S. 15 - 21: „Substanzverluste müssen in Kauf genommen werden"; zur Finanzlage der Gemeinden vgl. Richard Klein, Gemeindefinanzbericht 1976, Der Städtetag, Heft 1, 1976, S. 1 ff.

[32] Vgl. Rolf Borell, Das Chaos droht, Wirtschaftswoche Nr. 27 vom 27. 6. 1975, S. 56.

[33] Wissenschaftlicher Beirat, S. 1003.

der im Inflationsprozeß progressiv ansteigenden Steuereinnahmen, z. T. infolge zu optimistischer Einschätzung des weiteren Wirtschaftswachstums übermäßig ausgeweitet und unwirtschaftliche Programme beschlossen wurden, sowie die gebotene Sparsamkeit oft nicht gewahrt wurde".

Ausgabensenkung bedeutet aber, verstärkt Maßnahmen der Aufgabenüberprüfung und Rationalisierung zu ergreifen. Mit solchen Maßnahmen würde auch wesentlicher Kritik der Öffentlichkeit an der öffentlichen Verwaltung begegnet werden können.

1.4 Mängel der Verwaltung als Folgen der Entwicklung

Die dargestellten Entwicklungen und Veränderungen der öffentlichen Aufgaben und die Zunahme des Personalbestandes haben über die finanzielle Krise der öffentlichen Hände hinaus zu einigen wesentlichen Mängeln in der öffentlichen Verwaltung geführt. Sich mit diesen Mängeln insgesamt und in ihren Einzelheiten auseinandersetzen zu wollen, würde den Rahmen dieser Arbeit sprengen. Im folgenden sollen deshalb nur einige für das Verständnis der Ansätze und Instrumente der Aufgabenkritik wesentliche Mängel knapp aufgezeigt werden. Dabei wird weitgehend auf die einschlägige Literatur Bezug genommen, ohne die gelegentlich anzutreffende Überpointierung in jedem Fall zu teilen[34]. Soweit erforderlich, werden spezielle Mängel ausführlicher im Zusammenhang mit den Ansätzen und Instrumenten der Aufgabenkritik dargestellt.

Die Mängel lassen sich als Mängel der Aufgabenerfüllung (1.4.1) und des Personalwesens (1.4.2) unterscheiden. Wegen der unter finanziellen Gesichtspunkten besonders wichtigen Effektivität der öffentlichen Verwaltung sollen diese Mängel besonders abgehandelt werden (1.4.3).

---

[34] Vgl. hierzu u. a.: Jürgen Wild, Peter Schmid, Management-Systeme für die Verwaltung: PPBS und MbO, Die Verwaltung, 1973, S. 150 - 153 („Hauptmängel"); Bodo A. Baars, Strukturmodelle für die öffentliche Verwaltung, Köln, Berlin, Bonn, München 1973, S. 23 - 25 (Nachteile der hierarchischen Struktur); Bundesminister des Innern, 3. Bericht der Projektgruppe Regierungs- und Verwaltungsreform, Zur Änderung der Struktur von Bundesregierung und Bundesverwaltung, Bonn 1972; Niklas Luhmann, Reform des öffentlichen Dienstes, in: Politische Planung, Opladen 1971, S. 203 - 227; Edgar Randel, Regierungsreform in der Halbzeit?, in: analysen und prognosen, November 1973, S. 15 - 18; Frido Wagener, Neubau der Verwaltung, Berlin 1969, S. 86 - 97; Thomas Ellwein, Entstaatlichung und Dezentralisierung als Mittel zur besseren Konfliktlösung im politischen Prozeß, in: Frido Wagener (Hrsg.), Regierbarkeit? Dezentralisierung? Entstaatlichung?, Schriften der Deutschen Sektion des Internationalen Instituts für Verwaltungswissenschaften, Bd. 3, Bonn 1976.

1.4.1 Mängel bei der Aufgabenerfüllung

Die ständige Aufgabenausweitung, die zunehmende Ausdifferenzierung der Aufgaben und das Anwachsen des Personalkörpers haben zu wesentlichen Mängeln bei der Aufgabenerfüllung geführt:

Die Gesamtregierung, die politische Leitung der Ministerien und die Verwaltungsführung sind durch das „Tagesgeschäft" so stark in Anspruch genommen, daß keine ausreichende Zeit für eine politische Zielsetzung und Führung bleibt. Soweit Ziele formuliert werden, sind diese häufig nicht ausreichend definiert, um ihre Übereinstimmung mit den Handlungszielen und Programmen der Fachreferate feststellen zu können.

Die mangelnde Zielsetzung und Führung bewirkt eine weitgehende Selbststeuerung der Verwaltung. Diese Selbststeuerung wird noch verstärkt durch den überlegenen Sachverstand der unteren Verwaltungseinheiten in einer immer stärker differenzierten Verwaltungsstruktur. Die Referate nehmen nur das in Angriff, verwerten und informieren nur über das, was mit den eigenen Zielvorstellungen, der eigenen Einschätzung des Erreichbaren und den persönlichen Interessen in Einklang steht. Folge dieser Entwicklung ist, daß Alternativen, die mit den Wertvorstellungen oder Interessen des „Sachverständigen" oder „Spezialisten" der Verwaltung nicht übereinstimmen, nicht oder unvollständig in den politischen Prozeß eingebracht werden. Oder es werden aufgrund einer verengten Betrachtungsweise des „Sachverständigen" bestimmte Interessen anderer Ressorts oder der Umwelt und Folgewirkungen der Entscheidungen gar nicht erkannt (z. B. Auswirkungen von Gesetzen und Investitionen in anderen Bereichen).

Die herkömmliche bürokratische Struktur der Verwaltung ist für eine Reihe von Aufgaben, die der Verwaltung in den letzten Jahrzehnten verstärkt zugewiesen wurden, nicht ausreichend geeignet. Das gilt sowohl für Fachplanungen und die staatliche Gesamtplanung als auch für die Durchführung bestimmter, die Ressorts oder das Amt überschreitender Projekte. Speziell in einem Stadtstaat wie Hamburg mit einer Vielzahl von gemeindlichen Dienstleistungsaufgaben, bestehen die Mängel der bürokratischen Struktur und Verfahrensweisen besonders auch für die Führung betrieblicher Einrichtungen. Die Einbindung in die Haushaltswirtschaft erschwert häufig in den betrieblichen Zweigen die für eine wirtschaftliche Betriebsführung notwendige Beweglichkeit. Die herkömmliche kameralistische Rechnungsführung gewährleistet nicht immer die notwendige Transparenz über die betriebliche und finanzielle Situation der Einrichtung. Auch rein betriebliche Entscheidungen müssen Instanzenzüge innerhalb einer Gesamtverwaltung durchlaufen, die für diese Art der Entscheidung nicht entworfen sind (beispielhaft sei auf die in den letzten Jahren in Gang gekommene Diskussion über die Organisation, Rechts- und Betriebsform der Krankenhäuser hingewiesen)[35].

Die Veränderung der Verwaltungsträger durch Personalzuwachs und Personalspezialisierung haben „die Verwaltung in gleicher Weise rational, kompliziert und unanschaulich gemacht wie die industrielle Wirtschaft“[36]. Die Verwaltung ist zu einem kaum durchdringbaren Gestrüpp geworden, dem der Bürger weitgehend hilflos und ohnmächtig gegenübersteht. „Die Ausübung der Staatsfunktion entzieht sich weithin dem Urteil des Bürgers[37].“

Die Ausweitung der Staatsfunktionen hat außerdem zu einer zunehmenden „Verstaatlichung“, „Zentralisierung“ und „Maßstabsvergrößerung“ auf den verschiedenen politischen Ebenen der Bundesrepublik geführt[38]: „Verstaatlichung“ als Übernahme neuer, bisher privat oder gar nicht wahrgenommener Aufgaben; „Zentralisierung“ auf den Ebenen Gemeinde, Kreis, Land, Bund und „Zentralisierung“ durch Ebenenwechsel von Gemeinde zum Kreis, vom Kreis zum Land, vom Land zum Bund. Die „Maßstabsvergrößerung“ ist nicht nur das Resultat des allgemeinen „Verstaatlichungsprozesses“, sondern beruht z. B. auch auf der Herstellung gleicher Lebensbedingungen, der Aufhebung des voneinander isolierten Konkurrenzplanens, der Stärkung der Verwaltungskraft gegenüber dominanten Bürgereinflüssen und dem Versuch einer deutlicheren Gemeinwohlorientierung.

1.4.2 Mängel im Personalwesen

Im Personalwesen haben sich unmittelbar durch die Zunahme des Personals, aber auch durch die Aufgabenentwicklung und die Veränderung der Verwaltung-Umwelt-Beziehung Probleme ergeben, die für die Aufgabenkritik von Bedeutung sind:

Die öffentliche Verwaltung ist auch für die Mitarbeiter nicht mehr überschaubar, soweit der unmittelbare Amtsbereich des Mitarbeiters überschritten wird. Als Mitarbeiter der „allgemeinen Verwaltung“ steht er dem Finanzamt ähnlich hilflos und mit ähnlichen Vorurteilen gegenüber wie der Bürger auch. Dies gilt ebenso im Verhältnis des Steuerbeamten zur „allgemeinen Verwaltung“.

---

[35] Vgl. hierzu die Ausführungen zum Dritten Abschnitt Ziff. 4.2.5.4, S. 139.

[36] Frido Wagener, Neubau der Verwaltung, Berlin 1969, S. 51/52.

[37] Frido Wagener, ebenda.

[38] Vgl. Fritz Scharpf, Bilanz: Steigende Anforderungen und abnehmende Handlungsmöglichkeiten — das selbstblockierende System, Berlin, Oktober 1974, S. 5/6, unveröffentlichtes Manuskript.

Mit der Größe der Verwaltungskörper nimmt die Möglichkeit der Identifikation des Mitarbeiters mit seiner Arbeit ab. Der Mitarbeiter übersieht nicht mehr die Einbettung seiner eigenen Tätigkeit in den Gesamtablauf und die Auswirkungen der eigenen Aufgabenerfüllung auf den nachfolgenden Arbeitsablauf. Soweit er den notwendigen Überblick noch hat, kann er die weitere Entwicklung seiner Arbeit nicht mehr beeinflussen.

Zwischen Basis und Leitung besteht zum Teil ein durch Informationsabstand und Verständigungsschwierigkeiten bedingtes Spannungsfeld. Die Leitung fühlt sich leicht durch zu viele und auch in ihren Auswirkungen nicht übersehbare Vorlagen belastet, die Basis vermißt klare Richtlinien oder wird mit Weisungen überhäuft.

Die Gesellschaft und die öffentliche Verwaltung verlangen von den Mitarbeitern ein erhebliches Maß an Veränderungsfähigkeit und Aufgeschlossenheit für das „Neue", dem aufgrund der Ausbildung oder wegen der psychologischen Grenzen der Veränderbarkeit des Menschen vielfach nicht entsprochen werden kann.

Der Mitarbeiter der öffentlichen Verwaltung ist auch Staatsbürger. Veränderte Einstellungen der Gesellschaft schlagen sich auch bei den Mitarbeitern nieder. Daraus resultieren Probleme

— des aufeinander Einwirkens von dienstlicher und außerdienstlicher Rolle,
— starker Verflechtung zwischen politischer Betätigung und Verwaltungsfunktion,
— der Ansprüche an Besoldung und Versorgung,
— der Gewährleistung der Mitbestimmung und Demokratisierung in der Verwaltung.

1.4.3 Mängel der Effektivität

Die zentrale Frage in der Auseinandersetzung um die öffentliche Verwaltung nicht erst in den letzten Jahren ist, ob und warum die öffentliche Verwaltung weniger wirtschaftlich, effizient oder effektiv[39] arbeite als die private Wirtschaft[40].

[39] Zur Begriffsbildung vgl. Fredy Sidler, Grundlagen zu einem Management-Modell für Regierung und Verwaltung, Zürich 1974, S. 7, Fußnote; Heinrich Reinermann, Wirtschaftlichkeitsanalysen, Handbuch der Verwaltung, Heft 4.6, S. 16; Hans-Ulrich Derlien, Theoretische und methodische Probleme der Beurteilung organisatorischer Effizienz der öffentlichen Verwaltung, in: Die Verwaltung, Heft 1, 1974, S. 1 ff.

[40] Vgl. auch die Ausführungen zum Zweiten Abschnitt Ziff. 3.1, S. 60.

Im privaten Bereich wird die Leistungserstellung regelmäßig durch Gewinnmotiv und Konkurrenzmechanismus unterstützt. Der Markt ist gekennzeichnet durch freiwillige Tauschbeziehungen und die Ausrichtung der Entscheidung am Markt. Art und Umfang der Leistung werden weitgehend durch Nachfrage bestimmt[41]. Die Warenproduktionen privater Unternehmen überprüfen sich auf diese Weise von Zeit zu Zeit selbst.

Öffentliche Leistungen unterliegen dagegen keinem Wettbewerb und orientieren sich kaum oder weniger als im privaten Bereich an der Nachfrage. Öffentliche Leistungen werden regelmäßig ganz oder teilweise aus allgemeinen Steuermitteln oder kollektiven Zwangsversicherungen bezahlt. Das hat zur Folge, daß das bei privatem Leistungsangebot vorhandene Bewußtsein des Bürgers für die Kosten der Leistung im öffentlichen Bereich kaum vorhanden ist. Das Fehlen einer durch kostendeckende Preise bewirkten Nachfragelimitierung führt aber leicht dazu, daß die Leistungen nach Grundsätzen erbracht werden, die sich tendenziell weniger am notwendigen und sozial gewünschten Bedarf und stärker an der Einstellung der Verwaltungsangehörigen orientieren. Diese ist nicht selten von der Vorstellung geprägt, daß die Öffentlichkeit eine möglichst hohe Produktion erwarte, daß die Dienstleistungen möglichst immer stärker verfeinert werden müßten und daß die im Haushalt dafür vorgesehenen Mittel ausgegeben und in den folgenden Jahren möglichst noch erhöht werden sollten.

Solche Gedankengänge können sich um so leichter entwickeln, als das mit der Produktion beschäftigte Personal sich durch mehr Leistungen, verfeinerte Leistungen, mehr finanzielle Mittel und mehr Mitarbeiter selbst „erhöht“ (z. B. höhere Besoldung). Jede Behörde möchte ihren Wirkungskreis erweitern und da die Ausweitung der hergebrachten Aufgaben leichter zu begründen ist als die Übernahme neuer Aufgaben, liegt es nahe, die Finanzierung des erweiterten Aufgabenbereichs über eine Aufstockung des Betriebshaushalts vorzunehmen. Die jährliche Fortschreibung des Betriebshaushalts, gegründet auf die bestehenden Aufgaben, ist deshalb relativ leicht, weil die Informationen, die für eine kritische Beurteilung der Aufgabenwahrnehmung nötig sind, insbesondere eine Effizienzdarstellung durch Gegenüberstellung von zu erreichenden Zielen und Mitteln, fehlt.

Dies führt nur zu leicht dazu, daß die für die Finanzen zuständigen Instanzen auf eine pauschale Kürzung der Finanz- und Personalmittel

[41] Vgl. Konrad Littmann, Argumente für eine Aufgabenabgrenzung zwischen privatem und öffentlichem Sektor und Mischformen, Projekt 90 für die Kommission für wirtschaftlichen und sozialen Wandel, S. 14; skeptisch zur Gewinnmaximierungshypothese bei privaten Unternehmen: Theo Thiemeyer, Von „Messen“ keine Rede, Wirtschaftswoche Nr. 23 vom 1. 6. 1973, S. 35.

hinwirken, was auf Seiten der Behörden zu der Gegenreaktion führt, vorsichtshalber die Ansätze vorher pauschal etwas zu erhöhen.

Von den politischen Gremien geht eine stärkere Formung des Haushalts vor allem deshalb nicht aus, weil ihre Zeit bei der Art der zur Verfügung stehenden Information zu knapp ist, um die Gewichtung der Aufgaben und Ausgaben im Haushaltsquerschnitt zu überprüfen. Die extreme Zeitknappheit zwingt die Abgeordneten, sich auf das Wesentliche zu konzentrieren, und als wesentlich werden von ihnen in der Regel ungewöhnliche Mehrausgaben angesehen, eine Überprüfung der hergebrachten und fortgeschriebenen Betriebsausgaben findet kaum statt, nicht zuletzt wegen der Undurchdringlichkeit der Haushaltsangaben.

Nun kann allerdings nicht unberücksichtigt bleiben, daß sich der größte Teil der öffentlichen Aufgabenerfüllung einer Bewertung des Nutzens durch Geld entzieht. Grundsätze der Rechts- und Sozialstaatlichkeit, des Gleichheitssatzes, der Geheimhaltung oder der Bürgerfreundlichkeit lassen sich nur in subjektiven Wertungen ausdrücken. Aber auch in diesen Fällen fehlender Quantifizierung nach Aufwand und Ertrag fehlt es häufig an wenigstens wertbezogenen Vergleichen. Zudem sind der öffentlichen Verwaltung mit der Ausweitung der Dienstleistungsfunktion immer stärker Aufgaben zugewachsen, die nach ähnlichen Grundsätzen wie in der privaten Wirtschaft erstellt werden könnten. Daß dies vielfach nicht geschieht, mag u. a. daran liegen, daß der Beitrag der ökonomischen Wissenschaft zur Wirtschaftlichkeit der öffentlichen Verwaltung über einzelne Ansätze auch jetzt noch nicht hinausgekommen ist[42].

1.5 Zwischenergebnis

Die Entwicklung der öffentlichen Aufgaben, des Personals und der Finanzen, sowie die hieraus resultierenden Mängel der öffentlichen Verwaltung zeigen, daß weder Einnahmeverbesserungen noch „Sparmaßnahmen" allein geeignet sind, die vorhandenen Schwierigkeiten zu beseitigen. Diese sind in erheblichem Umfang gar nicht finanzieller Art, sondern solche der Staatsorganisation insgesamt. Deswegen kann auch die herkömmliche Rationalisierung nur einen Teilbeitrag zur notwendigen Reform leisten. Es kommt vielmehr auf ein Zusammenwirken von Aufgabenkritik, Rationalisierung und Aufgabenplanung in der öffentlichen Verwaltung an, wenn spürbare Änderungen erzielt werden sollen. Im Gegensatz zur Rationalisierung und Aufgabenplanung hat

[42] Vgl. Erhard Mäding, Entwicklung und Stand der kommunalen Rationalisierung, Zur Arbeit der Kommunalen Gemeinschaftsstelle für Verwaltungsvereinfachung (KGSt), Archiv Kommunalwissenschaften 1975, S. 75 ff.

in den vergangenen Jahrzehnten die Aufgabenkritik nicht die Aufmerksamkeit erfahren, die angesichts der beschriebenen Situation erforderlich gewesen wäre. Es ist deshalb Erhard Mäding zuzustimmen[43], daß die Aufgabenkritik in der Zukunft „zu einer wichtigen Zentralfunktion der Staatsleitung und Verwaltung" gemacht werden müßte.

2. Aufgabenkritik, Rationalisierung und Aufgabenplanung

2.1 Begriff Aufgabenkritik

Der Begriff Aufgabenkritik setzt zunächst eine Erläuterung voraus, was mit „Aufgabe" gemeint ist. Der Begriff „Aufgabe" ist schillernd, je nachdem, ob er aus soziologischer, politischer, staatsrechtlicher, verwaltungswissenschaftlicher, betriebswirtschaftlicher oder organisationswissenschaftlicher Sicht definiert wird[44]. Er wird sehr undifferenziert und synonym mit zahlreichen anderen Begriffen verwendet, die im wesentlichen einer Beschreibung von Zielen oder Zwecken dienen wollen. Die Verwendung beruht auf Konvention und auf normativer Festlegung zugleich[45]. Es ist Bull[46] zuzustimmen, daß Aufgabe ein normativer Begriff ist; „er bezeichnet dasjenige Element, das eine Vielzahl (äußerlich u. U. unverbundener, nicht als zusammengehörig erkennbarer) menschlicher Handlungen oder von Menschen bewirkter Ereignisse (Prozesse) auf ein Ziel oder einen Zweck hin ausrichtet (orientiert) und ihnen damit einen spezifischen Sinn gibt."

Aufgaben der Großstadtverwaltung sind die an diese gerichteten sich an bestimmten Zielen oder Zwecken orientierten Tätigkeitszuschreibungen (obligatorischer oder freiwilliger Art)[47]. Daraus folgt, daß Ziele wie soziale Gerechtigkeit, Schutz der Bürger, Demokratisierung keine „Aufgaben" sind, dagegen die an den Zielen orientierten Gesetze und Programme „Aufgaben" beinhalten und die daraus sich ergebenden Handlungspflichten und -befugnisse ebenfalls „Aufgaben" sind, wobei die einzelnen „Aufgaben" in Elemente zerlegt und die Elemente wieder

---

[43] Erhard Mäding, Aufgaben der öffentlichen Verwaltung, in: Die Verwaltung 1973, S. 257 ff. (275).

[44] Vgl. Erhard Mäding, Aufgaben der öffentlichen Verwaltung, Die Verwaltung 1973, S. 258; vgl. auch die Darstellung der verschiedenen wissenschaftlichen Disziplinen, die sich mit den Staatsaufgaben befassen bei Erich Becker, Wissenschaftliche Erörterungen der Staatsaufgaben, in: Menschenwürde und freiheitliche Rechtsordnung, Festschrift für Willi Geiger, Tübingen 1974, S. 755 ff.

[45] Vgl. zum Aufgabenbegriff und seinen verschiedenen Ausprägungen auch Herbert König, Managementkonzeptionen für Regierung und Verwaltung, Verwaltungsarchiv 1976, Heft 4, S. 360 - 362.

[46] Hans Peter Bull, Handbuch der Verwaltung, Heft 2.1, S. 1.

[47] Hans Peter Bull, Handbuch der Verwaltung, Heft 2.1, S. 4; vgl. auch Mäding, S. 266.

zu Aufgaben verselbständigt werden können. Aufgaben der Großstadtverwaltung sind demnach die umfassende Stadtentwicklungsplanung ebenso wie der Bau eines Altenheimes oder das Beschaffen der Büroklammern.

An diesen Beispielen läßt sich aber zugleich ablesen, daß ein allein normativer Begriff der Aufgabe das Spektrum der Aufgaben der öffentlichen Verwaltung nicht zu erklären vermag. Je stärker die Aufgaben in wieder einzelne Unteraufgaben zergliedert werden — bis herunter zum Beschaffen der Büroklammern —, um so mehr verliert das wertbezogene Sollen an Gewicht. Der Begriff Aufgabe wird pragmatisch- instrumentell.

Aus dieser sowohl normativ-politisch-gesellschaftlichen wie aus der pragmatisch-instrumentellen Komponente des Aufgabenbegriffs folgt für die Aufgabenkritik als Überprüfung der Aufgaben nach bestimmten, später noch zu benennenden Kriterien, daß auch sie nicht nur funktionell, sondern auch instrumentell verstanden werden muß.

Die Entwicklung des Begriffs Aufgabenkritik erklärt sich im wesentlichen aus der Erkenntnis, sowohl in der Verwaltung als auch im politischen Raum, daß mit der Rationalisierung im herkömmlichen Sinne die Schwierigkeiten in der öffentlichen Verwaltung nicht mehr bewältigt werden können. Die Übung des einfachen Fortschreibens des vorhandenen Aufgabenbestandes in der Annahme, man könne doch nicht mehr ausgeben als man habe und man wirtschafte aus den Zuwachsraten[48], ist zunehmend fragwürdig geworden. So findet sich der Begriff Aufgabenkritik etwa bei der Kommunalen Gemeinschaftsstelle in Köln als Stichwort „für eine herkömmliche Hauptfragestellung von administrativen Sparaktionen und Reformen ...“[49]. Er ist aber in den letzten Jahren auch Gegenstand politischer Erörterungen geworden. So heißt z. B. eine Forderung in der Regierungserklärung des Ersten Bürgermeisters in Hamburg vom 29. Januar 1975, daß ein Aufgabenabbau und eine Aufgabeneinschränkung vorhandener Aufgaben und eine kritische Durchleuchtung beabsichtigter neuer Aufgaben unumgänglich sei[50].

---

[48] Vgl. Thomas Ellwein, Das Regierungssystem in der Bundesrepublik Deutschland, 3. Aufl., Opladen 1973, S. 79.

[49] Erhard Mäding, Aufgaben der öffentlichen Verwaltung, Die Verwaltung 1973, S. 275, Fußnote 57.

[50] Vgl. Hans-Ulrich Klose, Hamburgs Zukunft sichern, Regierungserklärung vom 29. Januar 1975, Hamburger Dokumente 1/75; ähnlich auch: Wissenschaftlicher Beirat beim Bundesministerium der Finanzen, Gutachten zur Lage und Entwicklung der Staatsfinanzen in der Bundesrepublik Deutschland, Bulletin der Bundesregierung Nr. 103 vom 16. August 1975, S. 1001 ff.; Erhard Mäding, Aufgaben der öffentlichen Verwaltung, Die Verwaltung 1973, S. 275; Herbert Fischer-Menshausen, Entlastung des Staates von Aufgaben und Ausgaben?, in: Frido Wagener (Hrsg.), Verselbständigung von Verwal-

Zugleich hat auch die Verwaltung, nachdem sie selbst durch ständige Erhöhung der Erfüllungsintensität der Aufgaben nicht unwesentlich die Aufgabenentwicklung herbeigeführt hat, begonnen, sich aus der beschränkten Rolle des ausführenden Organs politisch vorgegebener Aufgaben zu lösen und selbst in eine kritische Überprüfung der öffentlichen Aufgaben einzutreten. Maßgeblich war dafür neben der Kritik an mangelnder Effektivität der öffentlichen Verwaltung und der geringen Bereitschaft der politischen Vertretungskörperschaften, die öffentlichen Aufgaben zu durchleuchten, vor allem die Wandlung der öffentlichen Verwaltung von einer Vollzugsverwaltung zu einer am Entscheidungsprozeß beteiligten Verwaltung[51]. Dieser Wandel drückt sich hauptsächlich in folgenden Funktionen aus:

— Feststellen der gesellschaftlichen Bedürfnisse
— Ausrichten der Arbeit an politischen Zielsetzungen
— Planung der zukünftigen Aufgaben
— Auswahl von Handlungsalternativen.

Diese Eigenaktivität der Verwaltung wurde durch die administrative Vorbereitung einer langfristigen Aufgabenplanung gestützt. Mit ihr wird zumindest teilweise eine Überprüfung der bestehenden Aufgaben nach weiterer Übereinstimmung mit politischen Zielsetzungen erforderlich. Schließlich zwingen neuerdings die knappen finanziellen Mittel die Verwaltung dazu, im Rahmen der Haushaltsplanberatung und der mittelfristigen Finanzplanung zu klären, welche bestehenden Aufgaben eingestellt oder eingeschränkt werden müßten, welche neuen nicht oder zu einem späteren Zeitpunkt realisiert werden könnten.

Geht man davon aus, daß

— Aufgaben
— Personen
— Strukturen und
— Mittel

interagierende Variable des Verwaltungssystems sind[52], dann stellt die Aufgabenkritik in erster Linie auf das Element Aufgabe ab und nicht

---

tungsträgern, Schriften der Deutschen Sektion des Internationalen Instituts für Verwaltungswissenschaften, Band 1, Bonn 1976, S. 51 ff.; Rudolf Dieckmann, Organisation der Organisation, Handbuch der Verwaltung, Heft 3.5, S. 6; Kommunale Gemeinschaftsstelle für Verwaltungsvereinfachung Köln (KGSt), Aufgabenkritik, Bericht Nr. 21/1974 vom 29. 10. 1974; Ulrich Becker, Rudolf Dieckmann, Aufgabenkritik — am Beispiel der Freien und Hansestadt Hamburg, in: van Kaldenkerken, Joosten (Hrsg.), Organisation und Effizienz der öffentlichen Verwaltung II, Köln, Eindhoven 1976, S. 146 ff.

[51] Vgl. Rolf-Richard Grauhan, Zur Struktur der planenden Verwaltung, Stadt-Bauwelt 1969, Heft 25/26, S. 133.

[52] Nach Leavitt vgl. Wolfgang H. Staehle, Organisation und Führung soziotechnischer Systeme, Stuttgart 1973, S. 66 und Senatsamt für den Verwal-

auf die Personen, Strukturen und Technologien. Andererseits besteht zwischen den Variablen eine ständige Wechselbeziehung, die es ausschließt, die Aufgabe von den übrigen Elementen zu trennen.

Die Aufgabe bestimmt den zu ihrer Realisierung erforderlichen Einsatz des Personals, die Struktur und die Mittel. „Die Aufgaben, die eine Organisation zu erfüllen hat, leiten sich primär aus den Zielen des sozio-technischen Systems ab. Die Ziele eines sozio-technischen Systems stellen jedoch kein auf Dauer invariantes Zielsystem dar, sondern sind mehr oder weniger starken Veränderungen unterworfen ... Andererseits determiniert die Organisationsaufgabe Wahl und Einsatz der bei den gegebenen Umweltverhältnissen geeigneten Transformationstechnologien[53].“ Diese Klarstellung erscheint wesentlich, weil Veränderungen in einem Bezugsfeld solche in anderen zur Folge haben können. Nur durch die Gesamtbetrachtung werden Scheinregelungen vermieden.

Ergänzt werden müssen diese Variablen noch um die Variable Umwelt. Das Verwaltungssystem kann nicht ohne die Umwelt betrachtet werden. Die öffentliche Verwaltung ist kein Selbstzweck, sie steht in einer dienenden Funktion für die Gesellschaft. Die politische und gesellschaftliche Umwelt bestimmt durch Bürger, Politiker, Wirtschaft usw. das Handeln der Verwaltung. Ihre Ziele, Interessen und Erwartungen wirken auf die öffentliche Verwaltung ein. Es wäre bedenklich, wenn die ohnehin bestehende relative Autonomie der öffentlichen Verwaltung[54] durch eine weitere Abkapselung von der Umwelt verstärkt würde. Insofern ist davon auszugehen, daß Aufgabenkritik in der öffentlichen Verwaltung mit einer praktisch unbegrenzten und unübersehbaren Umwelt in einer vielfältigen Verflechtung steht[55]. Das nachfolgende Schaubild veranschaulicht die Einbettung der öffentlichen Aufgaben in das Verwaltungssystem und das Beziehungsgeflecht zur Umwelt. Mit diesem Modell ist zwar nur eine mögliche Klassifikation aufgegriffen worden[56], sie erscheint aber in dem hier gestellten Zusammenhang ausreichend und zweckmäßig.

---

tungsdienst Hamburg, Managementsysteme, Systeme und Methoden des Managements in der hamburgischen Verwaltung, Hamburg 1973, S. 9; vgl. zum Systembegriff auch Erich Zahn, Systemforschung in der Bundesrepublik Deutschland, Bericht im Auftrage der Stiftung Volkswagenwerk, Göttingen 1972, S. 13.

[53] Vgl. Staehle, S. 71.

[54] Vgl. Bodo A. Baars, Strukturmodelle für die öffentliche Verwaltung, Köln u. a. 1973, S. 79.

[55] Vgl. Baars, ebenda, S. 75 ff. und S. 83 ff.; Staehle, S. 72 ff.

[56] Vgl. Staehle, S. 65 ff.

Schaubild 2: Verwaltung und Umwelt

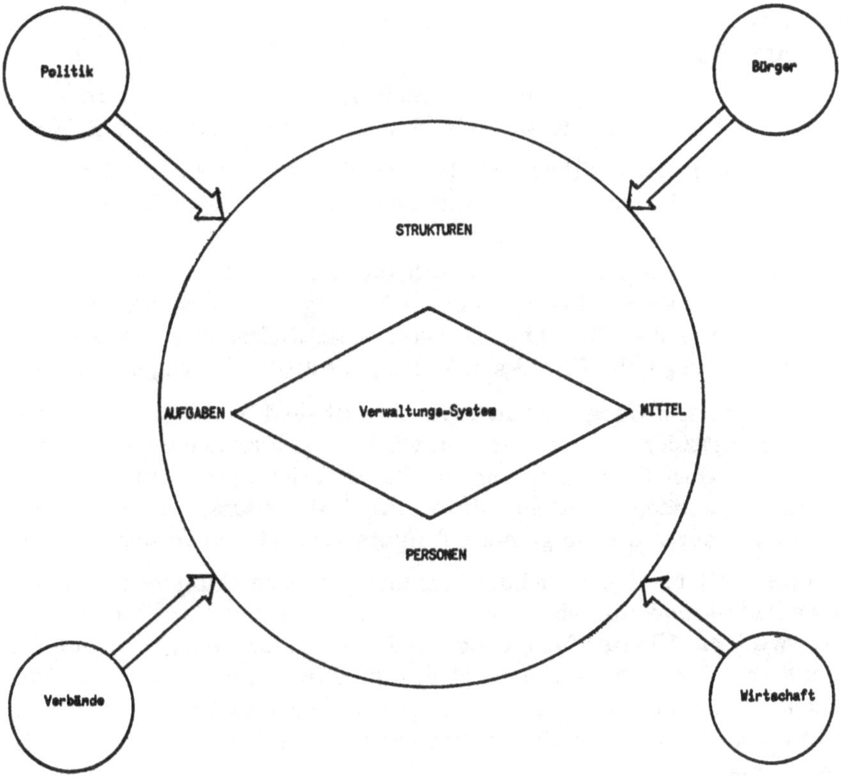

Mit der Betonung der Aufgabe — und zwar der bestehenden und der zukünftigen — als Gegenstand der Aufgabenkritik ist allerdings weder eine eindeutige Abgrenzung zum Begriff der Rationalisierung noch zur Aufgabenplanung vollzogen, denn mit beiden Instrumenten werden auch Aufgaben beeinflußt und verändert. Die Schwierigkeit einer klaren Trennung der Begriffe zeigt sich, wenn etwa Mäding[57] und auch die Kommunale Gemeinschaftsstelle in Köln[58] unter das Thema Aufgabenkritik drei Problemstellungen subsumieren:

— Erhaltung der Leistungsfähigkeit der Verwaltung,

[57] Erhard Mäding, Zwecke und Verfahren der Aufgabenkritik — Sachstandsbericht, in: Joosten, van Kaldenkerken (Hrsg.), Organisation und Effizienz der öffentlichen Verwaltung II, Köln und Eindhoven 1976, S. 181.

[58] KGSt-Bericht 21/1974, S. 4.

— Verfahren bei der Einführung neuer Aufgaben in den Aufgabenbestand der Verwaltung und Abbau oder Einschränkung bestehender Aufgaben,
— Auswahl der jeweils gesellschaftspolitisch erwünschten und tragbaren Aufgaben.

Von dieser weiten Dimension des Begriffes ausgehend, wird dann Aufgabenkritik definiert als[59] die einmalige oder periodische Prüfung

— *der Aufgabenerfüllung* von bestehenden Aufgaben mit dem Ziel ständiger Minderung des Aufwandes bei optimaler Wirksamkeit (Vollzugskritik, Aufgabenkritik im weiteren Sinne);
— *der Einführung* einer neuen Aufgabe und der Erweiterung, Intensivierung, Einschränkung oder Aufhebung einer bestehenden Aufgabe unter dem Gesichtspunkt politischer Zielsetzung und des Ressourcenausgleichs (Zweckkritik, Aufgabenkritik im engeren Sinne).

Die Unterscheidung zwischen Zweckkritik und Vollzugskritik führt, wie im folgenden auszuführen sein wird, zu Überschneidungen mit der herkömmlichen Begriffsbildung für Rationalisierung[60], wenn Vollzugskritik verstanden wird als Mittel zur Überprüfung der Aufgabenerfüllung, durch die die gesetzte Aufgabe als solche unberührt bleibt[61].

Eine weitere Überschneidung könnte zwischen Aufgabenkritik als Zweckkritik und Aufgabenplanung bestehen, wenn erstere auch begriffen wird als Überprüfung neuer und bestehender Aufgaben auf die politischen Ziele, die mit der Aufgabe angestrebt werden, auf mögliche Zielkonflikte, auf alternative Aufgabenstellungen und auf die zeitliche, sachliche, organisatorische und finanzielle Umsetzung der Aufgaben in Maßnahmen[62].

2.2 Begriff Rationalisierung

Der Ruf nach Reform und Veränderung der öffentlichen Verwaltung wird häufig mit Rationalisierung der Verwaltung gleichgesetzt. Dabei ist der Begriff Rationalisierung, auf die öffentliche Verwaltung bezogen, nicht weniger schillernd als in seinem ursprünglichen Anwendungsgebiet, der privaten Wirtschaft[63].

---

[59] Vgl. Mäding, KGSt.

[60] Ähnlicher Auffassung wohl auch Ulrich Becker, Zweck und Maß der Organisation, Handbuch der Verwaltung, Heft 3.1, S. 39: Vollzugskritik führt zur Rationalisierung.

[61] Vgl. Erhard Mäding, Zwecke und Verfahren der Aufgabenkritik, S. 181.

[62] Vgl. Erhard Mäding, Aufgaben der öffentlichen Verwaltung, Die Verwaltung 1973, S. 257 ff. (267).

[63] Vgl. Kurt Pentzlin, Rationalisierung, in: Handwörterbuch der Sozialwissenschaften, hrsg. von Erwin von Beckerath u. a., Bd. 8, Stuttgart, Tübingen und Göttingen 1964, S. 676 - 682.

Seiner ursprünglichen Bedeutung nach ist der Begriff überwiegend im industriellen Bereich verankert und hier vor allem in der Technik der industriellen Produktion. „Unter Rationalisierung" versteht man nach Pietsch, „ganz allgemein die Anwendung rechnender Vernunft (‚Ratio') in der Produktion und im gesamten Wirtschaftsablauf an Stelle überlieferter Verfahren"[64].

Begriffe wie Arbeitszerlegung und Arbeitszusammenfassung, Mechanisierung, Steuerung und Regelung des Produktionsprozesses füllen das aus, was mit dem Begriff Rationalisierung inhaltlich gemeint ist[65]. Dagegen konnte sich der Rationalisierungsbegriff in der weiteren Fassung als „die rationale Setzung der Wirtschaftsziele"[66] nicht durchsetzen.

Das gilt auch für die aus dem Wort Ratio abgeleitete Interpretation Grauhans[67], nach der der Begriff „Rationalisierung" mehrere Inhalte umfaßt:

1. Rationalisierung als Produktivitätssteigerung (Senkung der Stückkosten durch Erhöhung des Kapitaleinsatzes je Arbeitsplatz)
2. Rationalisierung als Mechanisierung
3. Rationalisierung als Befreiung des Menschen von dem Zwang zur Produktion
4. Rationalisierung als Ersetzung mythischer und theologischer Weltbilder durch „vernünftige Berechnung".

Üblicherweise wird vielmehr auch heute noch Rationalisierung im öffentlichen Bereich auf die Erfüllung der Aufgaben bezogen und regelmäßig nicht auf die Aufgabenstellung[68]. So wie im privaten Bereich von der Rationalisierung herkömmlich nicht das Unternehmensziel, nämlich die Produktion einer ganz bestimmten Ware, erfaßt wird, so ist im öffentlichen Bereich Gegenstand nicht die Aufgabe als solche, sondern ihre rationelle Ausführung. Rationalisierung als Anwendung „vernünftiger Berechnung" zur bestmöglichen Erfüllung der öffentlichen Aufgaben beinhaltet somit:

---

[64] Max Pietsch, Rationalisierung, in: Staatslexikon, hrsg. von der Görres Gesellschaft, Bd. 6, 6. Aufl., Freiburg 1961, Spalte 598.

[65] Vgl. Pietsch, ebenda.

[66] Vgl. Max Rudolf Lehmann, Echte Rationalisierung als Zentralproblem positiver Wirtschaftspolitik, Leipzig 1931, S. 3.

[67] Rolf-Richard Grauhan, Rationalisierung — Bürokratisierung — gesellschaftlicher Fortschritt?, in: Aus Politik und Zeitgeschichte B 3/75 vom 18. 1. 1975, Beilage zur Zeitschrift „Parlament".

[68] Vgl. Ulrich Becker, Rationalisierung in den Verwaltungen der Stadtstaaten, Referat vor der Stadtstaatentagung des deutschen Gewerkschaftsbundes 1966, vervielfältigtes Manuskript, S. 2.

— Reduzierung des Aufwandes
— Verbesserung des Ergebnisses
— Arbeitserleichterung für das Personal.

Hieraus ergibt sich als Schlußfolgerung, daß in der öffentlichen Verwaltung mit einer so verstandenen Rationalisierung begrifflich abgedeckt ist, was Mäding und die Kommunale Gemeinschaftsstelle als Vollzugskritik definieren. Da mit Vollzugskritik also Maßnahmen gemeint sind, die sonst als Rationalisierung bezeichnet werden, soll hier der Unterscheidung von Vollzugskritik und Zweckkritik nicht gefolgt, sondern lediglich von Aufgabenkritik (= Zweckkritik) und Rationalisierung ausgegangen werden[69].

Für das Verhältnis von Aufgabenkritik und Rationalisierung ist wesentlich, daß die Aufgabenkritik die vorrangige Fragestellung beinhaltet, ob die Aufgaben überhaupt vom Staat übernommen oder noch erfüllt, eingeschränkt erfüllt oder auf andere Träger verlagert werden können. Nur insoweit wie die Erfüllung einer Aufgabe vom Staat übernommen wird oder bei ihm verbleibt, können noch Rationalisierungsmaßnahmen ins Auge gefaßt werden. Die Rationalisierung hat also sekundären Charakter, wenn es sich um eine bestimmte einzelne Aufgabe handelt. Auf den Gesamtbestand der Aufgaben eines öffentlichen Verwaltungsträgers bezogen kann allerdings gesagt werden, daß für die Mehrzahl der öffentlichen Aufgaben feststeht, daß sie auch in Zukunft durch die öffentliche Hand erfüllt werden müssen, so daß die Rationalisierung als Maßnahme zur Reform der öffentlichen Verwaltung auch in Zukunft zentrale Bedeutung hat. Das gilt im gemeind-

---

[69] Diese inhaltliche Differenzierung liegt auch einem Beschluß des Hamburger Senats aus dem Jahre 1971 zugrunde (vgl. Rundschreiben des Senatsamtes für den Verwaltungsdienst vom 5. Juli 1971 betr. Stellenmehrbedarf, Az. 20/170.00 - 11.8), der u. a. folgenden Wortlaut hat:

„1. *Neue Aufgaben* dürfen nur auf Beschluß des Senats übernommen werden; das gleiche gilt für die Ausweitung bestehender Aufgaben.

2. Die Behörden haben alle *Aufgaben* daraufhin zu überprüfen, ob und in welchem Umfang sie *eingeschränkt werden oder wegfallen* können. Von einer solchen Überprüfung sollen auch solche Aufgaben nicht ausgeschlossen bleiben, die zwar gesetzlich vorgeschrieben, deren Wahrnehmung aber nicht dringend notwendig erscheint. Dadurch bedingte Beeinträchtigungen in der Qualität und Quantität staatlicher oder mit staatlicher Hilfe erbrachten Leistungen müssen, wenn nötig, hingenommen werden.

3. Die Bestrebungen zur *Rationalisierung* sind zu verstärken; es sind die bisher nicht erfaßten Verwaltungsbereiche einzubeziehen."

Vgl. auch die Differenzierung in Abbau und Verlagerung von Aufgaben einerseits und Rationalisierung der Leistungserstelllung andererseits im Gutachten des Wissenschaftlichen Beirats beim Bundesministerium der Finanzen zur Lage und Entwicklung der Staatsfinanzen in der Bundesrepublik Deutschland, Bulletin der Bundesregierung Nr. 103, 1975, S. 1004.

lichen Bereich vor allem für die Pflichtaufgaben zur Erfüllung nach Weisung, über die die Gemeinde aus eigener Kompetenz nicht im Sinne der Aufgabenkritik verfügen kann.

2.3 Begriff Aufgabenplanung

Die Planung wird regelmäßig als eine Phase des Verwaltungshandelns neben der Durchführung und Kontrolle bezeichnet. Dabei werden der Planung inhaltlich sowohl die Zielfindung als auch die Auswahl von Alternativen und das Erstellen der Handlungsprogramme zugeordnet, also im wesentlichen das Setzen von Entscheidungsprämissen für die Zukunft. Allerdings lassen sich Planung, Durchführung und Kontrolle in ihrer zeitlichen Abfolge nicht immer exakt voneinander trennen, sie überlappen sich. Mit der Unterscheidung dieser Phasen sind deshalb nicht deren zeitliche Reihenfolge, sondern verschiedenartige Handlungsinhalte gemeint.

Die Entwicklung der gesetzlich nicht geregelten Planungsart Aufgabenplanung in der Bundesrepublik Deutschland[70] ist mit der — auch in das Selbstverständnis der meisten Planer eingegangenen — Annahme verbunden, „daß die Staatstätigkeit sich ausdehnt, sich aufgrund bestimmter Probleme ausdehnen muß. Planung stellt gerade diesen neuen Teil der Staatstätigkeit, die neuen staatlichen ‚Aufgaben' dar"[71]. So geht z. B. das Landesentwicklungsprogramm „Niedersachsen 1985"[72], davon aus, daß die derzeitige Versorgung in allen Aufgabenfeldern grundsätzlich nicht verschlechtert werden soll. Die noch immer vorherrschende Planungsmentalität ist festgelegt auf: mehr und zusätzlich. Stichworte wie Rationalisierung und Aufgabenüberprüfung erscheinen, wenn überhaupt, lediglich als Deklamationen in solchen Programmen.

Mit dieser Konzentration der Aufgabenplanung auf die neuen und zusätzlichen Aufgaben ist verbunden, daß bei der Aufgabenplanung typischerweise keine Einschränkungen durch Bilanzierung gemacht werden. Die von Wagener[73] geforderte Aufgabenplanung als Entwicklungsplanung mit Ressourcenausgleich im Planungszeitraum findet bisher nicht statt. Durch die Budgetierung würde, insbesondere in

---

[70] Zum Begriff Aufgabenplanung und Entwicklungsplanung vgl. Gerhard Wegener, Von der Entwicklungsplanung zur Aufgabenplanung, in: DÖV 1975, Heft 11, S. 365 ff. und die Erwiderung hierzu von Frido Wagener, in: DÖV 1975, Heft 11, S. 370 ff.

[71] Volker Ronge, Günther Schmieg, Restriktionen politischer Planung, Frankfurt 1973, S. 269 ff. (271).

[72] Niedersächsischer Ministerpräsident, Landesentwicklungsprogramm „Niedersachsen 1985", Stand Sommer 1973, Hannover 1973.

[73] Vgl. Frido Wagener.

Zeiten finanzieller Stagnation, zwangsläufig die Einschränkung alter Aufgaben notwendig und damit die Aufgabenplanung zur Aufgabenkritik zwingen.

Soweit der Aufgabenplanung auch die Ermittlung des Ressourcenbedarfs zugeordnet wird, geschieht dies nur bezüglich der zukünftigen Aufgaben einer Verwaltungseinheit[74]. Daraus folgt: die kritische Überprüfung der bestehenden Aufgaben daraufhin, ob sie auch in Zukunft vom Staat wahrgenommen werden sollen und in welchem Umfang ist bisher nicht Gegenstand der Aufgabenplanung. Aber auch bei der Planung neuer Aufgaben werden aufgabenkritische Fragen nur begrenzt berücksichtigt, weil erst eine umfassende Budgetierung der neuen Aufgaben solche auslösen würde.

Ein weiterer wichtiger Unterschied zwischen Aufgabenkritik und Aufgabenplanung ist, daß die Aufgabenkritik — wie auch die Rationalisierung — der Kontrollphase des Verwaltungshandelns näher steht. Aufgabenkritik bei geplanten, allerdings noch nicht eingeführten neuen Aufgaben fragt danach, ob die Aufgabe so richtig gestellt ist und wie ihre Durchführung aussehen könnte. Die Planungsphase und — bei bestehenden Aufgaben — die Durchführungsphase werden der Kritik unterzogen[75].

Diese Zuordnung der Aufgabenplanung und der Aufgabenkritik zu verschiedenen Phasen des Verwaltungshandelns und die unterschiedlichen Zielsetzungen besagen allerdings nicht, daß nicht inhaltlich erhebliche Berührungen bestehen können. Die Phasen Planung, Durchführung und Kontrolle stehen in einem Prozeß gegenseitiger Beeinflussung. Kontrolle hat auch das Ziel, auf die Planung einzuwirken. Es findet ein ständiger Rückkoppelungsprozeß statt. Vergangene Planung und gegenwärtige Durchführung werden durch Aufgabenkritik überprüft und wirken auf die neue Planung ein. Damit bestätigt sich die Aussage, daß die Ergebnisse der Aufgabenkritik in die Planungsphase als Bestandteil einfließen, also zur Planung gehören. Folgerichtig wird die Planungsanpassung als Bestandteil der Planung angesehen[76].

---

[74] Vgl. z. B. die Definition der Aufgabenplanung der Kommunalen Gemeinschaftsstelle Köln, KGSt-Bericht 21/1974, S. 4: „Aufgabenplanung ist die vorausschauende, zielorientierte Erkennung, Abwägung und Programmvorbereitung der zukünftigen Aufgaben einer Verwaltungseinheit einschließlich der Ermittlung des Ressourcenbedarfs im mittel-oder langfristigen Rahmen."

[75] Vgl. KGSt-Bericht Nr. 21/1974, S. 4.

[76] Vgl. Frido Wagener, Zur Praxis der Aufstellung von Entwicklungsplanungen, in: Archiv für Kommunalwissenschaften, 9. Jahrgang 1970, S. 47 - 63; so auch Erhard Mäding, Aufgaben der öffentlichen Verwaltung, Die Verwaltung 1973, S. 282.

2.4 Zwischenergebnis

Aus der vorstehenden Abgrenzung der Begriffe Aufgabenkritik, Rationalisierung und Aufgabenplanung ergibt sich, daß zwar starke Beziehungen untereinander bestehen, die Aufgabenkritik jedoch neben den anderen herkömmlichen Instrumenten eine eigenständige Bedeutung hat. Die Aufgabenkritik ist mehr aufgabenbezogen und die Rationalisierung eher ablaufbezogen. Die Aufgabenplanung richtet sich auf die Planung zukünftiger Aufgaben, die Aufgabenkritik gilt der Überprüfung geplanter neuer und bestehender Aufgaben. Die Aufgabenplanung ist der Planungsphase des Verwaltungshandelns, die Aufgabenkritik und Rationalisierung sind stärker der Kontrollphase zuzuordnen. Aufgabenkritik ist — im Gegensatz zum angestrebten Ziel der Aufgabenplanung — in erster Linie Anpassungsplanung an die ständig vorhandene Diskrepanz zwischen öffentlichen Aufgaben und zur Verfügung stehenden Ressourcen und nicht unmittelbar auf die Gestaltung politischer und gesellschaftlicher Ziele gerichtet.

Im folgenden wird daher von einem Begriff der Aufgabenkritik ausgegangen, der folgende Fragen beinhaltet:

— Soll eine *zu erwartende* Aufgabe ganz oder eingeschränkt übernommen werden?

— Soll eine *bestehende* Aufgabe ganz abgebaut oder eingeschränkt werden?

— Soll eine *zu erwartende* Aufgabe von einem Träger der unmittelbaren Verwaltung übernommen werden?

— Soll eine *bestehende* Aufgabe zugunsten eines anderen Trägers (privater oder mittelbarer öffentlicher Träger) ausgegliedert werden?

— Ist die *zu erwartende* Aufgabe in bezug auf Personal, Struktur und Mittel optimal gestaltet?

Der Zusammenhang von Aufgabenkritik, Aufgabenplanung und Rationalisierung und die Notwendigkeit, sie nebeneinander einzusetzen, wird auch deutlich, wenn auf die Zwecke der Aufgabenkritik abgestellt wird.

3. Zwecke der Aufgabenkritik

Aufgabenkritik zielt, wie Aufgabenplanung und Rationalisierung, darauf ab, die aus der Ausweitung der Aufgaben, der Veränderung der Personalzahlen und den finanziellen Restriktionen resultierenden Mängel der Verwaltung zu beseitigen oder zu verringern. Oder positiv ausgedrückt: sie soll zu einem hohen Standard öffentlicher Leistungen durch eine optimale öffentliche Verwaltung beitragen, indem durch sie die

— Effektivität erhöht
— Zufriedenheit der Mitarbeiter gefördert
— Demokratie gewährleistet

wird.

Bei den genannten Zwecken handelt es sich um die Hauptzwecke der Aufgabenkritik, denen jeweils Teilzwecke zugeordnet werden können. So etwa dem Hauptzweck Effektivität der Teilzweck der Wirtschaftlichkeit oder dem Hauptzweck Gewährleistung der Demokratie die Teilzwecke Rechtsstaatlichkeit und Gerechtigkeit. Zum besseren Verständnis werden die für die einzelnen Fragestellungen der Aufgabenkritik wesentlichen Teilzwecke den einzelnen Ansätzen der Aufgabenkritik zugeordnet und später ausführlicher im Dritten Abschnitt dargestellt.

3.1 Effektivität

Die Effektivität der öffentlichen Verwaltung bestimmt sich nach dem Grad ihrer Wirtschaftlichkeit und Leistungsfähigkeit[77].

Sparsamkeit und Wirtschaftlichkeit der öffentlichen Verwaltung gehören zu den tragenden Grundsätzen des öffentlichen Aufgabenvollzuges[78], sie gelten auch für die Aufgabenkritik. Dabei sind Sparsamkeit und Wirtschaftlichkeit nicht gleichzusetzen. Sparsamkeit kann sogar im Gegensatz zur Wirtschaftlichkeit stehen, etwa wenn Rationalisierungsinvestitionen aus Gründen der Sparsamkeit unterlassen werden und damit unwirtschaftliche Aufgabenerfüllung fortgesetzt wird.

Mit Sparsamkeit wird angestrebt, den Aufwand zur Erreichung des gegebenen Zieles zu verringern. „Handle so, daß der Zweck deines Handelns mit kleinstmöglichem Mitteleinsatz erreicht wird (Minimalprinzip)[79]."

Wirtschaftlichkeit in Abgrenzung zur Sparsamkeit fordert die Erreichung des größtmöglichen Nutzens oder der bestmöglichen Zielverwirklichung mit gegebenem Aufwand. Oder anders ausgedrückt: „Handle so, daß mit den gegebenen Mitteln die gesetzten Ziele in möglichst vollkommener Weise erreicht werden (Maximalprinzip)[80]."

---

[77] Frido Wagener, Neubau der Verwaltung, Berlin 1969, S. 311.

[78] Vgl. z. B. § 7 Haushaltsordnung der Freien und Hansestadt Hamburg vom 23. Dezember 1971 (GVBl. S. 261).

[79] Heinrich Reinermann, Wirtschaftlichkeitsanalysen, Handbuch der Verwaltung, Heft 4.6, S. 4.

[80] Vgl. Reinermann, ebenda.

Minimalprinzip und Maximalprinzip sind beide durch die Bezugsgrößen Zwecke und Mittel gekennzeichnet, wobei in einem Fall die Variable der Zweck und im anderen Fall die Variable das Mittel ist. Der unauflösbare Zusammenhang von Zwecken und Mittel, wie er in dem angeführten Beispiel der Rationalisierungsinvestitionen deutlich wird, rechtfertigt es, Aufwandsreduzierung und Ergebnisverbesserung als Spezifikation des übergeordneten Wirtschaftlichkeitsprinzips zu definieren. Wirtschaftlichkeitsprinzip heißt, daß unter alternativen Handlungsmöglichkeiten die gewählt wird, welche die Relation von Zweck und Mittel maximiert.

Das nachfolgende Schaubild verdeutlicht den Zusammenhang:

Schaubild 3

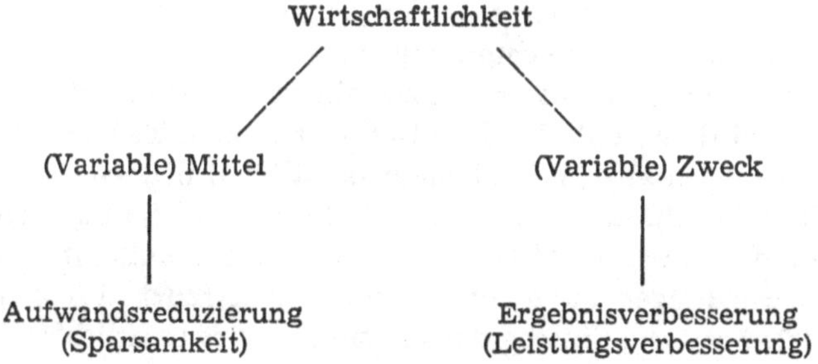

In dieser doppelten Funktion ist das Wirtschaftlichkeitsprinzip oder die Effizienz nicht nur auf die Leistungsfunktion beschränkt, sondern erstreckt sich auch auf andere Staatsfunktionen[81]. Es bezieht sich auf öffentliches Handeln schlechthin. Es steht heute im Vordergrund der Bemühungen um eine Entlastung der öffentlichen Haushalte soweit erwartet wird, daß bei gegebener Aufgabenstellung die Aufgabenerfüllung mit weniger Personal und Sachmitteln erfolgen soll.

Sowohl in der Vergangenheit als auch in der Gegenwart bestand und besteht die Gefahr, daß überwiegend die „Verbilligung“ als Maßstab für die Güte der Verwaltungsleistung angesehen wird[82]. Im Rahmen einer rein quantitativen Modernisierung der öffentlichen Verwaltung mit dem Ziel einer Kostensenkung wäre aber z. B. für soziale Ziele kaum Raum. Aufgabenkritik kann deshalb nicht nur auf den Grundsatz der Sparsamkeit ausgerichtet werden.

Lassen sich Zweckerreichung und Mitteleinsatz einer Handlungsalternative messen, so besteht ein Maßstab für ihre Wirtschaftlichkeit

---

[81] Vgl. hierzu Reinermann, ebenda, S. 7.

[82] Vgl. Frido Wagener, Neubau der Verwaltung, Berlin 1969, S. 5.

oder Effizienz[83]. Nun war aber schon an anderer Stelle[84] angedeutet worden, daß Aufwandsreduzierung und Ergebnisverbesserung in der öffentlichen Verwaltung strukturell Grenzen gesetzt sind. Luhmann weist darauf hin, daß Wirtschaftlichkeit „... kein in sich evidentes und unabänderliches Naturgesetz (ist). Es ist geschichtlich bedingt und muß sich bewähren. Es dient nicht nur als Schema der Kritik des Handelns, sondern ist selbst der Kritik ausgesetzt“[85]. Diese Kritik beruht auf der ... „Verschiebung des Optimalen ins Maximale, des Rationalen ins Wirtschaftliche ...“, die ... „ihrerseits rasch an Grenzen: an Grenzen der Meßbarkeit“ stößt[86]. Um zu entscheiden, ob eine Maßnahme wirtschaftlich ist, müßten Aufwand und Ertrag einander gegenübergestellt werden. Bereitet häufig schon die Feststellung des Aufwandes (z. B. die Investitionsfolgekosten) erhebliche Schwierigkeiten, so ist der Nutzen der Maßnahme vielfach noch schwerer zu ermitteln oder gar zu messen. „Der Wert einer aufgewendeten Geldsumme kann ... gar nicht sinnvoll mit den erreichten Ergebnissen verglichen werden, wenn er keinen entgangenen Nutzen (außerhalb des eigenen Ressorts) repräsentiert, es sei denn, daß das Resultat — wie zum Teil in der Privatwirtschaft — ebenfalls in Geld meßbar ist[87].“ Hinzu kommt, daß das Prinzip der Wirtschaftlichkeit nicht bei *jeder* Entscheidung angewendet werden kann. „Durch die Tatsache, daß das Auskalkulieren wirtschaftlicher Entscheidungen zu teuer kommt, durchkreuzt sich das Modell selbst: Wirtschaftliche Entscheidungen sind unwirtschaftlich[88].“

Es zeigt sich also, wie schwierig es ist, in der öffentlichen Verwaltung Wirtschaftlichkeit herzustellen. Dennoch kann es keinem Zweifel unterliegen, daß es Bereiche gibt, die, wie in der Privatwirtschaft, voll dem Wirtschaftlichkeitsprinzip unterworfen werden könnten und daß für die anderen Bereiche das Prinzip der Wirtschaftlichkeit ein Ziel verkörpert, das Initiativen zu wenigstens annäherungsweisem wirtschaftlichen Handeln auslösen müßte. Seine Bedeutung für die öffentliche Verwaltung ist nicht geringer als in privatwirtschaftlichen Unternehmungen. „Befürchtungen oder Erleichterung darüber, daß das Wirtschaftlichkeitsprinzip nur in profitorientierten Organisationen anwendbar seien, sind unbegründet[89].“

---

[83] Vgl. Reinermann, S. 2,3; vgl. hierzu auch Senatsamt für den Verwaltungsdienst, Hamburg, Kostenrechnung und Wirtschaftlichkeitsberechnung, Hamburg 1969.

[84] Vgl. Zweiter Abschnitt Ziff. 1.4.3, S. 46.

[85] Niklas Luhmann, Kann die Verwaltung wirtschaftlich handeln?, in: Verwaltungsarchiv, Bd. 51, 1960, S. 97.

[86] Vgl. Luhmann, ebenda, S. 99.

[87] Vgl. Luhmann, ebenda, S. 104.

[88] Vgl. Luhmann, ebenda, S. 100.

[89] Vgl. Heinrich Reinermann, S. 12.

Mit der Wirtschaftlichkeit als einem Hauptzweck öffentlichen Handelns ist allerdings nicht in vollem Umfang abgedeckt, was eine effektive Verwaltung ausmacht. Zur Wirtschaftlichkeit muß die Leistungsfähigkeit hinzukommen. Die Leistungsfähigkeit wird z. B. bestimmt durch Umfang und Art des Personals, den Grad seiner Spezialisierung, die sächliche Ausstattung, die Organisation, die technischen Verfahren, die Überschaubarkeit der Verwaltung, die Vergleichbarkeit der Aufgabenerfüllung verschiedener Verwaltungsbereiche, die Öffentlichkeitsarbeit und den Informationshorizont der Bevölkerung[90].

3.2 Zufriedenheit der Mitarbeiter

Leistungsfähigkeit und Wirtschaftlichkeit mit den beiden Teilaspekten Aufwandsreduzierung und Ergebnisverbesserung beziehen auch das Personal als ein Mittel der Aufgabenerfüllung in die Zweck-Mittel-Betrachtung ein. Deutlich wird dies bei den schon angeführten Personaleinsparungen, wenn mit weniger Personal gleichbleibende oder sogar wachsende Aufgaben erfüllt werden sollen. Folgerichtig werden Personaleinsatz, Auslastung, Ausbildung, Leistungsmotivation, Personalbemessung etc. als Mittel, die Wirtschaftlichkeit der Verwaltung zu erhöhen, begriffen. Die Personalverwaltung hat insbesondere die Aufgabe, dafür zu sorgen, daß das Personal seine Rolle gemäß dem Organisationszweck und den Organisationsstrukturen spielt[91].

Nach der klassischen Organisationslehre haben sich alle Teile des Systems „als Mittel zum Zweck des Ganzen auszuweisen, und diese Charakterisierung ist zugleich Bedingung wissenschaftlicher Relevanz. Was sich nicht einfügt, wird als Störung gebucht, kann aber mit den relativ einfachen Denkmitteln des Zweckmodells nicht weiter erforscht werden“[92]. Die Person wird zum „Träger“ oder „Inhaber“ von Qualifikationen, Ansprüchen, Merkmalen, Leistungen, Rechten usw., von abstrakten und kategorisierbaren Bestimmungen[93].

Dieser instrumentelle Charakter des Personaleinsatzes zur Verbesserung von Aufwand und Ertrag liegt auch dem Taylorismus und der „Human-Relations“-Bewegung zugrunde. Beiden ist gemeinsam, daß sie keinen Widerspruch darin sehen, „... das Streben der Organisation

---

[90] Vgl. hierzu bei Frido Wagener, Neubau, S. 303.

[91] Vgl. Renate Mayntz, Soziologie der Organisation, Abschnitt VI, Die Mitglieder der Organisation (rde 166), Hamburg, Januar 1963.

[92] Niklas Luhmann, Zweck-Herrschaft-System, Grundbegriffe und Prämissen Max Webers, in: Renate Mayntz (Hrsg.), Bürokratische Organisation, 2. Aufl., Köln, Berlin 1971, S. 36 ff. (39).

[93] Vgl. Arnold Gehlen, Die Seele im technischen Zeitalter, Hamburg 1957, S. 41.

nach Rationalität und das menschliche Streben nach Glück zu vereinen"[94]. Ähnlich verhält es sich mit den Humanisierungsforderungen der Gegenwart. Humanisierung der Arbeitswelt wird als ein bedeutendes Mittel zur Steigerung der Produktivität[95] mit dem möglichen und akzeptierten Nebeneffekt gleichzeitiger größerer Arbeitszufriedenheit verstanden. Auch Selbstbestimmung, Arbeitszufriedenheit und Selbstverwirklichung werden zu Mitteln des Organisationszweckes, der in erster Linie auf die Gewinn- und Leistungsmaximierung gerichtet ist[96].

Hinter diesen formalen Organisationskonzepten steht implizit oder explizit ein bestimmtes Menschenbild[97].

Die Betrachtungsweise des arbeitenden Menschen als Instrument zur Erhöhung der Wirtschaftlichkeit versagt dann, wenn es um die Realisierung von personenbezogenen Maßnahmen geht, die weder mittelbar noch unmittelbar die Wirtschaftlichkeit erhöhen, diese auch nicht auf gleichem Niveau belassen, sondern sie im Gegenteil beeinträchtigen. Die zwischen der Organisation und dem Individuum zumindest nicht völlig aufhebbare Grundspannung bewirkt, daß ständig auch solche Maßnahmen getroffen werden, die nicht der Wirtschaftlichkeit dienen, sondern die in erster Linie die Durchsetzung eines humanen Menschenbildes zum Ziele haben.

Solche Maßnahmen können etwa darin bestehen, menschliche Arbeitskraft durch Maschinen selbst dann zu substitutieren, wenn die Maschinenkraft teurer ist, um die Arbeitsbedingungen „menschenwürdig" zu gestalten. Andere Fälle sind, daß bei organisatorischen Veränderungen um einzelne Personen „herumorganisiert" wird, um sie nicht noch kurz vor der Pensionierung mit schwierigen Umstellungen zu belasten. Auch die Entscheidung, keine eigenen Reinigungskräfte der Gemeinde zu entlassen und die Übertragung des Reinigungsdienstes auf private Firmen nur entsprechend der Fluktuationsrate vorzunehmen, obgleich private Firmen wesentlich billiger arbeiten, wäre hier einzuordnen[98]. Schließlich müssen bestimmte Formen der „Demokratisierung" in der öffentlichen Verwaltung in diesem Zusammenhang genannt werden.

---

[94] Vgl. hierzu Amitai Etzioni, Soziologie der Organisationen, 2. Aufl., München 1969, S. 67; Günter Hartfiel, Der Mensch als Systemelement oder Herr des Systems, Zeitschrift für Organisation 3/1973, S. 132.

[95] Vgl. Michael Jungblut, Rebellion gegen die Langeweile, in: Die Zeit, Nr. 14 vom 30. 3. 1973, S. 42.

[96] Vgl. Lutz von Rosenstiel, Walter Molt, Bruno Rüttinger, Organisationspsychologie, Stuttgart u. a. 1972, S. 15.

[97] Vgl. v. Rosenstiel, u. a., ebenda, S. 25.

[98] Vgl. hierzu die Ausführungen zum Dritten Abschnitt Ziff. 4.1.5.2, S. 104.

Diese Beispiele zeigen, daß Organisationsmitglieder nicht nur in dem Teilaspekt der Wirtschaftlichkeit ihres Einsatzes gesehen werden können, sondern in der Verflechtung mit der Umwelt und daß dies auch ständig geschieht. Die Umweltverflechtung hat zur Konsequenz, daß gesellschaftliche und soziale Bedingungen in das Arbeitsverhältnis einfließen, die unabhängig von der Wirtschaftlichkeit berücksichtigt werden müssen. Aufgabenkritik zielt zwar in erster Linie darauf ab, die Leistung für den Bürger zu verbessern, sie beinhaltet aber auch, inneradministrativ den Organisationszweck im Sinne der jeweiligen gesellschaftlichen Vorstellung vom arbeitenden Menschen zu definieren. Grundwerte für die Bürger gelten auch für die Mitarbeiter. So gesehen hat Humanorientierung nicht ihre Grenze in der Wirtschaftlichkeit, ist auch keine unvermeidliche Restriktion der Wirtschaftlichkeit, sondern ein Zweck neben der Wirtschaftlichkeit.

Mit dieser Aussage wird Rosenstiel gefolgt[99], daß die Organisation ihr Ziel doppelt sehen muß: „Die Befriedigung von Bedürfnissen in der Organisation und durch die Organisation." Die Tätigkeit in der öffentlichen Verwaltung ist wie in der privaten Unternehmung auch auf die Bedürfnisse der Mitarbeiter abzustellen[100].

Dabei wird nicht verkannt, daß bei der unterschiedlichen Sozialisation der Mitarbeiter keine Organisation über all das verfügt, was die einzelnen Mitglieder oder Gruppen wünschen[101], von den Schwierigkeiten, die Bedürfnisse feststellen zu können, ganz abgesehen.

Aufgabenkritik, die die Zufriedenheit der Mitarbeiter ausklammert oder als bloße Restriktion am Rande mitbehandelt, ist im übrigen auch nicht geeignet, die Leistungsfähigkeit und Wirtschaftlichkeit zu erhöhen. Die Mängel, die zur Aufgabenkritik führen, sind häufig gerade auch solche der Unzufriedenheit der Mitarbeiter, liegen also im sozialpsychologischen Bereich und können folgerichtig auch nur durch seine Einbettung in die Aufgabenkritik überwunden werden.

Aufgabenkritik bedeutet deshalb sowohl Erhöhung der Leistungsfähigkeit und Wirtschaftlichkeit als auch Förderung der Zufriedenheit der Mitarbeiter. Daß beide Zwecke u. U. in einem Zielkonflikt stehen und zu einem relativen Ausgleich gebracht werden müssen, ändert an dieser Aussage nichts. Es handelt sich um ein „Satifizierungsproblem", d. h. um das Suchen nach einem Kompromiß[102], wie etwa bei Wirtschaftlichkeit und Gerechtigkeit. Zumindest ansatzweise können beide Zielaspekte zugleich erfüllt werden[103].

---

[99] v. Rosenstiel u. a., S. 29.

[100] Vgl. Wolfgang H. Staehle, Organisation und Führung sozio-technischer Systeme, Stuttgart 1973, S. 22.

[101] Vgl. v. Rosenstiel u. a., S. 91.

[102] Vgl. Diether Gebert, Organisationsentwicklung, Stuttgart 1974, S. 22.

3.3 Gewährleistung der Demokratie

Mit der Leistungsfähigkeit und der Wirtschaftlichkeit als „technischem Maßstab“[104] und der Zufriedenheit der Mitarbeiter als „personellem Maßstab“ sind nur teilweise die politischen und gesellschaftlichen Gegebenheiten erfaßt, die die Beziehung zwischen öffentlichen Aufgaben und demokratischem Staatswesen ausmachen. So wie der Sachzweck der öffentlichen Verwaltung: Erfüllung einer Aufgabe „modalen Zwecken“ wie der Festigung der Demokratie unterliegt[105], ist auch die Aufgabenkritik als kritische Überprüfung der Aufgabenstellung diesem Zweck unterworfen. Gewährleistung der Demokratie hat — wie die Zufriedenheit der Mitarbeiter — nicht lediglich den Charakter einer Randbedingung, die der optimalen Durchsetzung des Wirtschaftlichkeitsprinzips Grenzen setzt. Effektivität der öffentlichen Verwaltung ist kein Selbstzweck, sie steht im Dienste der politischen Zwecke.

Aus einer rein betriebswirtschaftlichen Betrachtung heraus liegt es zwar nahe, etwa zwischen der Effektivität und den politischen Zwecken ein Konkurrenzverhältnis anzunehmen, bei dem die politischen Zwecke die Durchsetzung der Effektivität hemmen könnten[106]. Eine Übertragung dieser Konkurrenzannahme auf die öffentliche Verwaltung berücksichtigt jedoch nicht ausreichend, daß die politischen Zwecke Grundprinzipien der demokratischen Gesellschaftsverfassung gewährleisten sollen. Optimale Erfüllung öffentlicher Aufgaben ist daher nicht mit optimal wirtschaftlicher Erfüllung der Aufgaben gleichzusetzen, sondern heißt: Aufgabenerfüllung, mit der die Demokratie unter Berücksichtigung der Leistungsfähigkeit und der Wirtschaftlichkeit gewährleistet wird.

Die einzelnen politischen Zwecke, die die Demokratie gewährleisten sollen, wie etwa Gerechtigkeit, Gleichheit, Freiheit, Sicherheit, Gewaltenteilung, Bürgerbeteiligung, Zusammengehörigkeitsgefühl der Bürger[107] haben zu verschiedenen Zeiten eine unterschiedliche Konkretisierung erfahren, verkörpern also nicht immer die gleichen Inhalte. Gleichwohl sind sie nicht nur Quelle konkreter Verwaltungsaufgaben, sondern auch selbstverständliche Bedingungen verfassungsmäßiger Aufgabenerfüllung[108].

---

[103] Vgl. v. Rosenstiel, u. a., S. 29.

[104] Vgl. Frido Wagener, Neubau, S. 6.

[105] Vgl. Frido Wagener, ebenda, S. 307/308; Ulrich Becker, Zweck und Maß der Organisation, Handbuch der Verwaltung, Heft 3.1, S. 12.

[106] Vgl. Frido Wagener, Neubau, S. 311.

[107] Vgl. Frido Wagener, S. 305.

[108] Vgl. Hans-Peter Bull, Handbuch der Verwaltung, Heft 2.1, S. 1.

Zu den politischen Zwecken, die Ausdruck der Gewährleistung der Demokratie sind, zählt auch die Sicherung der Rechtsstaatlichkeit als Strukturprinzip der öffentlichen Verwaltung gegenüber der privaten Verwaltung[109]. Die Bindung an die Gesetze, an ein rechtlich geordnetes Verwaltungsverfahren und an eine gerichtliche Nachprüfbarkeit überlagern nicht nur das ausdrücklich auf Rechtsverwirklichung angelegte Handeln des Staates, z. B. bei der Ordnungsfunktion, sondern als „modaler Zweck" den ganzen Staatsorganismus in seinem Aufbau, seinen Verfahren und seinen Methoden[110].

Die Schwierigkeit bei der Aufgabenkritik ist, zum jeweiligen Zeitpunkt der Überprüfung der Aufgaben, die politischen Zwecke neu zu definieren und dann in die Beurteilung der Wirtschaftlichkeit und Leistungsfähigkeit einzutreten. Ein deutliches Beispiel für diese Problematik sind „schematische" Sparmaßnahmen bei den Gebietskörperschaften, wenn sie den Verwaltungen überlassen bleiben und nicht auch Gegenstand einer neuen politischen Zielbestimmung durch die Parlamente werden[111].

3.4 Zwischenergebnis

Aus den dargestellten Zwecken der Aufgabenkritik

— Effektivität erhöhen,
— Zufriedenheit der Mitarbeiter fördern,
— Demokratie gewährleisten

wird sichtbar, daß es sich um die gleichen Zwecke handelt, die herkömmlich auch der Rationalisierung[112] und Verwaltungsreformen insgesamt[113] zugrundegelegt werden. Der Unterschied zu anderen Maßnahmen der Verwaltungsreform besteht also nicht darin, daß Aufgabenkritik besondere Zwecke verfolgte. Vielmehr ist das für die Aufgabenkritik wesentliche Charakteristikum, daß die Zwecke Effektivität, Zufriedenheit und Demokratie speziell auf die Aufgabenstellung bezogen werden und nicht ausschließlich auf die Aufgabenerfüllung.

---

[109] Vgl. hierzu Frido Wagener, Neubau, S. 307/308; Ulrich Becker, Handbuch der Verwaltung, Heft 3.1, S. 18; Udo Rödel, Umstrittener Staat, ZBR Heft 9/1975, S. 270.

[110] Ulrich Becker.

[111] Vgl. hierzu die Ausführungen zu Sparmaßnahmen im Vierten Abschnitt Ziff. 15, S. 188 und zur Aufgabenkritik als politische Aufgabe im Sechsten Abschnitt Ziff. 2.1, S. 208.

[112] Vgl. hierzu die Ausführungen zum Zweiten Abschnitt Ziff. 2.2, S. 54.

[113] Vgl. z. B. Frido Wagener, Neubau, S. 312/313: „Maßstäbe für den optimalen Aufbau der Verwaltung."

Die genannten Zwecke machen außerdem deutlich, daß es sich bei der Aufgabenkritik nicht um eine einmalige Verwaltungsreform handelt, sondern um einen Prozeß „laufender Änderungen“, der eine ständige neue Gewichtung von politischen Zielen im Verhältnis zu den Effektivitätskriterien und zur Zufriedenheit der Mitarbeiter verlangt. Von ihrer Bedeutung her kann es dabei nicht auf die Maximierung eines Zweckes ankommen, sondern nur auf die größtmögliche Erfüllung der miteinander kombinierten Zwecke.

Dritter Abschnitt

Ansätze der Aufgabenkritik

1. Aufgabenbezogene Ansätze im Zusammenhang

Bringt man die ermittelten Fragestellungen der Aufgabenkritik in ein Ablaufschema, bezieht man sie unter Berücksichtigung der genannten Zwecke der Aufgabenkritik auf die einzelnen Elemente des Verwaltungssystems und ordnet man ihnen schließlich die — später noch abzuhandelnden — herkömmlichen Verwaltungsinstrumente der Aufgabenkritik zu, dann ergibt sich das nachstehende Grundraster[1] der Aufgabenkritik. Es schließt neue und bestehende öffentliche Aufgaben ein und erlaubt ein stufenweises Vorgehen, beginnend mit der Frage, ob eine Aufgabe vom Staat übernommen oder beibehalten werden soll bis zur Rationalisierung der Aufgabenerfüllung.

Zu den einzelnen Ansätzen der Aufgabenkritik des Schaubildes 4 ist zu bemerken, daß sich die Ansätze 1 und 2 stärker auf die Aufgabe (das Erfordernis der Aufgabe und die Träger der Aufgabe) beziehen, Ansatz 3 mehr auf die Bestimmungsfaktoren in den Leistungsbedingungen gerichtet ist. Ansatz 3 ist bezüglich der rechten Seite (bestehende Aufgaben) die herkömmliche Fragestellung der Rationalisierung, die nicht Gegenstand dieser Arbeit ist, bezüglich der linken Seite (zu erwartende Aufgaben) stärker der Aufgabenkritik zuzuordnen, z. B. wenn es darum geht, bei geplanten neuen Gesetzen und Investitionen die damit verbundenen Kosten und sonstigen Wirkungen zu ermitteln.

Ansatz 1 weist mit der Frage nach den politischen Zielen eine stark normative, Ansätze 2 und 3 weisen eine stärker pragmatisch-instrumentelle Komponente auf, was zeigt, daß Aufgabenkritik kein homogener Begriff ist.

Schließlich ist noch darauf hinzuweisen, daß die Abgrenzung zwischen Abbau (Ansatz 1), Verlagerung (Ansatz 2) und Gestaltung sowie Rationalisierung (Ansatz 3) fließend ist und eine Maßnahme gelegent-

[1] In Anlehnung an die Darstellung von Rudolf Dieckmann, Handbuch der Verwaltung, Heft 3.5, S. 6; vgl. auch Senatsamt für den Verwaltungsdienst Hamburg, Orientierungshilfe für die Befragung der Ressorts, abgedruckt als Anl. 3 bei Becker, Dieckmann, Aufgabenkritik — Am Beispiel der Freien und Hansestadt Hamburg, S. 163.

Schaubild 4: Kritik der öffentlichen Aufgaben

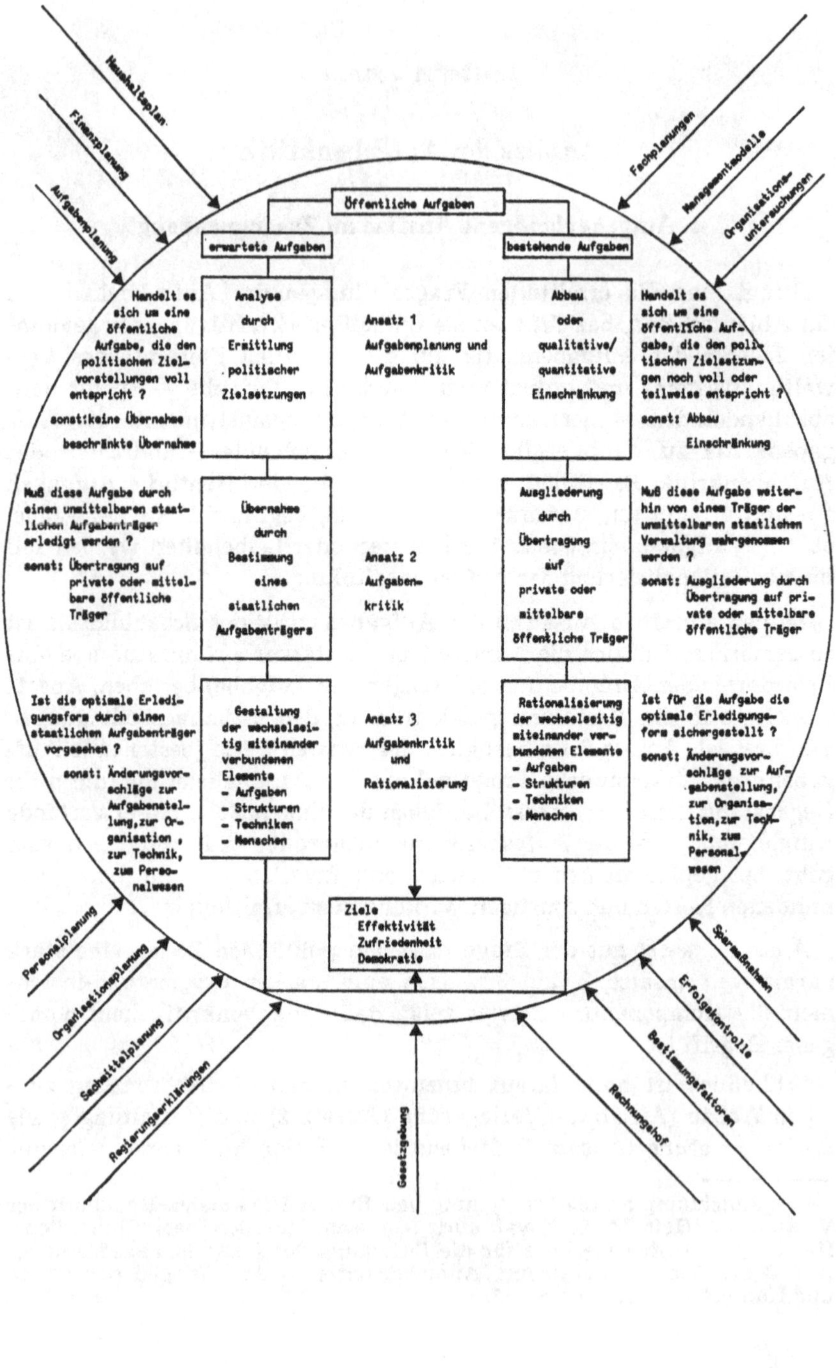

lich sowohl dem einen als auch dem anderen Ansatz zugerechnet werden kann[2].

Alle drei Ansätze, besonders aber die Ansätze 1 und 2, beinhalten die Frage nach der Erforderlichkeit der Wahrnehmung einer Aufgabe durch den Staat. Das setzt eine Auseinandersetzung mit der Abgrenzung der öffentlichen von den privaten Aufgaben voraus.

2. Zur Abgrenzung der öffentlichen von den privaten Aufgaben

Der Begriff der „öffentlichen Aufgaben" ist nirgends fest umrissen. Wie schwierig es ist, eine Definition der öffentlichen Aufgaben in Abgrenzung zu den von Privaten erfüllten Aufgaben zu finden, deutet sich schon an, wenn man versucht, das Spektrum der hinter den Staatsfunktionen[3] stehenden Aufgaben zu erfassen.

Nimmt man den Begriff der „öffentlichen Verwaltung" als Ausgangspunkt eines Versuchs zur Klärung, so ist dies ebensowenig hilfreich. „Ein Verwaltungsbegriff, der die gesamten Einzelhandlungen der nicht-regierenden Exekutive descriptiv bezeichnen könnte, hat sich bisher nicht finden lassen. Die Suche danach sollte eingestellt werden. Die Tätigkeiten sind so heterogen, daß ihr Allgemeinbegriff ins Nichtssagende verdünnt werden müßte und dadurch unspezifisch würde[4]."

Es bestätigt sich die schon früher getroffene Feststellung[5], daß die Aufgaben der öffentlichen Verwaltung in der verschiedensten Weise zugewachsen sind, wenn man sich vergegenwärtigt, daß private Sicherheitsdienste in der Münchener S-Bahn Aufgaben wahrnehmen, die als Ordnungsfunktionen bisher eindeutig dem öffentlichen Bereich zugeordnet wurden, während der Staat öffentliche Theater führt, sich als Bestattungsunternehmer betätigt oder Sportvereine subventioniert, also Aufgaben übernommen hat, die landläufig dem privaten Sektor zugerechnet wurden. Wenn die Schwalben vor den Alpen vom Winter überrascht werden, ist es heute auch der Staat, der gemeinsam mit Tierschützern die Schwalben kostenlos in den Süden transportiert.

Weder die These vom Marktversagen noch der Gesichtspunkt der Stimmenmaximierung oder das Kriterium Eigentum sind geeignet, die

---

[2] So auch Wissenschaftlicher Beirat beim Bundesministerium der Finanzen, S. 1004.

[3] Vgl. hierzu die Ausführungen zum Zweiten Abschnitt Ziff. 1.1, S. 24.

[4] Niklas Luhmann, Theorie der Verwaltungswissenschaft, Bestandsaufnahmen und Entwurf, Köln und Berlin 1966, S. 71; so auch: Günter Hartfiel u. a., Beamte und Angestellte in der Verwaltungspyramide, Berlin 1964, S. 42; Thomas Ellwein, Das Regierungssystem der Bundesrepublik Deutschland, 3. Aufl., Opladen 1973, S. 364.

[5] Vgl. hierzu die Ausführungen zum Zweiten Abschnitt Ziff. 1.1, S. 22 f.

Zuordnung von Aufgaben zum öffentlichen oder privaten Bereich auch nur annähernd genau zu klären. Es ist nicht möglich, eine klare Grenze zwischen öffentlichen und privaten Aufgaben festzulegen[6]. Bisher gibt es zwar Ansätze, aber keine befriedigende Theorie der öffentlichen Aufgaben[7]. Auch das im Zusammenhang mit der Privatisierung häufig bemühte Subsidiaritätsprinzip hilft wenig[8]. Die mit Kompetenz-Kompetenz ausgestattete Gemeinschaft trifft die Entscheidung darüber, ob eine Aufgabe von ihr oder Privaten wahrgenommen werden soll, nur selten nach der Formel, „ob die in Aussicht genommene Maßnahme der Gemeinschaft das Eigenleben der Glieder wirklich fördert"[9].

Angesichts des Dilemmas, daß es keine hinreichende inhaltliche Determinante für die öffentlichen Aufgaben gibt, erscheint es gerechtfertigt, für die hier zu beschreibenden Ansätze der Aufgabenkritik von dem formalen Kriterium auszugehen, daß öffentliche Aufgaben in der Regel solche sind, die im jeweiligen Zeitpunkt der Überprüfung von öffentlichen Trägern wahrgenommen werden[10]. Als öffentliche Träger werden die Haupteinheiten der öffentlichen Verwaltung in der Bundesrepublik (Bund, Länder, Kreise, Gemeinden) sowie die ihnen zugeordneten Nebeneinheiten verstanden.

Mit der Festlegung, daß grundsätzlich die von öffentlichen Trägern mit öffentlichem Personal und öffentlichen Mitteln erfüllten Aufgaben öffentliche Aufgaben sind, ist allerdings noch nicht entschieden, welche

---

[6] Vgl. Konrad Littmann u. a., Argumente für eine Aufgabenabgrenzung zwischen privatem und öffentlichem Sektor und Mischformen, Literaturanalyse, Projekt 90 für die Kommission für wirtschaftlichen und sozialen Wandel, S. 138.

[7] Vgl. hierzu u. a. Erhard Mäding, Aufgaben der öffentlichen Verwaltung, Die Verwaltung 1973, S. 261; Heinrich Siedentopf, Funktion und allgemeine Rechtsstellung-Analyse der Funktionen des öffentlichen Dienstes, Studienkommission für die Reform des öffentlichen Dienstrechts, Bd. 8, Baden-Baden 1973, S. 29 ff.; Thomas Ellwein, Das Regierungssystem der Bundesrepublik Deutschland, 3. Aufl., Opladen, S. 84; Frido Wagener, Typen der verselbständigten Erfüllung öffentlicher Aufgaben, in: Frido Wagener (Hrsg.), Verselbständigung von Verwaltungsträgern, Schriften der Deutschen Sektion des Internationalen Instituts für Verwaltungswissenschaften, Bd. 1, Bonn 1976, S. 32.

[8] Vgl. Otto von Nell-Breuning, Subsidiaritätsprinzip, Wörterbuch der Soziologie, 2. Aufl., Stuttgart 1969, S. 1137 - 1138.

[9] Vgl. Otto von Nell-Breuning.

[10] So u. a. auch: Thomas Ellwein und Ralf Zoll, Zur Entwicklung der öffentlichen Aufgaben in der Bundesrepublik Deutschland, Studienkommission für die Reform des öffentlichen Dienstrechts, Bd. 8, Baden-Baden 1973, S. 223; Erhard Mäding, Aufgaben der öffentlichen Verwaltung, Die Verwaltung 1973, S. 266; Erich Becker, Verwaltungsaufgaben, in: Fritz Morstein-Marx (Hrsg.), Verwaltung, Berlin 1965, S. 187; Frido Wagener, Typen der verselbständigten Erfüllung öffentlicher Aufgaben, in: Frido Wagener (Hrsg.), Schriftenreihe des Internationalen Instituts für Verwaltungswissenschaften, Bd. 1, Bonn 1976, S. 33.

dieser öffentlichen Aufgaben der Erfüllung durch öffentliche Träger näher stehen als andere. Denn unbestritten werden auch von Privaten Aufgaben wahrgenommen (z. B. beliehene Unternehmer und karitative Verbände)[11], an deren Erfüllung die Öffentlichkeit maßgeblich interessiert ist[12] und ein weiterer Wechsel in der Trägerschaft vom Staat zu Privaten und umgekehrt kann zweckmäßig sein, weil die immer stärkere Monopolisierung von Aufgaben beim Staat als Versuch einer Bewältigung von ökonomischen oder politischen Krisen ihrerseits wieder Krisen erzeugt (z. B. mangelnde Effizienz, Steuerungsunfähigkeit und mangelnde Mitwirkung der Bürger). Die Frage, welche der heute von Großstadtverwaltungen wahrgenommenen Aufgaben möglicherweise auch von Privaten übernommen werden könnten, soll im einzelnen beim Ansatz 2 der Aufgabenkritik erörtert werden[13]. Hier ist nur folgende grundsätzliche Feststellung voranzustellen.

Auf den Gesamtbestand der Aufgaben der Großstadtverwaltungen bezogen, kommt für einen Wechsel zu Privaten nur ein kleiner Teil der Aufgaben in Betracht, vor allem solche mit technischem und betrieblichem Charakter, die so oder ähnlich strukturiert auch von Privaten angeboten werden oder werden könnten. Es kann sich dabei um Dienstleistungsaufgaben handeln, mit denen Leistungen gegenüber dem Bürger erbracht werden (z. B. Müllabfuhr) oder solche der inneradministrativen Leistungserstellung (z. B. Reinigung der öffentlichen Gebäude).

Maßgebend für diese kritische Einschätzung ist nicht nur, daß die Privatisierung — wie später noch zu zeigen sein wird — bei jeder einzelnen in Betracht kommenden Aufgabe Bewertungskriterien unterliegt, die von Privaten nur sehr begrenzt erfüllt werden können. Mindestens ebenso bedeutsam für die praktische Relevanz der Aufgabenkritik ist die öffentliche Meinung, daß die meisten Aufgaben, die der Staat heute

---

[11] Wenn etwa Funktionen der staatlichen Bauaufsicht privaten Architekten übertragen werden, wenn Kindergärten durch gemeinnützige Träger geführt werden. Laut Deutscher Städtetag (Privatisierung öffentlicher Aufgaben S. 34) werden in Nordrhein-Westfalen 61 % der Krankenhausbetten von freigemeinnützigen Trägern, 37 % von öffentlichen und 2 % von anderen privaten Trägern vorgehalten; von den insgesamt 21 296 Kindergärten stehen 70 % in freier und 25 % in öffentlicher Trägerschaft. Zum Deutschen Paritätischen Wohlfahrtsverband allein gehören rund 1 500 rechtlich selbständige Organisationen der sozialen Arbeit.

Es sei auch an einige bekannte Beispiele der Wahrnehmung von Verwaltungsaufgaben bzw. die Ausübung öffentlicher Gewalt durch Private erinnert: Feld- und Forsthüter, Jagdaufseher, Technische Überwachungsvereine, Öffentlich bestellte Wirtschaftsprüfer; vgl. auch Udo Steiner, Öffentliche Verwaltung durch Private, Die öffentliche Verwaltung 1970, Heft 15/16, S. 526 ff.; Dagtoglou, Prodromos, Die Beteiligung Privater an Verwaltungsaufgaben, Die öffentliche Verwaltung 1970, Heft 15/16, S. 534.

[12] Hans Peters, Öffentliche und staatliche Aufgaben, in: Festschrift für H. C. Nipperdey, Bd. II, München und Berlin 1965, S. 878.

[13] Vgl. hierzu im Dritten Abschnitt Ziff. 4.1, S. 87.

wahrnimmt, auch in Zukunft öffentliche Aufgaben bleiben sollten und nur in einer Randzone zum privaten Bereich Aufgaben angesiedelt sind, die nach einer breiteren Überzeugung zur Disposition stehen könnten[14].

Mit der Aussage, daß es sich insoweit nur um eine Flurbereinigung der Aufgabenabgrenzung und nicht um eine Kursänderung handeln kann[15], wird die Frage, ob es sich um eine Aufgabe handelt, die von öffentlichen Trägern erfüllt werden muß, nicht bedeutungslos. Diese Frage führt immer wieder zum Überdenken des Verhältnisses von Staat und Bürger. Sie ist — wenn sie von ideologischem Ballast befreit ist — geeignet, einen Wechsel in der Trägerschaft der Aufgaben auf der Grundlage der jeweiligen historischen Situation zu ermöglichen und damit einen Teilbeitrag zur Reform der öffentlichen Verwaltung zu leisten.

Zusammenfassend kann festgestellt werden, daß es eindeutige Kriterien für die Abgrenzung nicht gibt und daß deshalb darüber gestritten werden kann, was der Staat in seine Regie nehmen darf oder sollte und wie er es tut. Es kommt auf den Einzelfall an, und insbesondere auf die jeweilige politische Einstellung. Es ist keine Frage, daß Staatsaufgaben auf andere Träger verlagert werden können. In vielen Bereichen ist sowohl private als auch staatliche Steuerung möglich und verwirklicht (Wohnungsbau, Gesundheit, Sozialwesen).

Ziel der Aufgabenkritik darf aber nicht sein, politisch in die Trägerschaft des Staates gegebene Aufgaben mit der Begründung abzuwehren oder auszugliedern, es seien keine öffentlichen Aufgaben. Es kommt vielmehr nur darauf an, das Verhältnis der neuen zu den bestehenden Aufgaben für den Entscheidungsprozeß sichtbar zu machen und Veränderungen nach beiden Seiten zu ermöglichen, selbst wenn der Spielraum dabei nicht allzu groß ist.

[14] Vgl. hierzu die über alle politischen Unterschiede hinweg zustandegekommene einstimmige Stellungnahme des Deutschen Städtetages zur Privatisierung öffentlicher Aufgaben (Reihe A, DST-Beiträge zur Kommunalpolitik, Heft 2, 1976), die die Möglichkeiten einer Privatisierung sehr zurückhaltend beurteilt; so auch Ulrich Becker, Aufgabenerfüllung durch verselbständigte Betriebseinheiten aus der Sicht der Großstadt, in: Frido Wagener (Hrsg.), Regierbarkeit? Dezentralisierung? Entstaatlichung? Schriften der Deutschen Sektion des Internationalen Instituts für Verwaltungswissenschaften, Bd. 3, und Stellungnahme des Wissenschaftlichen Beirats der Gesellschaft für öffentliche Wirtschaft und Gemeinwirtschaft, in: Privatisierung öffentlicher Unternehmen — kein Mittel zum Abbau von Haushaltsdefiziten, 1976.

[15] So auch Konrad Littmann u. a., Argumente für eine Aufgabenabgrenzung zwischen privatem und öffentlichem Sektor und Mischformen, Literaturanalyse, Projekt 90 für die Kommission für wirtschaftlichen und sozialen Wandel, S. 149.

3. Ansatz 1 — Abbau und Einschränkung von Aufgaben

3.1 Allgemeines

Der stärkste und wirksamste Eingriff in den Bestand der *vorhandenen* öffentlichen Aufgaben ist der Abbau oder die Einschränkung von Aufgaben. Bei den *geplanten* Aufgaben ist der vergleichbare Tatbestand, Aufgaben nicht oder nicht im vorgesehenen Umfang zu übernehmen.

Während die Verlagerung von Aufgaben auf Private oder öffentliche Träger (Ansatz 2) sowie Ökonomisierungsmaßnahmen (Ansatz 3) in der Regel nur mittelfristig oder langfristig durchführbar sind, stellen der Abbau oder die Einschränkung sowie die Abweisung von neuen Aufgaben eine relativ schnell wirksame Maßnahme dar[16].

Die Forderung nach „Leistungsabbau"[17], der Ruf, „alle öffentlichen Aufgaben auf ihre Berechtigung und Notwendigkeit hin überprüfen"[18] oder die Feststellung, daß weder die zu erwartenden neuen Aufgaben des Staates vor ihrer Übernahme in den staatlichen Aufgabenbestand hinreichend „durchleuchtet", noch die im Bestand des Staates schon verankerten Aufgaben systematisch „durchforstet" würden[19], zeigen an, daß dem weit verbreiteten Unbehagen über das Wachstum der öffentlichen Aufgaben der absolute oder relative Abbau von Aufgaben als notwendiges Korrelat gegenübergestellt werden muß.

Aufgabenabbau verbunden mit Personalabbau ist schon nach dem 1. Weltkrieg mit der Einsetzung des „Reichssparkommissars" und dem Erlaß der Personalabbauverordnung von 1923 betrieben worden. Auch zwischen 1950 und 1960 stand der Aufgabenabbau an der Spitze von Reformüberlegungen[20], ohne daß wirkliche Durchbrüche erkennbar geworden sind. Der hierfür maßgebliche Grund dürfte sein, daß der Personalbedarf zeitweise reduziert, aber „der überkommene, schrittweise angereicherte Aufgabenbestand meist nicht in Frage gestellt (wird), weil die Öffentlichkeit mit seiner regelmäßigen Erfüllung fest rechnet, weil zahlreiche Menschen an bestimmten Leistungen interessiert sind, weil das damit beschäftigte Personal auf den Vollzug der Aufgabe bürokratisch eingestellt, oft innerlich für die Aufgabe engagiert ist und schließlich auch, weil der Titel ohnehin im Haushaltsplan steht"[21].

---

[16] Vgl. Wissenschaftlicher Beirat beim Bundesministerium der Finanzen, S. 1004.

[17] Wissenschaftlicher Beirat, S. 1004.

[18] Bund der Steuerzahler. Ein Weg aus der Misere, Wiesbaden 1975, S. 5.

[19] Ulrich Becker, Rudolf Dieckmann, Aufgabenkritik — Am Beispiel der Freien und Hansestadt Hamburg, S. 151.

[20] Vgl. Frido Wagener, Neubau, S. 275.

Außerdem ist das Anpacken des Aufgabenabbaues und der Einschränkung bis zum heutigen Tage auf Finanzkrisen beschränkt gewesen. Für eine systematische Überprüfung des Aufgabenbestandes unter diesem Aspekt gibt es bisher kein institutionell abgesichertes Verfahren in den Verwaltungen oder in den Parlamenten.

3.2 Begriff Abbau oder Einschränkung

Mit dem Abbau einer öffentlichen Aufgabe ist gemeint, daß diese Aufgabe vollständig wegfallen könnte, also auch eine Wahrnehmung durch andere Träger als die öffentliche Hand nicht in Betracht gezogen wird (vollständiger Abbau).

Einschränkung einer Aufgabe bedeutet, daß die Aufgabe teilweise wegfallen könnte, ein anderer Teil der Aufgabe weiterhin im Bestand der öffentlichen Hand bleibt (teilweiser Abbau). Die Leistungseinschränkung kann sich auf die Quantität oder auch auf die Qualität der zu erbringenden Leistung beziehen. Eine Einschränkung liegt sowohl vor, wenn die Bestimmungsfaktoren für eine Leistung geändert werden und hierdurch eine Leistungsminderung eintritt (z. B. Einschränkung der Lernmittelfreiheit) als auch bei einem Aufgabenrückgang durch abnehmende Bestimmungsfaktoren (z. B. sinkende Schülerzahlen), der aus der Sicht des Bürgers eine leistungsneutrale Aufgabeneinschränkung ist.

Sinngemäß werden die Begriffe Abbau und Einschränkung auf zu erwartende Aufgaben angewandt. Abbau bedeutet insoweit, daß eine geplante Aufgabe nicht in den Bestand der öffentlichen Aufgaben übernommen wird, Einschränkung, daß sie nur teilweise eingeführt wird.

3.3 Ziele

Wichtigste Ziele des Abbaues oder der Einschränkung sind:

— Anpassung des Aufgabenbestandes an veränderte gesellschaftliche Entwicklungen (Zwecke: Effektivität und Gewährleistung der Demokratie),

— Freisetzung öffentlicher Mittel für andere Zwecke (Zweck: Effektivität),

— Erhöhung der Steuerungsfähigkeit und Konfliktverarbeitungskapazität der Verwaltung (Zwecke: Effektivität und Gewährleistung der Demokratie),

— Überschaubarkeit für die Bürger und Mitarbeiter (Zwecke: Gewährleistung der Demokratie und Zufriedenheit der Mitarbeiter).

---

[21] KGSt-Bericht Nr. 21/1974, S. 3.

3.3.1 Anpassung des Aufgabenbestandes an veränderte gesellschaftliche Entwicklungen

Die in politische Ziele umgesetzten Veränderungen der gesellschaftlichen Ansprüche an den Staat sind vom Prinzip her auf Ausdehnung der öffentlichen Aufgaben angelegt. Politik, Bürger und Verwaltung entsprechen sich in ihrer Haltung, den vorhandenen Umfang öffentlicher Aufgaben als selbstverständlich hinzunehmen und deshalb auch nicht kritisch zu überprüfen. Deutlich kommt dies darin zum Ausdruck, daß es grundsätzlich weder in Gesetzen noch bei sonstigen Leistungen Termine gibt, zu denen die Leistungen fortfallen oder zumindestens überprüft werden[22].

Auf diese Weise erhalten viele öffentlichen Leistungen den Charakter von „Ewigkeitswerten", sie legitimieren sich aus ihrer Existenz heraus[23]. Selbst wenn man sich auf den Standpunkt stellt, daß die vorhandenen öffentlichen Aufgaben, unabhängig vom Zeitpunkt ihrer Übernahme, auch heute grundsätzlich noch den gesellschaftlichen Bedürfnissen entsprechen, so kann keinem Zweifel unterliegen, daß es eine Fülle von Aufgaben gibt, die im Verhältnis zu anderen Aufgaben geringere oder gar keine Bedeutung haben, so daß ein Abbau oder eine Einschränkung jederzeit möglich wäre. Insoweit kann der These, daß die Zunahme der öffentlichen Leistungen und des Personals Ausdruck des Wandels der Staatsaufgaben und der sozialen Verhältnisse seien und daher nicht rückgängig gemacht werden können, nicht zugestimmt werden[24]. Es ist verfehlt, den Wandel der Staatsaufgaben und der sozialen Verhältnisse immer nur als eine Vermehrung im Sinne einer aufsteigenden Linie des Fortschritts zu interpretieren. Wandel heißt auch, daß öffentliche Aufgaben von gestern nicht mehr den Bedürfnissen der Menschen von heute entsprechen müssen und deshalb entfallen oder eingeschränkt werden können, so daß sich vom Ergebnis her zumindest eine spürbare Senkung der Steigerungsraten bei den Aufgaben ergeben kann.

---

[22] Eine Ausnahme stellt die zeitliche Begrenzung der Fachlichen Weisungen für die Bezirksverwaltung in Hamburg dar. § 5 (2) Bezirksverwaltungsgesetz vom 16. September 1969 i. d. F. vom 1. Juli 1974 (GVBl. 1974, S. 235): „Die Fachbehörden haben Richtlinien und allgemeine Grundsätze für die Wahrnehmung der den Bezirksämtern zugewiesenen fachlichen Aufgaben aufzustellen (Fachliche Weisungen) ... Die Fachlichen Weisungen treten mit ihren Änderungen fünf Jahre nach Ablauf des Jahres außer Kraft, in dem sie erlassen sind."

[23] Vgl. Rudolf Dieckmann, Gesetzgebung und Regierungspolitik, Recht und Politik 2/1975, S. 86.

[24] Vgl. Carl Hermann Ule, Parkinsons Gesetz und die deutsche Verwaltung, Berlin 1960, S. 32.

Die vom Wissenschaftlichen Beirat beim Bundesministerium der Finanzen z. B. für die Regionalförderung, die Entwicklungshilfe, die Agrarpolitik und das Gesundheitswesen gestellten Fragen[25]

— Inwieweit sind bestimmte Ziele angesichts der veränderten wirtschaftlichen und sozialen Bedingungen noch vordringlich?

— Inwieweit wurden bisher verfolgte Ziele mit den eingesetzten Instrumenten tatsächlich erreicht?

können zur Hauptfragestellung auch für die Aufgaben der Großstadtverwaltung verallgemeinert werden. Sie gilt auch für gewinnbringende oder kostendeckende Bereiche. Eine öffentliche Schulzahnklinik ist so lange notwendig gewesen, als die Behandlung durch Krankenkassen nicht gedeckt war und es allgemeine Schuluntersuchungen nicht gab. Mit der Veränderung dieser Situation ist für eine Schulzahnklinik auch dann kein Raum mehr, wenn sie Überschüsse abwirft.

3.3.2 Freisetzung öffentlicher Mittel für andere Aufgaben

Ein weiteres Ziel des Abbaues und der Einschränkung ist eine Verringerung der Steigerungsraten der öffentlichen Haushalte und die Finanzierung neuer Aufgaben durch weggefallene oder eingeschränkte Aufgaben. Das geeignetste Mittel, den Anstieg der Staatsausgaben zu begrenzen und die Aufgaben nach Prioritäten neu zu ordnen, ist die Veränderung des bestehenden Leistungsniveaus.

Diese Notwendigkeit ist in der Vergangenheit nicht ausreichend gesehen worden und hat dazu geführt, daß neue Programme nicht oder nur begrenzt eingeführt werden konnten, alte Programme dagegen im Wege der Fortschreibung finanziell gesichert waren. Das entspricht der Tendenz der Verwaltung, bei einer Abwägung neuer und alter Programme, wenn sie überhaupt stattfindet, die laufenden Programme, um sie nicht zu gefährden, höher als neue Programme zu gewichten.

Unter diesem Aspekt wäre insbesondere das öffentliche Subventionswesen zu überprüfen. Der Ende 1975 erschienene Subventionsbericht des Bundesministers für Finanzen[26] geht hierauf besonders ein und spricht von einem „Abbauplan" im Sinne des Stabilitätsgesetzes, „wonach die finanziellen Hilfen der öffentlichen Hand laufend einer permanenten Kontrolle zu unterwerfen sowie im Hinblick auf das ökonomisch notwendige und haushaltsmäßig vertretbare Maß zu beschränken sind".

---

[25] Vgl. Gutachten, S. 1005.

[26] Drucksache 7/4203.

Aber auch bei wesentlich unpolitischeren Aufgaben könnten finanzielle Einsparungen durch Variationen des Grades der Aufgabenerfüllung erzielt werden. Der Umfang staatlicher Kontrollen beim Zoll steht hier ebenso zur Disposition wie die Reinigungshäufigkeit und Reinigungsintensität bei Schulen und Bürogebäuden. Die Aufgaben, die allein der Selbstorganisation der Verwaltung unterliegen, bilden ein breites Feld zur Überprüfung.

3.3.3 Erhöhung der Steuerungsfähigkeit und Konfliktverarbeitungskapazität der Verwaltung

Schon an anderer Stelle war kurz die Problematik der Steuerungsfähigkeit der Verwaltung als Folge der Aufgaben- und Personalvermehrung erörtert worden[27]. Die dort getroffenen allgemeinen Feststellungen gelten in besonderem Maße für Großstadtverwaltungen.

Der Aufgaben- und Personalzuwachs führt zu einer Vergrößerung des Verwaltungskörpers, der Probleme aus sich selbst produziert und Reformkonzepte absorbiert. Mit zunehmender Arbeitsteilung und Spezialisierung hat die Zahl der Subsysteme zugenommen, die Führungsebenen haben sich vergrößert, das Verhältnis von Führungskräften zum Gesamtpersonal sowie der Grad der Formalisierung der einzelnen Tätigkeiten haben sich verändert. Folge ist ein erhöhter Steuerungs- und Koordinationsaufwand. Selbst kollegiale Führungsgremien, wie etwa die Magistrate der Städte, sind nur selten in der Lage, die ihnen zufallenden Aufgaben befriedigend wahrzunehmen. Durch die Überhäufung der Führungskräfte mit Routinearbeiten wird diesen nicht nur die Zeit für ihre eigentlichen Arbeiten genommen, sie werden diesen Aufgaben auch kontinuierlich entwöhnt[28]. Das gilt insbesondere bei den sich immer stärker ausdehnenden gemeindlichen Dienstleistungsbereichen[29], deren Wahrnehmung keineswegs insgesamt der politischen Führung zugerechnet werden muß. Je mehr die Stadt zuständig wird, um so mehr wird ihre Führung für Prozesse verantwortlich gemacht, die sie gar nicht mehr übersieht oder beeinflussen kann. Hier könnte durch Aufgabenabbau und Einschränkung Dispositionsfreiheit zurückgewonnen werden, die die Regierbarkeit und damit auch die Verwaltbarkeit der Stadt erhöht.

---

[27] Vgl. hierzu im Zweiten Abschnitt Ziff. 1.4.1, S. 44 f.

[28] Vgl. Carl Böhret, Marie-Therese Junkers, Führungskonzepte für die öffentliche Verwaltung, Stuttgart 1976, S. 51.

[29] In Hamburg ist ca. 75 % des gesamten Personals der Stadt mit Dienstleistungsaufgaben befaßt.

3.3.4 Überschaubarkeit für die Bürger und Mitarbeiter

Vorurteile der Bürger gegenüber und auch in der öffentlichen Verwaltung selbst haben ihre Ursache zum Teil darin, daß in einer Vielzahl von Fällen die Bürger nicht mehr in der Lage sind, die Zusammenhänge der öffentlichen Verwaltung und die Träger der öffentlichen Aufgaben zu durchschauen. So werden Negativ-Klischees ausgebildet, die Kompensation für erlittene Unsicherheit und Frustrationen sind. Der hieraus resultierenden Staatsverdrossenehit muß u. a. dadurch begegnet werden, daß der Anstieg der öffentlichen Aufgaben zumindest verlangsamt und die Erfüllung der öffentlichen Aufgaben durchsichtiger gemacht wird.

Der fehlende Überblick, Unsicherheit und Apathie führen dazu, daß viele Bürger ihre Rechte nicht mehr ausüben können, was einer Einschränkung rechtsstaatlicher und demokratischer Grundsätze gleichkommt. Die Wahrnehmung ihrer Rechte setzt Kenntnisse voraus, die sie angesichts der Fülle der Aufgaben und Träger nicht oder nur schwer haben können.

Die Unfähigkeit, den Gesamtorganismus Verwaltung zu überblicken, wird am besten in der Forderung nach immer mehr Leistung des Staates bei gleichzeitiger Verringerung des Aufwandes deutlich. Wenn selbst die Mitarbeiter der Verwaltung sich von dieser Forderung nicht ausschließen, soweit es ihre eigenen Erwartungen und Ansprüche an den Staat betrifft, dann zeigt sich, wie ernst das Problem ist.

3.4 Bewertungsrahmen

3.4.1 Politik

Stärker als alle anderen Ansätze der Aufgabenkritik ist der Abbau und die Einschränkung des Leistungsniveaus eine politische Frage. Soweit es sich nicht um öffentliche Aufgaben handelt, die ohnehin nur für eine bestimmte Zeit in den Bestand aufgenommen wurden oder werden sollen — was nur ausnahmsweise der Fall sein dürfte — oder eine leistungsneutrale Einschränkung durch abnehmende Bestimmungsfaktoren vorliegt (sinkende Schülerzahl), werden mit dem Abbau und der Einschränkung häufig politische Zielsetzungen berührt[30]. Hiermit sind politische Gestaltungsfragen der jeweils angestrebten Gesellschaftsverfassung angesprochen, die dazu zwingen, die zukünftigen und die bestehenden Aufgaben der öffentlichen Verwaltung in einem politischen Zielfindungsprozeß erstmals oder neu zu bewerten. Die Frage, ob eine Aufgabe abgebaut oder eingeschränkt werden soll, wird regel-

[30] Vgl. Wissenschaftlicher Beirat beim Bundesministerium der Finanzen, S. 1005; KGSt-Bericht Nr. 21/1974, S. 10.

mäßig Anlaß sein, sie ins Verhältnis zu einer anderen Aufgabe zu setzen und nach Dringlichkeit zu gewichten. Aus diesem Grunde setzt der Ansatz 1 eine starke Verbindung von Verwaltung, Regierung und politischer Vertretungskörperschaft voraus.

3.4.2 Recht

Aufgabenabbau und Aufgabeneinschränkung sind für Großstädte durch den hohen Anteil an Aufgaben mit Auftrags- und Pflichtcharakter auf der Grundlage bundes- und landesgesetzlicher Regelung Grenzen gesetzt. Abgesehen von den Stadtstaaten Berlin, Bremen und Hamburg sind die Gemeinden nicht an der Bundes- und Landesgesetzgebung unmittelbar beteiligt, so daß Änderungen von Rechtsnormen als Voraussetzung für einen Abbau oder eine Einschränkung allenfalls angeregt, nicht aber mitgestaltet werden können.

Gleichwohl ist das Argument, Rechtsnormen ließen einen Abbau oder eine Einschränkung nicht zu, häufig ein Vorwand, um sich einer kritischen Überprüfung der Aufgaben zu entziehen. Soweit die Stadt selbst Recht setzt, ist sie jederzeit in der Lage, dieses entsprechend zu ändern, soweit ihr Recht vorgegeben ist, käme es u. U. darauf an, die Minimalgrenzen der Gesetze auszuschöpfen[31].

3.4.3 Personal

Aufgabenabbau und Aufgabeneinschränkung in größerem Umfang können für das Personal der öffentlichen Verwaltung erhebliche Konsequenzen haben. Entlassungen und Umsetzungen des Personals wären die Folge, wenn nicht von vorneherein der Abbau und die Einschränkung unter den Vorbehalt der Wahrung des „sozialen Besitzstandes" und der Gewährleistung des Arbeitsplatzes gestellt sind, wie dies bisher weitgehend im Rahmen der „Sparprogramme" der Gebietskörperschaften geschehen ist.

Die weitere Übernahme neuer Aufgaben und der — auf den Gesamtbestand — begrenzte und sich über längere Zeiträume erstreckende Abbau von Aufgaben schafft die Möglichkeit, frei werdendes Personal für andere Aufgaben einzusetzen. Gleichwohl darf nicht verkannt werden, daß die Einsetzbarkeit und Verwendbarkeit auf anderen Dienstposten/Arbeitsplätzen nicht immer gegeben ist. Im Einzelfall stehen dem das Alter, die spezielle Ausbildung, der nicht vorhandene gleichwertige Arbeitsplatz, der Beamtenstatus und andere Faktoren entgegen.

---

[31] Vgl. Beschluß des Senats der Freien und Hansestadt Hamburg vom Juni 1971, zitiert im Zweiten Abschnitt Ziff. 2.2, S. 56, Fußnote 69.

Es werden deshalb der Aufgabenabbau und die Aufgabeneinschränkung, soweit sie Personal freisetzen, häufig nur der Fluktuation des Personals entsprechend vorgenommen werden können und sich demzufolge über längere Zeiträume erstrecken müssen[32].

3.5 Beispiele

3.5.1 Überblick

In der öffentlichen Diskussion werden als Bereiche für einen Leistungsabbau oder eine Leistungseinschränkung vorwiegend Aufgaben wie Regionalförderung, Entwicklungshilfeleistungen, Verkehrswesen, Bildungswesen, Agrarpolitik und Gesundheitswesen genannt[33], die erhebliche politische Bedeutung haben und zumeist in der Bundes- oder Landeskompetenz stehen. Für Großstadtverwaltungen sieht das Spektrum vielfältiger aus und die politische Bedeutung ist nicht immer in gleichem Maße gegeben. Dennoch ist sehr häufig eine politische Entscheidung notwendig, wie die nachfolgenden Beispiele zeigen. Sie stellen nur eine Auswahl derjenigen Aufgaben dar, die im Zuge von Sparmaßnahmen unter dem Ansatz Abbau und Einschränkung erörtert werden oder wurden, ohne daß in allen Fällen auch eine Realisierung nachgewiesen werden könnte oder für wünschenswert gehalten wird. Dabei stehen Aufgaben des inneren Verwaltungsbetriebes neben Leistungen für den Bürger.

Innerer Verwaltungsbetrieb

- Hinausschieben der Beförderung auf zwei Jahre nach der letzten Beförderung,
- Verzicht auf Gehaltsvorauszahlungen,
- Einschränkung der Dienstbefreiungen für Sportveranstaltungen,
- Einschränkung der Dienstkleidung für bestimmte Berufsgruppen,
- Reduzierung von Mitgliedschaften der Verwaltungseinheit,
- Reduzierung des Zeitungs- und Zeitschriftenbezugs,
- Kürzung des Kilometerkontingents für die Benutzung von Kraftfahrzeugen,
- Kürzung der Mittel Personalwerbung und Fortbildung,
- Abbau der Reinigungsanforderungen in Bürogebäuden,
- Erhöhung der qm-Leistung bei der Gebäudereinigung,
- Benutzung geringwertigeren Büromaterials.

Leistungen für den Bürger

- Erhöhung der Lehrverpflichtung an den Hochschulen um eine Semester-Wochenstunde,
- Einschränkung der Stundenentlastungsregelung bei Hochschullehrern,

---

[32] Insoweit unterscheidet sich diese Problematik der Aufgabenkritik nicht grundsätzlich von der Rationalisierung herkömmlicher Art.

[33] Vgl. Wissenschaftlicher Beirat beim Bundesministerium der Finanzen, S. 1005.

— Ausschöpfung der Lehrkapazität an Schulen und Hochschulen,
— Reduzierung der Förderung des wissenschaftlichen Nachwuchses,
— Abbau von Ausbildungskapazität an den Hochschulen,
— Kürzung der Schülerwochenstunden,
— Reduzierung der Lehr- und Lernmittel,
— Verzicht auf das Überlassen von Schulbüchern an die Schüler,
— Einschränkung der staatlichen Jugenderholungsfürsorge,
— Beschränkung der Öffnungszeiten der Bibliotheken,
— Aufgabe des Garderobendienstes an der Universität,
— Erweiterung des Zeitraumes, in dem ein Preis verliehen wird,
— Reduzierung der Hilfe für Gefährdete,
— Schließung eines Krankenhauses oder Reduzierung der Betten,
— Einschränkung der Lebensmittelkontrollen,
— Wegfall von Stillprämien für werdende Mütter,
— Auflösung der Prostituierten-Überwachung,
— Umstellung der Abfuhrintervalle der Sperrmüllabfuhr von monatlich auf vierteljährlich,
— Herabsetzen des Aufwandes für Richtfeste und Einweihungen für öffentliche Einrichtungen,
— Verzicht auf statische Prüfungen bei freistehenden Einfamilienhäusern und Kleingaragen,
— Fortfall der kommunalen Wohnungsvermittlung,
— Abdunkeln der öffentlichen Beleuchtung um 21.00 Uhr,
— Vergrößerung der Abstände zwischen öffentlichen Beleuchtungsanlagen,
— Überprüfung und Kürzung der Raumprogramme für öffentliche Gebäude,
— Überprüfung und Kürzung der Ausstattungsprogramme für öffentliche Gebäude,
— Reduzierung der Öffentlichkeitsarbeit,
— Herabsetzen der Größe der Bäume bei Neubepflanzung öffentlicher Anlagen,
— Einschränkung von Gewerbekontrollen,
— Einstellung der freiwilligen Qualitätskontrolle bei Obst, Gemüse und Blumen,
— Verzicht auf eine Koordinierungsstelle für Rauschmittelfragen,
— Verzicht auf die Verkehrs-Kasperspiel-Gruppen,
— Reduzierung von Statistiken,
— Erhöhung der Wertgrenzen für Funde und Verringerung der Aufbewahrungsfrist.

Die folgenden Beispiele des Abbaues und der Einschränkung in Hamburg sollen die bisherigen Ausführungen beispielhaft konkretisieren.

3.5.2 Abbau der Garderobenbewachung

Die Senatskommission „Einsparung in der Verwaltung" hatte angeregt zu prüfen, ob die personalintensive Garderobenbewachung in der Universität Hamburg und im HWWA-Institut für Wirtschaftsforschung-Hamburg durch kostengünstigere Alternativen ersetzt werden könnte.

Die Kosten der einzelnen Modelle am Beispiel des Garderobendienstes des HWWA stellten sich wie folgt dar:

1. *Bewachte Garderobe (derzeitiges Verfahren)*
Kapazität: Ablagemöglichkeit für 270 Personen
Bedarf: 3 900 Stunden Lohngruppe C I jährlich
Kosten: rd. DM 36 500 jährlich
(Personalkostenwert Dezember 1973 — brutto).

2. *Einrichtung von Schließfachgarderoben*
Kapazität: wie unter Nr. 1
Bedarf: danach etwa 270 Schränke
Kosten: DM 27 000
(ein Garderobenschrank kostet etwa DM 100,—).

3. *Offene Garderobe mit Pauschalversicherung*
Kapazität: wie unter Nr. 1
Kosten: Die Pauschalversicherung würde sich pro Garderobenhaken auf etwa DM 6,— jährlich belaufen (nach Angabe der Universitätsverwaltung); danach sind für 270 Haken jährlich DM 1 620 zu veranschlagen (dabei ist pro Schadensfall ein Höchstbetrag von etwa DM 300,— zugrundegelegt).

4. *Abbau der Garderobenbewachung*
Kapazität: keine
Kosten: keine.

3.5.3 Einschränkung der Fundwertgrenze

Nach §§ 965, 967 des Bürgerlichen Gesetzbuches[34] war der Finder einer verlorenen Sache, deren Wert 3,— DM überstieg, verpflichtet, den Fund anzuzeigen und auf Anordnung der Polizeibehörde abzuliefern. Der Finder erwarb mit Ablauf eines Jahres nach der Anzeige des Fundes Eigentum, wenn sich kein Empfangsberechtigter meldete (§ 973).

Von 22 845 allgemeinen Fundsachen in Hamburg wurden im Jahre 1974 2073 von den Eigentümern, d. h. nicht einmal 10 % abgeholt. Die Abholfrist für die 2073 Funde verteilt sich wie folgt:

im	1. Monat	20 %
bis Ende des	2. Monats	40 %
bis Ende des	3. Monats	22 %
bis Ende des	6. Monats	15 %
bis Ende des	12. Monats	3 %[35].

Der Zuschußbedarf für das zentrale Fundbüro in Hamburg „Bäckerbreitergang" erhöhte sich von 1968 - 1973 von 68 000,— DM auf ca. 110 000,— DM. Stellt man den Zuschußbedarf von ca. 110 000,— DM dem Nutzen der Dienstleistung „Fundverwahrung" für rund 2000 Eigentümer gegenüber, dann ergibt sich ein Zuschuß von über 50,— DM für jede abgeholte Fundsache.

---

[34] In der Fassung vom 18. August 1896 (RGBl S. 195).

[35] Senatsamt für den Verwaltungsdienst — Organisationsamt — Az.: 032.90-3.

Gleichzeitig wird aus den angeführten Zahlen sichtbar, daß von den rund 2000 abgeholten Funden 82 % schon bis Ende des dritten Monats abgeholt wurden. Für die verbleibenden 18 % Funde, die abgeholt wurden, also weniger als 400, wurden über 20 000 Fundgegenstände weitere 9 Monate aufbewahrt.

Diese Rechnung weist aus, daß

— die seit 1900 bestehende Wertgrenze von 3,— DM schon lange den veränderten Geldwertverhältnissen hätte angepaßt werden müssen,

— aus hamburgischer Sicht die Aufbewahrungsfrist von 12 Monaten durch eine solche von 3 Monaten hätte ersetzt werden können.

Die durch eine Initiative Hessens inzwischen bewirkte Gesetzesänderung[36], mit der die Wertgrenze von 3,— DM auf 10,— DM erhöht und die Aufbewahrungsfrist von 12 Monaten auf 6 Monate ermäßigt wurde, wird den tatsächlichen Verhältnissen in Hamburg nur bedingt gerecht, ist aber immerhin ein Fortschritt.

Dieses Beispiel zeigt, wie wesentlich Rechtstatsachenforschung[37] zu einer Änderung der Bestimmungsfaktoren im Recht mit der Folge geringerer Kosten beitragen kann. Leider haben — soweit bekannt — andere Länder keine entsprechenden Erhebungen über die tatsächlichen Verhältnisse bei den Funden angestellt, um beurteilen zu können, ob die Situation in Hamburg der der anderen Länder entspricht.

4. Ansatz 2 — Übertragung und Verlagerung von Aufgaben

Ein weiterer Ansatz, den vorhandenen Aufgabenbestand und die Wahrnehmung der Aufgaben in Umfang und Art zu verändern, ist, soweit ein völliger oder teilweiser Fortfall nicht möglich ist, die

— Übertragung von Aufgaben auf Private und die

— Verlagerung von Aufgaben auf verselbständigte öffentliche Träger.

Unter aufgabenkritischem Aspekt besteht zwischen diesen beiden Möglichkeiten insoweit ein gradueller Unterschied, als sich der Staat mit der Übertragung auf Private ganz oder zumindest weitgehend von der Aufgabe löst, während er bei der Verlagerung auf verselbständigte öffentliche Träger die Aufgabe mehr oder weniger stark weiterhin in seinem Herrschaftsbereich behält.

---

[36] Vgl. Neufassung §§ 965 Abs. 2 Satz 2 und 973 Abs. 1 Satz 1 BGB vom 19. Juli 1976 (BGBl. I S. 1817).

[37] Vgl. Oskar Hartwieg, Rechtstatsachenforschung im Übergang, Bestandsaufnahme zur empirischen Rechtssoziologie in der Bundesrepublik Deutschland, Göttingen 1975.

Schaubild 5: Abstufungen der Träger öffentlicher Aufgaben

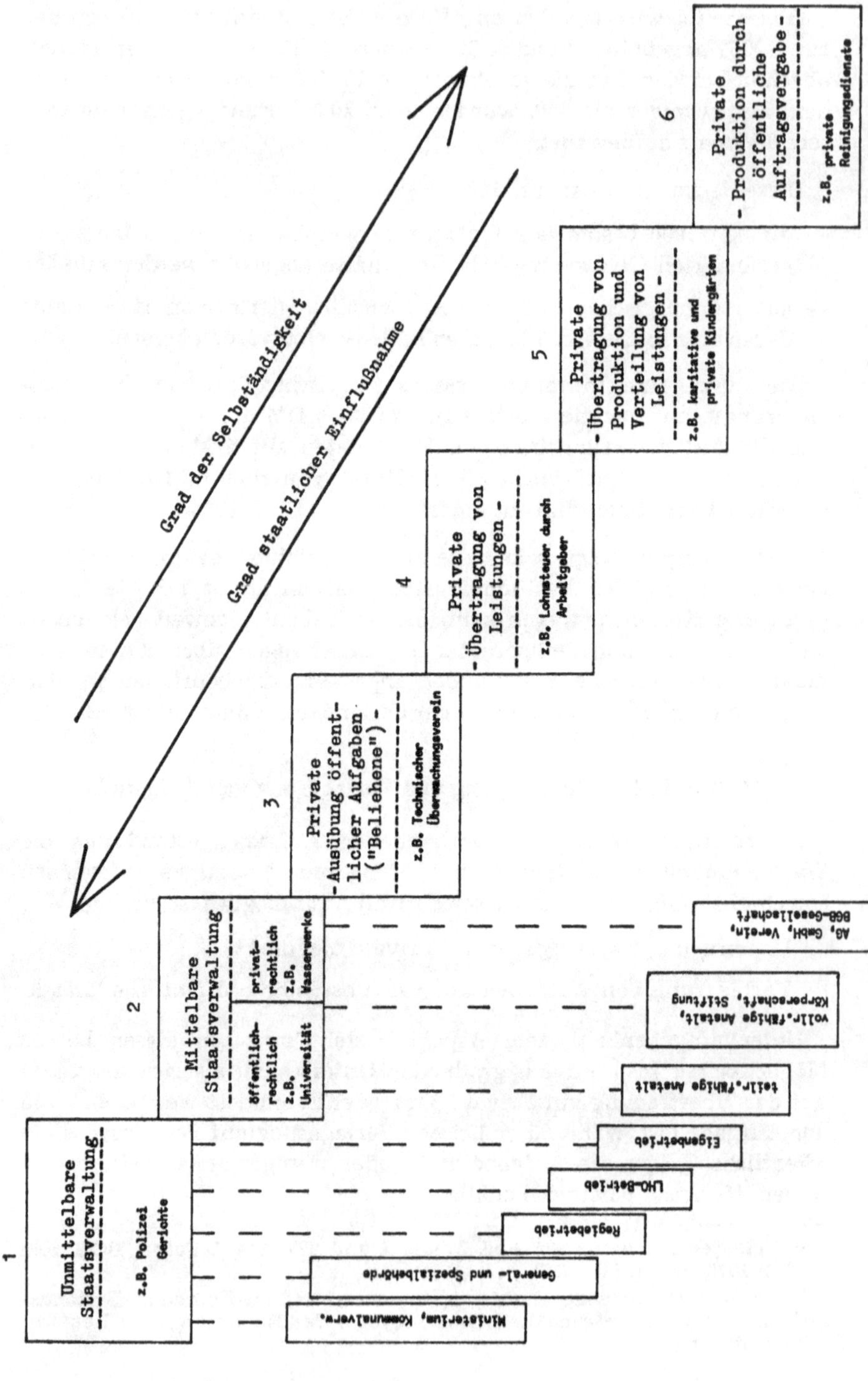

Auch gegenüber neuen Aufgaben kann er sich in zweifacher Hinsicht verhalten:

— In der Gesellschaft vorhandene Interessen zur Aufgabenwahrnehmung unterstützen oder
— die Durchführung der Aufgabe selbst übernehmen[38].

Die Eigenübernahme wiederum kann in einem weiten Spektrum der Staatsnähe und Staatsferne vor sich gehen, von der Einbeziehung in eine Behörde der unmittelbaren Verwaltung bis zur Ausbildung einer privatrechtlichen öffentlichen oder gemischtwirtschaftlichen Gesellschaft.

Einen Überblick über die gleitende Skala möglicher Abstufungen der Übertragung und Verlagerung von Aufgaben gibt das vorstehende Schaubild 5[39].

4.1 Übertragung auf Private

4.1.1 Allgemeines

Die Übertragung öffentlicher Aufgaben auf Private ist die umfassendste Entlassung der Aufgaben aus dem Bereich der öffentlichen Verwaltung.

In erster Linie bedingt durch die schwierige finanzielle Situation der öffentlichen Haushalte wird gerade in den letzten Jahren die „Privatisierung" öffentlicher Aufgaben gefordert oder diskutiert[40].

---

[38] Vgl. Hendrik Gröttrup, Die kommunale Leistungsverwaltung, Stuttgart 1973, S. 162/163.

[39] Zur neueren Diskussion des Spektrums der Erfüllung öffentlicher Aufgaben durch Private insbesondere aus verwaltungsrechtlicher Sicht vgl. Udo Steiner, Öffentliche Verwaltung durch Private, Hamburg 1975.

[40] Vgl. u. a.: Herbert Fischer-Menshausen, Entlastung des Staates von Aufgaben und Ausgaben?, in: Frido Wagener (Hrsg.), Verselbständigung von Verwaltungsträgern, Schriften der Deutschen Sektion des Internationalen Instituts für Verwaltungswissenschaften, Bd. 1, Bonn 1976, S. 51 ff.; Wissenschaftlicher Beirat beim Bundesministerium der Finanzen, S. 1001 ff. (1007 - 1009); Landtagsdrucksache Rheinland-Pfalz Nr. 8/661 vom 5. 1. 1976, Antwort des Ministeriums des Innern auf die Große Anfrage der CDU-Fraktion, Entstaatlichung öffentlicher Aufgaben; Deutscher Städtetag, Privatisierung öffentlicher Aufgaben, DST-Beiträge zur Kommunalpolitik, Reihe A, Heft 2, Köln 1976; Was soll und kann der Staat noch leisten? Reden, Thesen, Ergebnisse auf den 5. Bad Kreuznacher Gesprächen vom 30./31. Mai 1975; Bund der Steuerzahler, Entstaatlichung, Wie man die öffentlichen Haushalte durch Verlagerung von Aufgaben auf Private entlasten kann, Wiesbaden 1975; Eberhard Thiel, Mehr oder weniger Staat? Wirtschaftsdienst 1975/XI, S. 554; Stellungnahme des Wissenschaftlichen Beirats der Gesellschaft für öffentliche Wirtschaft und Gemeinwirtschaft e. V. zum Gutachten des Wissenschaftlichen Beirats beim Bundesministerium der Finanzen, Privatisierung öffentlicher Unternehmen — kein Mittel zum Abbau von Haushaltsdefiziten, Schriftenreihe Heft 13; Gewerkschaftstag 1976 der Gewerkschaft Öffentliche Dienste, Transport und Verkehr in Hamburg, Tagungsprotokoll Nr. 5.

Dabei wird von den einzelnen Wissenschaftlern, Praktikern und Politikern je nach Erkenntnisinteressen, Ausbildung, Denkansatz, Erfahrungshintergrund, weltanschaulichem und politischem Standort das Thema variierend angegangen, gesehen und eingeordnet. Dementsprechend ist es bisher auch noch nicht gelungen, die stark emotional gefärbte Diskussion in Bahnen zu lenken, die Verständigungsschwierigkeiten über das, was jeweils gemeint ist, ausschlösse. Insbesondere fehlt es regelmäßig an einer näheren Konkretisierung derjenigen Bereiche, die für eine „Privatisierung" in Betracht gezogen werden könnten, einer überzeugenden Beweisführung, warum in den „privatisierten Bereichen" kostengünstiger produziert werden würde und in welchem Verhältnis die durch eine Privatisierung zu erzielenden Einsparungen zu den öffentlichen Gesamtausgaben stehen würden. Es fehlt weitgehend noch der Überblick über denkbare Objekte, Erfahrungen, Bewertungskriterien und die Vergleichbarkeit von Ergebnissen verschiedener Städte[41].

Die Alternative Staat-Privat in der gegenwärtig vermittelten Form gibt zwar wichtige Impulse, die Aufgabenstellung des Staates neu zu überdenken, wird der komplexen Realität aber nicht annähernd gerecht. Man hat den Eindruck, daß in dieser Diskussion wieder ideologische Fronten aufbrechen[42], die hinter dem strukturellen Wandel in der Bundesrepublik zurückbleiben. Dieser Wandel ist gekennzeichnet einerseits von einer Anerkennung bestimmter Marktmechanismen durch „Antikapitalisten" und andererseits von der Anerkennung staatlicher Steuerung und Kontrolle durch die „Kapitalisten". Etzioni[43] geht davon aus, daß heute ein dritter Gesellschaftstypus vorherrscht, in welchem weder reine Marktsteuerung oder reine staatliche Steuerung vorherrscht, „sondern wo es im ökonomischen und sozialpolitischen Bereich, im Ausbildungs- und Gesundheitssektor sowie auf anderen Gebieten verschiedene Kombinationen von Besitzrecht, Verfügungsgewalt

[41] Vgl. hierzu kritisch Peter Beckert, Es geht nicht allein um Privatisierung, Frankfurter Allgemeine Zeitung vom 17. Dezember 1975; Der Spiegel, „Dann müssen Behörden Brötchen backen", Privatisierung — Ausweg aus der Finanznot der Gemeinden? Nr. 45 vom 3. 11. 1975, S. 66 ff.; nicht zu Unrecht wies Reinhard Blum auf dem ÖTV-Gewerkschaftstag 1976 darauf hin (Tagungsprotokoll Nr. 5 S. 366), daß für einige Befürworter der Privatisierung die schlechte Lage der öffentlichen Finanzen eine willkommene Gelegenheit sei, eine nach ihrer Meinung für die marktwirtschaftliche Ordnung verhängnisvolle Entwicklung vom Sozialstaat zum Wohlfahrtsstaat zu stoppen oder zu korrigieren.

[42] Vgl. hierzu Konrad Littmann u. a., Argumente für eine Aufgabenabgrenzung zwischen privatem und öffentlichem Sektor und Mischformen, Literaturanalyse, Projekt 90 für die Kommission für wirtschaftlichen und sozialen Wandel, S. 4; auch Formulierungen wie Entlastung als Stärkung der „Fähigkeit zu geistig-sittlicher Selbstdarstellung" des Staates legen dies nahe (so Fischer-Menshausen, S. 52).

[43] Amitai Etzioni, Die aktive Gesellschaft, Opladen 1975, S. 499.

und Nutzungsrechten gibt. Gesellschaften mit „gemischter“ Steuerung haben einen bedeutenden sozialisierten und staatlich geleiteten ökonomischen Sektor sowie Produzenten- und Konsumentengenossenschaften, Privatunternehmen, Kontrollbehörden und verschiedene Kombinationen dieser Elemente — insbesondere viele Kombinationen staatlicher und privater Unternehmen. Dies schließt staatliche, kontextsetzende Kontrolle privatrechtlich organisierter Unternehmen (z. B. öffentlicher Versorgungseinrichtungen) ebenso ein wie staatliche Übernahme eines Teils der Kosten von privat geleiteten Einrichtungen (bestimmte Formen von Bildungseinrichtungen), komplementäre Projekte (z. B. staatlich gebaute Autobahnen für privat produzierte Autos) und viele andere Formen“.

Im Gegensatz zu den Vereinigten Staaten neigt man in der Bundesrepublik vielleicht stärker dazu, Aufgaben, die öffentlicher Steuerung bedürfen, in ihrer Gesamtheit zu „verstaatlichen“. Hier wäre eine „Ausweitung der direkten staatlichen Regelung privatwirtschaftlicher Prozesse als eine relativ kostengünstigere Alternative politischer Problemverarbeitung in strategische Überlegungen mit einzubeziehen“[44].

4.1.2 Begriff

Unter Übertragung auf Private soll die Möglichkeit verstanden werden, öffentliche Aufgaben ganz oder teilweise auszugliedern und nichtstaatlichen Trägern zuzuordnen. Nichtstaatliche Träger sind solche, die nicht von den Haupteinheiten (Bund, Länder, Kreise, Gemeinden) der öffentlichen Verwaltung umfaßt werden. Kurz: „Private“ sind alle nicht in die Staatsorganisation eingegliederte Personen[45]. Es handelt sich in erster Linie um privatwirtschaftliche Unternehmen und Vereinigungen sowie Einzelpersonen. Zu den privatwirtschaftlichen Unternehmen in diesem Sinne zählen nicht die von den Haupteinheiten der öffentlichen Verwaltung gebildeten Einrichtungen und Gesellschaften in privater Rechtsform, die sich vollständig oder überwiegend in der öffentlichen Hand befinden[46]. Als ein Unterfall der Übertragung auf Private soll hier auch die Übertragung von bisher öffentlichen Aufgaben auf den Bürger verstanden werden, da die Rücküberantwortung ursprünglich öffentlicher Aufgaben an den Bürger in Zielen und Voraussetzungen im wesentlichen der Übertragung auf private Träger gleich zu achten ist.

---

[44] Fritz W. Scharpf, Handbuch der Verwaltung, Heft 2.3, S. 5.

[45] Vgl. Prodomos Dagtoglou, Die Beteiligung Privater an Verwaltungsaufgaben, Die öffentliche Verwaltung 1970, Heft 15/16, S. 534.

[46] Hierbei handelt es sich um eine besondere Problematik, die begrifflich als „Verlagerung“ unterschieden werden soll; vgl. Dritter Abschnitt Ziff. 4.2, S. 115.

4.1.3 Ziele

Wie schon angedeutet wurde, ist die öffentliche Diskussion um die Übertragung von Aufgaben auf Private fast ausschließlich von dem Gesichtspunkt geprägt, eine finanzielle Entlastung des Staates herbeizuführen[47]. Mit einer solchen verengten Betrachtungsweise wird übersehen, daß es auch bei der Privatisierung um die Überprüfung des staatlichen Aufgabenbestandes an sich geht, unabhängig von der Defizit-Situation der öffentlichen Haushalte[48]. Allein die Kostensituation zum Maßstab für die Entscheidung Staat oder Private zu machen, hätte — konsequent zu Ende gedacht — zur Folge, daß der Staat zusätzlich Aufgaben von Privaten übernehmen müßte, wenn er nachweislich billiger produziert, notfalls also auch Brötchen backen[49]. So unbestimmt die Zuordnungskriterien in der Vergangenheit gewesen sein mögen, für den staatlichen Aufgabenbestand sind die Kosten allenfalls ein Kriterium am Rande gewesen.

Für die Privatisierung ergeben sich vielmehr aus dem Gesamtzusammenhang der Aufgabenkritik die folgenden — z. T. auch schon für den Ansatz 1 dargestellten — Ziele:

- Anpassung des Aufgabenbestandes an veränderte gesellschaftliche Entwicklungen (Zwecke: Effektivität und Gewährleistung der Demokratie),
- Freisetzung öffentlicher Mittel für andere Zwecke (Zweck: Effektivität),
- Koppelung von Leistung und Entgelt (Zweck: Effektivität),
- Effektivere Leistungserstellung (Zweck: Effektivität),
- Erhöhung der Steuerungsfähigkeit und Konfliktverarbeitungskapazität der Verwaltung (Zwecke: Effektivität und Gewährleistung der Demokratie),
- Überschaubarkeit für die Bürger und Mitarbeiter (Zwecke: Gewährleistung der Demokratie und Zufriedenheit der Mitarbeiter).

4.1.3.1 Anpassung des Aufgabenbestandes an veränderte gesellschaftliche Entwicklungen

Das dem Abbau und der Einschränkung von Aufgaben (Ansatz 1) zugrundeliegende Ziel der Anpassung des Aufgabenbestandes an ver-

---

[47] Vgl. z. B. auch Landtagsdrucksache Rheinland-Pfalz 8/661 vom 5. 1. 1976; Wissenschaftlicher Beirat beim Bundesministerium der Finanzen, S. 1007 ff.

[48] So auch Wissenschaftlicher Beirat der Gesellschaft für öffentliche Wirtschaft und Gemeinwirtschaft, Privatisierung öffentlicher Unternehmen — kein Mittel zum Abbau von Haushaltsdefiziten, Heft 13, S. 15.

[49] „Dann müssen Behörden Brötchen backen", vgl. Der Spiegel Nr. 45 vom 3. 11. 1975, S. 66.

änderte gesellschaftliche Entwicklungen gilt auch für die Übertragung von Aufgaben auf Private. Der Unterschied besteht lediglich darin, daß dort die Aufgaben mit dem Abbau ersatzlos fortfallen, während hier die Aufgaben von Privaten fortgeführt werden, es also auf die Anpassung des öffentlichen Aufgabenbestandes an die jeweils bestehende gesellschaftliche Vorstellung von der Funktionsteilung zwischen Staat und Privaten ankommt.

Hierzu besteht um so mehr Anlaß, als die der „Gewaltenteilungslehre" des Art. 20 Abs. 3 GG zugrundeliegende Trennung von politischem Handeln und Verwaltungshandeln als rein sachlichem Ausführen vorgegebener Zielsetzungen, in dieser Form nicht mehr zutrifft. Die öffentliche Verwaltung ist nicht mehr nur auf den Vollzug vorgegebener Aufgaben beschränkt, sondern an den Entscheidungsprozessen der Aufgabenentwicklung beteiligt. Es ist also nicht nur die quantitative, sondern auch die qualitative Veränderung der öffentlichen Aufgaben, die zu einem Überdenken der Abgrenzung von Staat und privater Sphäre führen muß. Gegenwärtig ist noch wenig bekannt, welche Mischung für eine Gesellschaft am förderlichsten ist. Es kann aber davon ausgegangen werden, daß je mehr die Beteiligung der Verwaltung an den Entscheidungsprozessen zunimmt, ausführende Funktionen „abgestoßen" werden müssen. Wahrscheinlich ist dann eine verstärkte Delegation an Private bei staatlicher Kontrolle eine vernünftige Mischung, wenn die Vorherrschaft des Staates akzeptiert ist[50].

4.1.3.2 Freisetzung öffentlicher Mittel für andere Zwecke

Es wurde schon dargestellt, daß das Ziel, durch Übertragung auf Private öffentliche Mittel einzusparen und die Steigerungsraten der öffentlichen Haushalte spürbar zu senken, im Vordergrund der öffentlichen Diskussion steht. Nur selten wird gesehen, daß die „Reprivatisierung" nicht allein an der Entlastung des einzelnen Fiskus gemessen werden darf, sondern die gesamtwirtschaftliche Wirkung einer solchen Maßnahme beachtet werden muß[51]. Mit der Forderung nach privatwirtschaftlicher Rentabilität wird außer acht gelassen, daß die Aufgaben häufig gerade als öffentliche Dienstleistungen übernommen wurden, weil es sich um eine gesamtwirtschaftliche Aufgabenstellung handelte. Aber auch dann, wenn solche Gründe der Übertragung nicht entgegenstehen, ist es nicht leicht, konkrete Fälle kostengünstigerer privater Produktion zu entdecken[52]. Erst wenn man in die Privatisie-

---

[50] Vgl. Amitai Etzioni, Die aktive Gesellschaft, Opladen 1975, S. 500.

[51] So Wissenschaftlicher Beirat beim Bundesministerium der Finanzen, S. 1007.

[52] Soweit sich eine solche feststellen läßt, wie etwa bei der Gebäudereinigung, kann eine Privatisierung dennoch aus Gründen scheitern, wie sie nachstehend am Beispiel Gebäudereinigung aufgezeigt werden (S. 104).

rungsdiskussion auch die Fälle einbezieht, in denen der Staat Aufgaben an Private unter teilweiser öffentlicher Subventionierung abgibt und gleichzeitig die gesamtwirtschaftliche Aufgabenstellung erhalten werden kann, verbreitert sich das Feld der möglichen Privatisierungen. Dann ist aber die Entlastung der staatlichen Haushalte entweder gar nicht vorhanden oder geringfügig. Der Vorteil bestünde darin, daß bisher nicht vorhandene private Aktivitäten initiiert würden.

Werden Subventionen und Zuwendungen an Private richtigerweise in die Privatisierung einbezogen[53], dann lassen sich folgende Formen der Privatisierung unterscheiden[54]:

— Übertragung von Produktion und Verteilung der Leistungen auf Private mit Subventionszahlung und staatlicher Kontrolle (z. B. Krankenhäuser, Kindergärten in privater Hand),
— Übertragung der Produktion auf Private durch öffentliche Auftragsvergabe (z. B. Wäschereien, Reinigungsdienste, Rechtsvertretung, Organisationsberatung),
— Übertragung von Leistungen auf Private durch Gesetz (z. B. Lohnsteuer, Umweltschutz, Gehwegreinigung),
— Übertragung auf Private zur Ausübung öffentlicher Aufgaben (z. B. öffentlich bestellte Vermessungsingenieure, Technische Überwachungsvereine).

4.1.3.3 Koppelung von Leistung und Entgelt

Durch die Übernahme ständig neuer Dienstleistungen in den öffentlichen Bereich ist das Bewußtsein für Leistung und Gegenleistung sowohl auf seiten der öffentlichen Verwaltung als auch auf seiten des Bürgers weitgehend abhanden gekommen. Dies kann auf drei Ursachen zurückgeführt werden:

— Dienstleistungen werden in Form öffentlicher Leistungen „veröffentlicht" und damit „politisiert" mit der Folge, daß sie häufig voll aus dem allgemeinen Steueraufkommen oder aus kollektiven Zwangsversicherungen finanziert werden,
— soweit im Grundsatz die Leistung durch den Empfänger bezahlt werden soll — etwa in Form von Gebühren und Beiträgen —, erfolgt wegen der „Politisierung" keine kontinuierliche Anpassung

[53] So auch Deutscher Städtetag, Privatisierung öffentlicher Aufgaben, Köln 1976, S. 45.

[54] Vgl. Eberhard Thiel, Möglichkeiten und Grenzen einer Privatisierung staatlicher Aktivitäten, aspekte für Angestellte und Beamte Nr. 3, 1976, S. 11; Landtagsdrucksache Rheinland-Pfalz 8/661 vom 5. 1. 1976; Wissenschaftlicher Beirat beim Bundesministerium der Finanzen, S. 1008/1009.

der Gegenleistung an die Kosten der Leistung (z. B. Rücksicht auf Wahltermine), mit der Folge, daß die Schere zwischen den wirklichen Kosten und den vom Bürger bezahlten immer größer wird,

— auf seiten der Verwaltung führt die „unentgeltliche" oder „nicht kostendeckende" Erstellung der öffentlichen Leistungen zu mangelndem Kostenbewußtsein (Motto: irgendwie wird es schon gedeckt werden) und zu einer Produktion, bei der die individuelle Nachfrage-Entscheidung als Orientierung für Quantität und Qualität des Leistungsangebots weitgehend ausgeschaltet ist.

In diesem Kreislauf von Leistung und Nachfrage gibt es regelmäßig keinen Zeitpunkt, in dem die Höhe der Kosten die Verwaltung zwingen würde, billiger zu erstellen oder u. U. die Leistung zu reduzieren bzw. einzustellen. Auf Seiten des Bürgers fehlt ein Regulativ, das ihn veranlassen könnte zu fragen, ob er zu dem „wirklichen" Preis die Leistung überhaupt noch oder in diesem Umfang beanspruchen möchte[55].

Das allgemeine Unbehagen der Bürger über die vom Staat in Anspruch genommene Steuerquote und die Erhöhungen der Beiträge zu den kollektiven Zwangsversicherungen reichen nicht aus, um ein Bewußtsein für die Kosten der einzelnen Dienstleistungen zu entwickeln und die Nachfrage zu begrenzen. Die aus Steuern und kollektiven Zwangsversicherungen finanzierten Dienstleistungen sind für den Bürger undurchschaubar und nicht ausreichend konkretisiert[56]. Eine Privatisierung öffentlicher Aufgaben könnte dieses Dilemma zwar nicht generell beseitigen — dafür ist der Umfang privatisierungsfähiger Aufgaben zu gering[57] —, jedoch punktuell aufheben, weil privat produzierte Leistungen stärker das Prinzip von Leistung und Entgelt betonen.

---

[55] Aus diesem Grunde kann die Behauptung des Wissenschaftlichen Beirats der Gesellschaft für öffentliche Wirtschaft und Gemeinwirtschaft (vgl. Stellungnahme S. 25), die öffentliche Hand könne „im Prinzip" sogar besser als Private zu nicht defizitären Preisen Leistungen anbieten, nur theoretische Richtigkeit beanspruchen. In Wirklichkeit zeigen sowohl die Gebührenhaushalte als auch die Defizite öffentlicher Unternehmen, daß die Zuordnung von Aufgaben zur öffentlichen Hand allein schon eine Ursache abgibt für defizitäre Preise. Nicht die Art der Aufgabe, sondern die staatliche Trägerschaft ist häufig auslösendes Moment für Defizite.

[56] Vgl. Fritz W. Scharpf, Effizienz im Bereich der öffentlichen Dienstleistungen: Thesen, unveröffentlichtes Manuskript, Berlin, 15. Febr. 1975.

[57] z. B. Selbstkosten von 5 - 7 DM pro Besuch im Hallenbad (vgl. Deutscher Städtetag, Privatisierung öffentlicher Aufgaben, S. 35).

4.1.3.4 Effektivere Leistungserstellung

Der im wesentlichen auf die hoheitliche Verwaltung ausgerichtete Verwaltungsaufbau und Verwaltungsablauf ist nicht in jeder Hinsicht geeignet für die Wahrnehmung betrieblicher und solcher Aufgaben, deren Erfüllung unter Beachtung betriebswirtschaftlicher Maximen erfolgen sollte. Insbesondere ist die hierarchische Organisationsstruktur nicht von optimaler Effizienz, wenn es um die Erbringung von Dienstleistungen geht.

Die hierarchische Verwaltungsstruktur hat sich in einer anderen geschichtlichen Situation als heute herausgebildet: beschränkte Aufgabensituation, im wesentlichen einfache Ordnungs- und Vollzugsaufgaben, wenig kompliziert, stabile Umweltverhältnisse und klare Ziele. Soweit diese Voraussetzungen auch heute noch gelten, ist auch für Hierarchie Raum[58]. Die Schwierigkeit besteht darin, daß in der öffentlichen Verwaltung die Gesamtorganisation nach dem Prinzip der zweckmäßigsten Herrschaftsausübung gestaltet sein soll, Dienstleistungsbereiche als Subsysteme aber nach dem Prinzip der zweckmäßigsten Leistungserbringung. Vielfach steht für diese Dienstleistungsbereiche auch das notwendige Management in der öffentlichen Verwaltung nicht zur Verfügung[59]. Demgegenüber bieten private Unternehmen von ihrer Struktur her eher die Gewähr für betriebswirtschaftliche Verfahrensregeln und marktrationale Grundsätze, sie könnten durch Spezialisierung und eine auf die Aufgabe abgestimmte Formalisierung eine höhere Effektivität erzielen.

Weiterhin wären in diesem Zusammenhang als Unterziele u. a. zu nennen:

— Entpolitisierung,
— Verbesserung der Finanzierung,
— Schnelleres Handeln,
— Niedrigere Personalkosten,
— Flexiblere Personalpolitik,
— Befreiung von Bindungen des Haushaltsrechts.

4.1.3.5 Erhöhung der Steuerungsfähigkeit und Konfliktverarbeitungskapazität der Verwaltung

Die Verwaltung hat sich mit der vorstehend umrissenen Übernahme völlig verschiedener Aufgaben „in einer Schlinge gefangen", die sie

---

[58] Vgl. Bodo A. Baars, Strukturmodelle für die öffentliche Verwaltung, Köln u. a. 1973, S. 21/22.

[59] Beispiel: Die Gebäudereinigung mit rund 8000 Mitarbeitern wird in Hamburg in einer Vielzahl von Dienststellen am Rande „mit-gemanagt"; vgl. hierzu die folgenden Ausführungen S. 104 ff.

hindert, die Leistungsaufgaben optimal zu gestalten und gleichzeitig auch den Steuerungs-, Planungs- und Ordnungsaufgaben voll gerecht zu werden.

Durch Abgabe von Aufgaben an Private könnte eine Selektion und Entlastung im Gesamtorganismus eintreten, durch die sich die verbleibenden Aufgaben wirkungsvoller gestalten ließen. Die Vorteile, die z. B. in Kollegialstrukturen wie etwa dem Hamburger Senat liegen, werden sich nur erhalten lassen, wenn die Management-Funktionen betrieblicher Art stärker von Lenkungs- und Führungsaufgaben getrennt werden.

Im übrigen kann wegen dieses Zieles auf die Ausführungen zu Ansatz 1 verwiesen werden[60].

4.1.3.6 Überschaubarkeit für die Bürger und Mitarbeiter

Auch bezüglich dieses Zieles gelten die Ausführungen zu Ansatz 1[61]. Der Abbau von Leistungen und die Übertragung von Aufgaben auf Private sind wegen der Reduzierung der Aufgaben gleichermaßen geeignet, die Überschaubarkeit der Verwaltung zu erhöhen.

4.1.4 Bewertungsrahmen

Als Voraussetzungen einer Übertragung von Aufgaben auf Private können im wesentlichen solche

- der Politik,
- des Rechts,
- der Wirtschaftlichkeit,
- des Personals

unterschieden werden.

Diese Voraussetzungen haben je nach Aufgabe und Größe der Gebietskörperschaft unterschiedliches Gewicht; können also nur grobe Anhaltspunkte geben für die Zweckmäßigkeit der Übertragung. Das Kriterium Fürsorge für die Mitarbeiter etwa, das zunächst als ein für jeden Verwaltungsträger in gleicher Weise zu berücksichtigendes Element angesehen werden könnte, bekommt z. B. ein unterschiedliches Gewicht, je nachdem, ob der Aufgabenträger die Reinigung der Dienstgebäude durch bisher 20 eigene Kräfte auf private Unternehmen übertragen will oder ob es sich um 8000 eigene Kräfte handelt. Fürsorgerische Maßnahmen für 20 Mitarbeiter lassen sich in gleicher Weise kaum für 8000 Mitarbeiter treffen.

---

[60] Vgl. Dritten Abschnitt Ziff. 3.3.3, S. 79.
[61] Vgl. Dritten Abschnitt Ziff. 3.3.4, S. 80.

Noch deutlicher wird die Notwendigkeit zu einer differenzierten Betrachtungsweise etwa bei dem Kriterium Politik in Verbindung mit der Selbstverwaltung. Während für eine Gemeinde von 30 000 Einwohnern ein eigenes Krankenhaus wesentlicher Ausdruck seiner Selbstverwaltung sein kann, ist in einer Großstadt das eigene Krankenhaus ein Leistungsbereich unter vielen, dessen Überantwortung an Private den Bestand der Selbstverwaltung nicht berühren muß[62]. Genau so stellt sich das Problem der Entlastung der politischen Führung aus der Sicht einer Großstadt völlig anders als aus der Sicht einer mittleren oder kleinen Gemeinde.

Allein diese wenigen Hinweise zeigen, daß die in der Diskussion vielfach anzutreffenden generalisierenden Betrachtungsweisen, mit denen Krankenhäuser und Gebäudereinigung oder die Straßenreinigung und die Stadtentwässerung als gleichermaßen übertragungsfähig hingestellt werden, unzutreffend sind. Der Bedarf der politischen Steuerungsfähigkeit bei der Reinigung staatlicher Dienstgebäude ist gleich null, der bei der Planung öffentlicher Sielanlagen und Krankenhäuser außerordentlich groß, der bei der Straßenreinigung und beim Sielbetrieb relativ gering.

4.1.4.1 Politik

Die Übertragung einer Aufgabe auf Private ist regelmäßig eine politische Aufgabe, die nicht allein an ökonomischen Rationalitätskriterien ausgerichtet werden kann. Unter politischen Gesichtspunkten stellt sich in erster Linie die Frage, ob die mit der Übernahme der Aufgabe in die öffentliche Verwaltung u. U. angestrebten politischen Ziele auch bei einer Übertragung auf Private erreicht werden können. Allerdings wird das Vorhandensein solcher politischer Ziele häufig zum Anlaß genommen, eine Privatisierung von vornherein auszuschließen. Dabei besagt die „Verstaatlichung" einer Aufgabe noch nicht, daß sie auch vom Staat erfüllt werden müßte. Für die Einschaltung privater Träger bei einer Aufgabe mit politischem Steuerungsbedarf und Kontrollbedarf wäre häufig ausreichend, den Einfluß rechtlich und tatsächlich zu sichern und die Durchführung der Aufgaben Privaten zu überlassen. Es ist nicht richtig, die Einflußnahme und Verantwortung nur dann als gesichert anzusehen, wenn der Staat auch die Durchführung der Aufgaben übernimmt[63]. So können z. B. durch Klauseln in Verträgen des Staates mit Privaten und durch gesetzgeberische Maßnahmen

---

[62] So auch Deutscher Städtetag, Privatisierung öffentlicher Aufgaben, S. 9.

[63] Vgl. hierzu Rudolf Dieckmann, Stellungnahme zu den ASJ-Thesen zur Verwaltungspolitik (1975), Recht und Politik, Heft 4/1975, S. 20 ff.; Udo Steiner, Öffentliche Verwaltung durch Private, Die öffentliche Verwaltung 1970, S. 528/529.

„faire Arbeitsbedingungen" im privaten Bereich und andere politische Ziele gesichert werden, ohne daß der Staat die Aufgaben übernehmen müßte.

Einer Übertragung von Aufgaben auf Private wird insbesondere im gemeindlichen Bereich häufig auch entgegengehalten, die Allzuständigkeit der Gemeinden für die Erfüllung öffentlicher Aufgaben werde beeinträchtigt[64]. Hierzu ist festzustellen, daß es zwar einen Kernbestand der Selbstverwaltung der Gemeinden gibt, der verfassungsrechtlich garantiert ist (vgl. Art. 28 GG), daß es aber weder in der Vergangenheit noch in der Gegenwart eine Garantie der „Allzuständigkeit" der Gemeinden für öffentliche Aufgaben gegeben hat, wie die schon mehrfach genannten Beispiele der kirchlichen und karitativen Vereinigungen mit öffentlichen Funktionen beweisen.

Weitere überwiegend politische Elemente bei der Beurteilung der Übertragung sind[65]:

- Vorhandensein oder Gewinnung eines privaten Unternehmers,
- Gewährleistung notwendiger Kontrolle durch die Vertretungskörperschaft,
- Verknüpfung mit sonstigen öffentlichen Aufgaben,
- Sicherung der Aufgabenerfüllung auf Dauer und flächendeckend, d. h. die Aufgabe darf nicht plötzlich eingestellt werden, so daß die öffentliche Hand wieder einspringen muß,
- Herstellung gleichbleibender oder besserer Leistung grundsätzlich zu niedrigeren oder nicht höheren Kosten durch die Privaten,
- Verhinderung sozialer Differenzierung,
- Möglichkeit zur Zurücknahme der Übertragung (Konkurrenz),
- Veränderungen durch Streikrecht.

4.1.4.2 Wirtschaftlichkeit

Zu den Kriterien der Beurteilung der Wirtschaftlichkeit einer Übertragung gehören u. a.:

- Wirtschaftliche Verwendung bisheriger Produktionsanlagen und technischen Geräts,
- Sicherung, daß Höchstpreise nicht überschritten werden,
- Kontrollen der Wirtschaftlichkeit der Übertragung in Zeitabständen,
- Berücksichtigung steuerlicher Konsequenzen und ihrer Auswirkungen auf die Preise für die Leistung,
- Wesentlich geringere Kosten des Veränderungsaufwandes zum Veränderungsnutzen.

---

[64] Vgl. hierzu Deutscher Städtetag, Privatisierung öffentlicher Aufgaben, S. 26.

[65] Deutscher Städtetag, ebenda, S. 15 ff.

Ein weiteres Element, das immer wieder als Voraussetzung für eine Übertragung genannt wird, ist das Bestehen eines Wettbewerbes auf dem privaten Markt, um eine Monopolbildung zu verhindern, die die öffentliche Hand dem privaten Unternehmer ausliefere[66]. Da für die öffentlichen Aufgaben häufig kennzeichnend ist, daß sie als öffentliche angeboten werden, weil ein privates Leistungsangebot nicht oder nicht in ausreichendem Maße besteht, also auf keinen Fall Wettbewerb, wäre eine Übertragung bis auf einige ganz wenige Fälle ausgeschlossen. Wenn aber — wie ausgeführt — eines der Ziele für die Übertragung von Aufgaben das unausgewogene Verhältnis von Leistung und Gegenleistung bei der Erstellung öffentlicher Güter durch die Verwaltung als „Monopolträger" ist, dann kann nicht das Bestehen eines Wettbewerbs im privaten Bereich zur ausschließlichen Bedingung einer Übertragung gemacht werden.

Zunächst stellt sich die Frage, warum ein öffentliches Monopol billiger sein soll als ein privates. Mag ein privates Monopol zur Unterversorgung oder zu hohen Preisen führen, so ein öffentliches zur Überversorgung und zu hohen Kosten[67]. Zu Recht weist der Wissenschaftliche Beirat der Gesellschaft für Wirtschaft und Gemeinwirtschaft darauf hin[68], daß auch öffentliche Entscheidungsträger monopolistische Verhaltensweisen an den Tag legten, gegen die sich abzusichern notwendig sei. Die entscheidende Frage ist dann nicht Öffentliche Hand oder Private, sondern welche Instrumente zur Absicherung im privaten und öffentlichen Bereich bestehen. Weiterhin betreiben z. B. die kirchlichen und karitativen Vereinigungen Krankenhäuser und Kinderheime ohne in einem Wettbewerb untereinander zu stehen und ohne daß deshalb gefordert würde, diese Aufgaben in die Verwaltung einzugliedern. Auch außerhalb dieses Bereichs kann von Wettbewerb selbst dann häufig nicht gesprochen werden, wenn mehrere Anbieter vorhanden sind[69].

So wünschenswert ein Wettbewerb auf dem privaten Markt oder sogar zwischen öffentlicher Hand und privatem Markt wäre, vielfach wird die Gemeinde es nur mit einem Anbieter zu tun haben. Das

[66] Vgl. Deutscher Städtetag, ebenda, S. 16.

[67] Vgl. René L. Frey, Öffentliche Armut in der Marktwirtschaft? Hamburger Jahrbuch für Wirtschafts- und Gesellschaftspolitik, 19. Jg., Tübingen 1974, S. 109.

[68] Privatisierung öffentlicher Unternehmen — kein Mittel zum Abbau von Haushaltsdefiziten, S. 30.

[69] Vgl. zum „Preisdiktat der Kraftfahrzeugversicherer", Der Spiegel, Nr. 47/1975, S. 80; s. auch Konrad Littmann u. a., Argumente für eine Aufgabenabgrenzung zwischen privatem und öffentlichem Sektor und Mischformen, Literaturanalyse, Projekt 90 für die Kommission für wirtschaftlichen und sozialen Wandel, S. 64.

schließt aber die Privatisierung nicht generell aus[70]. Notwendig und ausreichend ist dann ständige Preiskontrolle und vertragliche Absicherung.

4.1.4.3 Recht

Zu den rechtlichen Voraussetzungen der Übertragung auf Private können im Einzelfall zählen:

— die gleichmäßige Erfüllung öffentlicher Aufgaben (Bindung an die Grundrechte und den Gleichheitssatz),

— die Sicherstellung eines Anspruchs auf Benutzung gemeindlicher Einrichtungen entsprechend den Gemeindeordnungen.

Die gelegentlich genannte weitere Voraussetzung, den Amtshaftungsanspruch gegenüber dem Staat (§ 839 BGB, Art. 34 GG) für den Bürger zu erhalten[71], erscheint nicht gerechtfertigt. Wenn — wie ausgeführt wurde — die öffentlichen Aufgaben dem Staat relativ ungeordnet zugewachsen sind, so ist die damit als Annex verbundene starke Schuldnereigenschaft des Staates mehr Ausdruck zufälliger Entwicklungen als aus der Natur der Aufgabe heraus geboten[72].

Bemerkenswert ist weiterhin, daß die „Verschwiegenheit und Vertraulichkeit" bei Erbringung öffentlicher Leistungen (z. B. in Altenheimen, Krankenhäusern) als wesentliches Kriterium in der Privatisierungsdiskussion genannt wird[73]. Gerade die in diesem Zusammenhang genannten Beispiele Altenheime und Krankenhäuser beweisen dadurch, daß es sie auch als private gibt, wie wenig überzeugend dieses Kriterium ist. Auch im privaten Bereich läßt sich die Verschwiegenheit und Vertraulichkeit im erforderlichen Umfang sicherstellen.

4.1.4.4 Personal

Die Übertragung von Aufgaben auf Private stellt für das im öffentlichen Dienst beschäftigte Personal keine besondere, über den Abbau und die Einschränkung von Aufgaben und die Rationalisierung hinausgehende Problematik dar[74], solange die Übertragung geringfügig ist und das Personal beim öffentlichen Arbeitgeber weiterhin beschäftigt

[70] z. B. Abfallbeseitigung in Pforzheim seit Jahren durch einen Unternehmer. Im Jahre 1969 hatten von 340 Gemeinden mit mehr als 20 000 Einwohnern sowie kreisfreien Städten mit mehr als 10 000 Einwohnern 75 Städte und Gemeinden die Müllabfuhr privaten Unternehmern überlassen.

[71] So Deutscher Städtetag, Privatisierung öffentlicher Aufgaben, S. 18.

[72] Zu weiteren verfassungsrechtlichen und rechtlichen Kriterien im Einzelfall vgl. Udo Steiner, Öffentliche Verwaltung durch Private, Hamburg 1975, S. 251 ff.

[73] Deutscher Städtetag, S. 16.

[74] Vgl. hierzu die Ausführungen im Dritten Abschnitt Ziff. 3.4.3, S. 81.

werden kann[75]. Ist jedoch ein Übergang des öffentlichen Personals zum privaten Arbeitgeber erforderlich, dann stellen sich angesichts des unterschiedlichen Lohn- und Sozialgefüges zwischen öffentlichem Dienst und Privatwirtschaft fast unüberwindliche Schwierigkeiten ein. Hierzu sind in den Beiträgen, die z. T. euphorisch für eine Privatisierung plädieren, kaum Aussagen zu finden. Beamtenstatus, Unkündbarkeit von Angestellten und Arbeitern nach mehreren Jahren, Rationalisierungsschutz, Vermeidung sozialer Härten, unterschiedliche Lohnhöhe, unterschiedliche Gewerkschaftszugehörigkeit sind nur einige Fragen, die auftauchen[76]. Sie spielen nur dann keine Rolle, wenn es um die Übernahme einer *neuen* Aufgabe durch Private geht (z. B. Reinigung neuer Gebäude), so daß in diesen Fällen eine Übertragung leichter realisiert werden kann.

4.1.5 Beispiele

4.1.5.1 Überblick

Herkömmlicherweise wird im Zusammenhang mit der Privatisierung immer von den „Dienstleistungsaufgaben" oder der „Leistungsverwaltung", gelegentlich auch von den „betrieblichen Aufgaben" gesprochen. Alle diese Unterscheidungen, die eine Abgrenzung zur als nicht ausgliederungsfähig angesehenen „Ordnungs- oder Eingriffsverwaltung" darstellen sollen[77], geben zur Beantwortung der Ausgliederungsfähigkeit im konkreten Fall wenig her. Es besteht weder Einigkeit darüber, was zur Ordnungs- und Eingriffsverwaltung und was zur Leistungsverwaltung gehört, noch kann behauptet werden, daß die Aufgaben, die üblicherweise zur Ordnungsverwaltung gezählt werden, wie etwa Funktionen der Bauaufsicht oder Kontrollen im Umweltschutz, notwendig staatliche seien und nicht auch durch Private erledigt werden könnten. Die bekannten Beispiele der „Beliehenen Unternehmer" wie Technische Überwachungsvereine, Bezirksschornsteinfeger, öffentlich bestellte Vermessungsingenieure oder Notare zeigen, daß auch im Bereich der Ordnungs- oder Eingriffsverwaltung schon seit jeher „Privatisierungen" stattgefunden haben, und bestätigen eine Annäherung von Öffentlichem und Privatem, die eindeutige Abgrenzungen nicht zuläßt.

---

[75] Einer Umfrage der Kommunalen Gemeinschaftstelle in Köln vom Mai 1976 ist zu entnehmen (vgl. KGSt-Bericht Nr. 20/1976), daß bei Privatisierungen in den letzten 10 Jahren Entlassungen ganz überwiegend vermieden wurden. Vorherrschend war die Unterbringung der gemeindlichen Bediensteten in anderen Bereichen der Stadt oder Anpassung der Organisationsänderung an die Personalfluktuation.

[76] Zu den dienst- und arbeitsrechtlichen Folgen vgl. Deutscher Städtetag, S. 18/19.

[77] So z. B. Deutscher Städtetag, ebenda, S. 14.

Dies macht deutlich, daß es nicht sinnvoll ist, von einer Gliederung der Aufgaben nach Ordnungs- oder Eingriffsverwaltung einerseits und Leistungsverwaltung andererseits auszugehen, zumal viele öffentliche Aufgaben sowohl Ordnungsfunktionen als auch Dienstleistungsfunktionen enthalten. Richtiger erscheint es, jede einzelne Aufgabe auf ihre Funktion unter Berücksichtigung der vorstehend genannten Ziele und Bewertungskriterien zu analysieren. Dabei wären allerdings Aufgaben mit stark wirtschaftlichem, betrieblichem oder technischem Charakter zunächst der erste Ansatzpunkt. Diese Aufgabenbereiche sind finanz- und personalwirtschaftlich von erheblicher Bedeutung. Nach Feststellung der Kommunalen Gemeinschaftsstelle für Verwaltungsvereinfachung in Köln[78] betrug ihr Anteil am Gesamtvolumen der ordentlichen Haushalte verschiedener Städte unterschiedlicher Größenordnung schon 1967/68 zwischen 52 und 75 %.

Aus der Diskussion um die Übertragung öffentlicher Aufgaben auf Private und den in einzelnen Gemeinden heute schon privatisierten Bereichen[79] seien folgende Aufgaben des inneren Verwaltungsbetriebes (Annexaufgaben, Verwaltung der Verwaltung) und Leistungen für den Bürger genannt[80]:

Zentrale Verwaltungsaufgaben	Gebäudereinigung (Verwaltungsgebäude, Schulen, Krankenhäuser und Sonstige) Verwaltung von Verwaltungsgebäuden Bewachung Gutachtenerstellung Buchbinderei, Druckerei Organisationsuntersuchung
Personalwesen	Kantinenbetrieb Fortbildung Kioskbetrieb Lohn- und Gehaltsbuchhaltung Reinigung der Berufskleidung
Kassenwesen	Zahlungen der Barleistungen für Sozialamt
Liegenschaftswesen	Verwaltung städtischer Mietwohnungen Verwaltung vermieteter Gebäude Verwaltung städtischer Gebäude

78 Vgl. KGSt-Bericht Nr. 17/1974 vom 30. 9. 1974, S. 1.

79 Der KGSt-Bericht Nr. 20/1976 gibt einen anschaulichen Überblick über die Vielzahl privatisierter oder auf Träger außerhalb der Kommunalverwaltung verlagerter Objekte. Die Angaben der Gemeinden zu dieser Umfrage sind in dem folgenden Katalog berücksichtigt.

80 Weitere Beispiele vgl. Anlage zum KGSt-Rundschreiben Nr. 20/1966 vom 27. Juli 1966: Hilfsbetriebe, öffentliche Einrichtungen und erwerbswirtschaftliche Unternehmen im gemeindlichen Bereich.

Sicherheit und Ordnung	Tierkörperbeseitigung Chemische Untersuchungsstelle Rattenbekämpfung Fundhunde
Feuerschutz Zivilschutz	Krankenbeförderung, Unfallrettungsdienst Feuerlöscher: Wartung Sanitätsdienst im Katastrophenschutz
Schulwesen	Verpflegung in Ganztagsschulen Essenslieferung für Kindertagesstätten Volkshochschule, Berufsschule, Fachschule Kindergarten
Kulturpflege	Zoo Kartenverkauf Stadttheater Museum Kommunales Kino
Sozialhilfe	Altenheim Werkstätten für Behinderte Nichtseßhaftenhilfe Mittagstisch für sozial Bedürftige
Jugendhilfe	Kinderkrippe Jugendzentrum Kinder- und Pflegeheim Jugendherberge Jugendgerichts-, Vormundschaftsgerichtshilfe Pflegekinderwesen
Sportpflege	Sporthilfe Eissporthalle, Großsporthalle Sportplatz Tennisplätze
Gesundheitswesen	Gerichtsmedizinische Stelle Krankenhaus Epidemievorsorge Reinigung Krankenhauswäsche Bettenverteilungszentrale
Stadtplanung	Stadtsanierung Gesamtverkehrsplanung Flächennutzungsplanung Bebauungsplanung Stadtentwicklungs-Planung Städtebauförderung
Vermessungs- und Katasterwesen	Vermessungen Lichtpauserei Erstellung des Straßen- und Kanalkatasters
Bauordnung	Prüfung von Baustoffen

Hochbau	Baumaßnahmen, Planung und Bauleitung Gebäudeunterhaltung Lichtsignalwartung Architektenleistungen maschinelle Anlagen: Wartung Statische Berechnungen Fernsprechanlagen: Wartung Heizungs- und Klimaanlagen: Wartung Maler- und Tischlerarbeiten Elektroinstallation: Wartung
Tiefbau	Kanalunterhaltung Kläranlagen, Betrieb Kanalhausanschlüsse Straßen- und Wegebau und -unterhaltung Straßenbeleuchtung Wasserläufe: Unterhaltung Spielplätze: Gestaltung und Unterhaltung Verkehrszeichen, Straßenschilder aufstellen Straßenwalzen einsetzen Straßenplanung Tiefbaumaßnahmen/Entwurf und Bauleitung
Garten- und Friedhofswesen	Friedhofswesen Beerdigungen Grünflächen (Entwurf, Anlage, Betreuung) Stadtgärtnerei
Stadtreinigung und Fuhrwesen	Straßen- und Fußwegreinigung Deponiebetrieb Marktreinigung Altpapiersammlung Winterdienst Fäkalienbeseitigung Kfz.-Werkstatt Bedürfnisanstalt Fuhrpark Dienstfahrten (Taxen etc.) Müllabfuhr, Sondermüll
Schlacht- und Viehhof	Schlacht- und Viehhof Freibank
Marktwesen	Großmarkt
Pfandleihwesen	Pfandleihe
Bäderwesen	Medizinische Bäder Schwimmbäder Mineralbäder
Wirtschafts- und Verkehrsförderung	Fremdenverkehrsförderung Wirtschaftsförderung Plakatierungswesen

Eigenbetriebe	Gas-, Wasser-, Stromversorgung Linien- und Schulbusse, Straßenbahnen Seilbahnbetrieb Stadtwerke Hafenbetrieb Mineralwasserabfüllbetrieb Bürgerhaus Kongreßhalle, Mehrzweckhalle Zeltplatzbetrieb Parkhäuser, Parkflächen Flugplatzbetrieb Festmacherdienst, Schiffsbesichtiger
Forstwesen	Forsten, Verwaltung stadteigener

Die Unmöglichkeit, zu verallgemeinerungsfähigen Aussagen bei den genannten Aufgaben, unabhängig von den besonderen Bedingungen der einzelnen Verwaltung, zu kommen, soll am Beispiel der in Hamburg durchgeführten Untersuchungen einer Privatisierung der Gebäudereinigung, der Verlagerung staatlicher Hochbauaufgaben auf besondere Träger und der Regelung der Gehwegreinigung beipielhaft aufgezeigt werden[81].

4.1.5.2 Gebäudereinigung

Die Gebäudereinigung ist das in der Diskussion um die Privatisierung am meisten genannte Objekt[82]. Nach einer Umfrage der Kommunalen Gemeinschaftsstelle in ihren Mitgliedsstädten vom Mai 1976[83] gibt es keine Aufgabe, die vergleichbar oft in den letzten 10 Jahren ganz oder teilweise auf private Unternehmen übertragen wurde.

Die nachstehend wiedergegebene Untersuchung Hamburgs zur städtischen Gebäudereinigung scheint die allgemeine Tendenz zur Privatisierung dieses Bereichs zu bestätigen, geht man von einem Kostenvergleich Eigen-Firmenreinigung aus.

a) Ist-Zustand (1. 6. 1973)

Die Aufgabe der Reinigung der von der hamburgischen Verwaltung einschl. Hochschulen, Stiftung „Hamburger Öffentliche Bücherhallen“

[81] Vgl. Gutachten über die Neuorganisation der staatlichen Gebäudereinigung, Senatsamt für den Verwaltungsdienst, Hamburg 1974; Gutachten über die Verlagerung staatlicher Hochbauaufgaben auf besondere Träger, Senatsamt für den Verwaltungsdienst, Hamburg 1971 und Unterlagen zur Gehwegreinigung des Senatsamtes für den Verwaltungsdienst.

[82] Vgl. Auszug aus dem Tagungsprotokoll Nr. 5 des ÖTV-Gewerkschaftstages in Hamburg vom 17. 6. 1976.

[83] Vgl. KGSt-Bericht Nr. 20/1976.

und „Vereinigung städtischer Kinder- und Jugendheime der Freien und Hansestadt Hamburg e. V." genutzten Gebäude stellt sich wie folgt dar:

Flächen

Es werden 4,6 Mill. qm Fußbodenfläche in ca. 4600 Gebäuden oder Gebäudeteilen mit ihren Einrichtungen gereinigt. Die Flächen (ohne Fensterreinigung) verteilen sich nach Objektgruppen wie folgt:

Verwaltungs- und Betriebsräume	0,9 Mill. qm
Krankenhäuser und andere Einrichtungen des Gesundheitswesens (einschl. Universitäts-Krankenhaus Eppendorf)	0,8 Mill. qm
Bildungsstätten (Schulen und Hochschulen)	2,5 Mill. qm
Jugend- und Altersheime	0,4 Mill. qm

Personal

Die Reinigung der Gesamtfläche von 4,6 Mill. qm erfolgt zu 91 % = 4,2 Mill. qm durch 8700 Reinemache- und Stationsfrauen im hamburgischen Staatsdienst (Eigenreinigung) und zu 9 % = 425 000 qm durch Firmen des Gewerbes der Gebäudereiniger (Firmenreinigung).

Die Fluktuation der eigenen Reinigungskräfte der hamburgischen Verwaltung durch Kündigung, Ausscheiden wegen Alters oder Wechsels in andere Tätigkeiten betrug in den Jahren 1970 und 1971 im jährlichen Durchschnitt 25 %.

Organisation

Die Aufgaben der Gebäudereinigung verteilen sich auf eine Vielzahl von Dienststellen. Für zentrale Lenkungsaufgaben sind das Senatsamt für den Verwaltungsdienst und die Finanzbehörde, die Baubehörde und für die Bezirksverwaltung in einem bestimmten Umfang die Behörde für Inneres zuständig.

Die Durchführung der Gebäudereinigung selbst verteilt sich auf mehrere hundert Dienststellen (Hausverwaltung und Hausmeisterei).

Kosten

Der jährliche Aufwand an Personal und Sachkosten betrug 1973 *rd. 145 Mill. DM* einschl. Aufwand für Energie und Fensterreinigung. Der administrative Aufwand beläuft sich auf ca. 11,7 Mill. DM. Rationalisierungsmaßnahmen führten in den letzten Jahren durch die Bestellung eines Reinigungssachverständigen sowie die Einrichtung von Planstellen für Reinigungssachbearbeiter und die Anwendung von Richtzahlen (qm/Std.) für die Reinigung sowie durch die Verbesserung der Reinigungsmethoden zu jährlichen Einsparungen von ca. 4 bis 5 Mill. DM.

b) Untersuchungsergebnisse

Die über mehrere Jahre laufende Untersuchung ergab als mögliche Alternativen einer Reorganisation

— Beibehaltung der Eigenreinigung und einzelne Rationalisierungsmaßnahmen,
— Gründung eines öffentlichen Trägers (Gesellschaft) mit der speziellen Aufgabe der Gebäudereinigung,
— Verlagerung des überwiegenden Teils der Reinigung auf Firmen des Handwerks.

Das Gutachten kommt zu dem Vorschlag, daß sowohl unter dem Gesichtspunkt der größtmöglichen Entlastung der Regierung und Verwaltung von Dienstleistungsfunktionen als auch unter dem Gesichtspunkt der Kosteneinsparung, die Vergabe des überwiegenden Teils der Reinigung an das Handwerk — wie in einer Vielzahl anderer öffentlicher Verwaltungen — die beste Lösung darstellt, ohne zu Nachteilen für Bürger und Mitarbeiter führen zu müssen, wenn diese Umstellung in einem Zeitraum von ca. 8 - 10 Jahren vor sich geht.

Welche Erkenntnisse waren für diesen Vorschlag maßgebend?

— Die Gebäudereinigung ist auch im weitesten Sinne keine öffentliche Aufgabe,
— Die Löhne im privaten Gewerbe liegen um ca. $^1/_3$ niedriger als bei den eigenen Kräften,
— Die Leistungsnormen im privaten Gewerbe sind erheblich höher als bei den eigenen Kräften,
— Die Durchführung der Gebäudereinigung durch eine Vielzahl von Dienststellen ohne ein speziell für diese Aufgabe eingesetztes Management erschwert Rationalisierungsmaßnahmen.

Die *Kosteneinsparung* bei einer Erweiterung der Firmenreinigung von bisher 10 % auf zunächst 35 % bis 1978 würde für die Jahre *1975 bis 1978 insgesamt 40 Mill. DM* betragen.

Die Realisierung der Untersuchungsvorschläge hätte folgende Vorteile gegenüber „Sparmaßnahmen" durch interne Rationalisierung bei Aufrechterhaltung der überwiegenden Eigenreinigung:

— Beibehaltung des bisherigen Reinigungszustandes,
— keine Entlassung von Reinigungskräften, nur Umsetzungen, im übrigen volle Besitzstandswahrung und keine unzumutbaren Mehrbelastungen,
— keine Leistungserhöhungen.

Gegen die Bildung eines staatlichen Trägers sprach, daß dieser das Lohn- und Leistungsgefüge der Eigenreinigung übernehmen müßte.

Als Absicherung der vorgeschlagenen Lösung schlägt das Gutachten vor:

— Die Umstellung auf Firmenreinigung kann nur entsprechend der Fluktuation der eigenen Reinigungskräfte erfolgen, da niemand entlassen werden soll (8 - 10 Jahre),
— Der private Markt ist von einer Vielzahl kleiner Firmen geprägt, nur wenige haben mehr als 1000 Mitarbeiter, so daß erst eine Marktanpassung an das große staatliche Volumen erfolgen muß,
— Allen Vergaben an Firmen ist ein Kostenvergleich zwischen Eigen- und Firmenreinigung nach einem entwickelten Schema zugrundezulegen, um die Marktentwicklung insgesamt beobachten zu können,
— Alle Ausschreibungen sind spätestens nach 5 Jahren zu wiederholen,
— Hinweis in Ausschreibungsunterlagen, daß Tariflöhne zu zahlen sind,
— Hinweis in Ausschreibungsunterlagen auf Bildung eines Betriebsrates, soweit gesetzlich erforderlich,
— Halbjährliche Berichte der Dienststellen an das Senatsamt für den Verwaltungsdienst über die Ergebnisse der Firmenreinigung,
— Vorerst nur versuchsweise Vergabe in Jugendheimen, Werkstätten für Behinderte, Altenheimen, da hier die Reinigungskräfte auch andere Aufgaben miterfüllen.

c) Beteiligung an der Untersuchung

In der Zeit von Januar 1971 bis November 1973 fanden 47 Veranstaltungen (Besprechungen, Besichtigungen und Erörterungen von Teilergebnissen in 8 Arbeitskreisen) statt. Daran nahmen insgesamt 95 Vertreter der Gewerkschaften, 276 Vertreter der Personalräte, 9 Vertreter der Handwerkskammer und der Landesinnung der Gebäudereiniger Hamburg und 372 Vertreter der Verwaltung teil. Das Verhältnis von beteiligten Vertretern der Personalräte und Gewerkschaften zu den Vertretern der Allgemeinen Verwaltung und der Fachverwaltung betrug rd. 50 %.

d) Diskussion der Untersuchung

Hinter den in der Diskussion um die Hamburger Untersuchung vorgebrachten Einwänden stehen Gesichtspunkte, die z. T. über die Gebäudereinigung hinausgehen und die die Funktion des öffentlichen Dienstes und der öffentlichen Verwaltung im Verhältnis zur Privatwirtschaft betreffen[84]. Auffällig ist, daß in keinem sonstigen Fall ähnlich hohe Differenzen zwischen den Kosten der Aufgabenwahrnehmung durch die öffentliche Verwaltung und privaten Firmen bestehen. Fragt man nach den Ursachen, dann relativieren sich die Feststellungen der Hamburger Untersuchung. „Kosteneinsparungen bis zu 50 % sind keine Seltenheit, denn

— Einsatz von Großgeräten und Spezialisierung der Reinigungskräfte auf bestimmte Arbeiten führen zu höheren Quadratmeterleistungen pro Arbeitskraft und Zeiteinheit;
— der Tariflohn liegt im Gebäudereiniger-Handwerk bis zu 30 % unter dem anderer Branchen oder Haustarife;
— der Bruttolohnaufwand ermäßigt sich zusätzlich, da durch den Einsatz sogenannter Geringverdiener (unter 20 Stunden Arbeitszeit pro Woche) die gesetzlichen Beiträge zur Kranken-, Renten- und Arbeitslosenversicherung entfallen und überdies keine oder freiwillige Sozialleistungen gezahlt werden;
— Großeinkauf von Maschinen und Reinigungsmitteln senkt die Materialkosten;
— zentrale Abwicklung ermäßigt die Verwaltungskosten[85]."

Hinzu kommen folgende weitere Faktoren[86]:

— Um angesichts der großen Konkurrenz niedriger anbieten zu können (Preisunterschiede bis zu 100 %), wird die Quadratmeterleistung je Arbeitskraft so hoch angesetzt, daß für gründliche Reinigung keine Zeit bleibt[87];
— der Anteil geschulten Stammpersonals bei den Firmen sinkt zugunsten billigerer Teilzeitbeschäftigter mit hoher Fluktuationsrate;
— Personalreserven sind bei den Firmen nicht vorhanden; so daß die Leistungen vielfach nicht erbracht werden.

Diese im privaten Gewerbe liegenden Bedingungen zeigen sehr deutlich, daß es nicht allein auf einen vordergründigen Vergleich der Kosten von Eigen- und Firmenreinigung ankommen kann. Selbst wenn man durch Verträge — wie bei anderen öffentlichen Aufträgen auch — von den privaten Anbietern eine der Eigenreinigung vergleichbare Leistung erzwingen könnte, so bleibt die Tatsache bestehen, daß ein sehr

---

[84] Vgl. hierzu Auszug aus dem Tagungsprotokoll 5 des ÖTV-Gewerkschaftstages in Hamburg vom 17. 6. 1976.

[85] Vgl. Klaus Hoffmann, Die Kasse stimmt, Gebäudereiniger-Service, manager-magazin Juli 1976, S. 46.

[86] Vgl. Klaus Hoffmann, ebenda, S. 47.

[87] So hat nach Klaus Hoffmann, ebenda, S. 46, ein privater Versicherungsunternehmer Angebote zwischen 78 Pfennig und 1,81 DM je qm und Monat bekommen und angesichts der Zweifel an Preiswürdigkeit und Qualität der Offerten die bisherige Eigenreinigung beibehalten.

erheblicher Teil des Kostenunterschiedes auf niedrigeren Tariflöhnen als im öffentlichen Dienst, der Beschäftigung von Kurzzeitpersonal ohne Versicherungsbeiträge und höheren qm-Leistungen der Firmenkräfte beruht.

Auf diesem Hintergrund stellt sich generell die Frage, ob die öffentliche Verwaltung privatisieren sollte, wenn die Bedingungen für das Personal in den privaten Firmen nicht mit denen im öffentlichen Dienst übereinstimmen. Es kommt also nicht nur darauf an, dem eigenen Personal der Verwaltung den wirtschaftlichen und sozialen Besitzstand zu sichern, sondern die Überlegungen erweitern sich um die Situation der privaten Arbeitnehmer. Im speziellen Fall der Gebäudereinigung kommt die Erkenntnis hinzu, daß private Arbeitnehmer, für die keine Versicherungspflicht besteht, trotzdem später von anderen öffentlichen Trägern (Krankenkassen, Rentenversicherung) unterhalten werden müssen, so daß die Einsparung auf der einen Seite der öffentlichen Hände Lasten auf der anderen Seite bewirkt. In der Diskussion um diese Fragen lassen sich bisher zwei gegensätzliche Standpunkte erkennen[88]:

— der Staat darf keine Privatisierung betreiben, soweit das „günstige" Ergebnis einer solchen Maßnahme auf der Ausnutzung der schlechten Situation des privaten Personals beruht und der Staat für sein eigenes Personal „bessere Arbeitsbedingungen geschaffen hat" (Ausdehnen der Errungenschaften des öffentlichen Dienstes auf die gesamte Wirtschaft);

— der Staat sei hinsichtlich seines eigenen Personals in der Vergangenheit Verpflichtungen eingegangen, die mit denen der Wirtschaft nicht mehr übereinstimmten und zu einer Privilegierung des öffentlichen Dienstes geführt hätten, es gelte hier wieder zu einer Angleichung zu kommen (Verringerung der „Errungenschaften" des öffentlichen Dienstes).

Aus diesen kontroversen Standpunkten läßt sich für die Privatisierung ableiten, daß sie besonderem Widerstand begegnen wird, wenn der wesentliche Erfolg auf unterschiedlichen Bedingungen des öffentlichen und privaten Personals beruht. Die Tatsache, daß die öffentlichen Hände für ihr eigenes vergleichbares Personal eine bestimmte Lohnhöhe und ein bestimmtes Niveau der sozialen Sicherung akzeptiert haben, macht es schwierig einzusehen, warum die Privatisierung der Gebäudereinigung ein „Erfolg" ist, wenn dieser im wesentlichen auf der Abkehr von dem im öffentlichen Dienst vorhandenen Niveau beruht.

---

[88] Vgl. hierzu die differenzierte Stellungnahme von Reinhard Blum auf dem ÖTV-Gewerkschaftstag vom 17. 6. 1976 und die sich anschließende Diskussion hierzu (Tagungsprotokoll Nr. 5).

Unter diesen Umständen wäre die in der Hamburger Untersuchung genannte Alternative der Bildung einer Betriebseinheit Gebäudereinigung (besonderer Träger) zweckmäßig. Zwar wären die Einsparungen wegen der im wesentlichen gleichen Arbeitsbedingungen des Personals wie im öffentlichen Dienst nicht mit denen einer Privatisierung vergleichbar, durch eine auf die Reinigung zugeschnittene Organisationsstruktur und ein spezielles Management könnten aber einige Ziele, die hinter der Privatisierung stehen, dennoch erreicht werden.

Eine endgültige Entscheidung über die Untersuchungsergebnisse steht noch aus.

4.1.5.3 Hochbauaufgaben

Die Planung und Durchführung von öffentlichen Hochbauaufgaben in Hamburg mit einem Volumen von ca. 600 Mill. DM (Preis 1974) liegt sowohl in der Programmphase (unter anderem Festlegung der Raum- und Funktionsprogramme), als auch in der Projektphase (Entwurf, Voranschläge, Ausschreibung und Vergabe) und der Abwicklungsphase (Überwachung der Bauausführung, Abnahme, Gewährleistung und Kontrolle) in großem Umfang bei staatlichen Mitarbeitern. Lediglich die Bauphase (Bauausführung) wird voll privaten Unternehmen übertragen.

Das folgende Schaubild verdeutlicht die einzelnen Phasen und die ihnen jeweils zuzuordnenden Tätigkeiten.

Eine Untersuchung ergab unter anderem folgende Vorschläge[89]:

— Stärker Aufgaben der Projekt-, Bau- und Abwicklungsphase ganz oder teilweise auf Fachleute oder Einrichtungen außerhalb der Staatsverwaltung zu übertragen,
— Die öffentliche Hochbauverwaltung stärker auf das Management und die Steuerungsfunktionen im staatlichen Hochbau zu beschränken.

Welche Erkenntnisse waren für diesen Vorschlag maßgebend?

— Wesentliche Teile der Aufgaben im staatlichen Hochbau können auch von Privaten wahrgenommen werden,
— Es gibt keine Anhaltspunkte dafür, daß staatliche Bedienstete vergleichbare Aufgaben billiger oder schneller erstellen,
— Es ist schwierig, den staatlichen Personalkörper den jeweiligen Schwankungen der öffentlichen Baukonjunktur anzupassen.

Welches waren die wesentlichen Argumente, mit denen sich die Untersuchungsführer auseinanderzusetzen hatten?

---

[89] Untersuchung Verlagerung staatlicher Hochbauaufgaben auf besondere Träger, Senatsamt für den Verwaltungsdienst, Hamburg 1971.

Schaubild 6: Arbeitsphasen bei Hochbauvorhaben

1. Programmphase (vorbereitende Planung)	Zielsetzung Bedarfsanalyse: – Räume – Flächen – Personal Finanzplanung mit Grobschätzung Bauprogramm: – Raumprogramm – Funktionsprogramm – Ausstattungsprogramm Vorplanung (ggf. mit Kostenschätzung – Bau –)
2. Projektphase (Entwurfsphase)	Vorentwurf mit Haushaltsunterlage – Bau – (§ 24 LHO) Ferner (parallellaufend und in die Bauphase hineinreichend): – Entwurfsplanung – Ausschreibung – Kostenvergleich, zugleich Ausführungsunterlage – Bau – (§ 54 LHO) – Vergabe
3. Bauphase (Ausführungsphase)	Bauausführung Technische Überwachung Kostenüberwachung Terminüberwachung Abnahme Übergabe
4. Abwicklungsphase	Einrichtung Bauzeitfeststellung Finanzielle Abwicklung mit Kostenfeststellung Personalbereitstellung Gewährleistungskontrolle

— Staatliche Bedienstete brauchten eigene Bauaufgaben, um Erfahrungen zu sammeln,
— Nur bei eigenen Planungen sei Nachwuchspersonal zu gewinnen,
— Nur durch Neubauaufgaben ließen sich Mitarbeiter für Unterhaltungsarbeiten gewinnen, für die es keinen ausreichenden privaten Markt gebe.

Welche Voraussetzungen mußten für die Umsetzung der Vorschläge geschaffen werden?

— Wecken des Verständnisses der eigenen Mitarbeiter, daß stärkere Übertragung von Aufgaben auf Private keine Kritik an ihnen bedeute,
— Wecken des Verständnisses, daß die Management- und Steuerungsfunktionen im öffentlichen Hochbau als Bauherrnfunktionen wesentlich verstärkt werden müßten,
— Langsame Umstellung, um den privaten Markt in die Lage zu versetzen, die abzugebenden Funktionen zufriedenstellend zu übernehmen,
— Beobachten des Marktes und seiner Preisentwicklung, insbesondere bei Vergaben an Generalübernehmer und Generalunternehmen.

Entsprechend diesen Vorschlägen hat sich in Hamburg der an private Architekten vergebene Anteil am Gesamtvolumen des Hochbauamtes wie folgt entwickelt:

1970 = 47,6 %
1971 = 52,7 %
1972 = 52,5 %
1973 = 57,9 %
1974 = 60,0 % (Stand Oktober 1974)

4.1.5.4 Gehwegreinigung

Der Senat der Freien und Hansestadt Hamburg hatte im Rahmen seiner Sparbeschlüsse vorgesehen, die bisher aus dem Steueraufkommen finanzierte und von der Stadt durchgeführte Reinigung der Gehwege vor Privatgrundstücken den privaten Anliegern zu übertragen.

Dieser Beschluß, dessen Durchführung eine Novellierung des Hamburgischen Wegegesetzes voraussetzt, hat im Rahmen des behördlichen Abstimmungsverfahrens über die Änderung des Gesetzes eine Reihe von Problemen zutage gefördert, die die Komplexität einer zunächst scheinbar klaren und einfachen Entscheidung sichtbar machen.

Diese Probleme sollen als ein eindrucksvolles Beispiel für die Schwierigkeiten, staatliche Dienstleistungen auf Private zu verlagern, kurz skizziert werden.

In Hamburg wird — im Gegensatz zu den meisten anderen Großstädten — die Straßenreinigung (einschließlich der Gehwege) mit einem Aufwand von ca. 40 000 000,— DM (1974) von der Stadt in eigener Regie und ohne Erhebung von Anliegergebühren durchgeführt. Die zu reinigenden Gehwegstrecken setzen sich zusammen aus

— Flächen vor privaten Grundstücken

— Flächen vor städtischen Grundstücken

— sonstigen Flächen: anliegerfreien Flächen, öffentlichen Plätzen, Brücken, Radwegen, Parkplätzen, Haltebuchten etc.

Die Übertragung der Gehwegreinigung auf die Bürger für die *Flächen vor privaten Grundstücken* hat folgende Konsequenzen:

— Soweit die Privaten nicht selbst reinigen, sondern private Firmen einschalten, ist monatlich mit Kosten von etwa 0,02 DM je qm Mietfläche zu rechnen (Mieterhöhung);

— Es ist zu erwarten, daß die Privaten nicht überall und jederzeit mit der bisherigen Sorgfalt reinigen, dadurch dürften die von der Stadt weiter zu reinigenden Straßenrinnen und Sieltrummen stärker verschmutzt sein; Folge: zusätzlicher Aufwand bei der Straßenreinigung;

— Da die vorhandenen Müllgefäße der Haushalte (insbesondere für Laub) nicht ausreichen werden, kann unterstellt werden, daß der Schmutz vielfach auf die Straße gekehrt wird oder aber zusätzliche Gefäße von den Haushalten angeschafft werden müssen;

— Die Wegeüberwachung zur Überprüfung der Reinigung wird verstärkt werden müssen;

— Es werden 179 Arbeitnehmer der Straßenreinigung der Stadt einen anderen Arbeitsplatz finden müssen, das setzt wegen Besitzstandswahrung einen Sozialplan mit zusätzlichen Kosten voraus;

— Die bei der städtischen Straßenreinigung durch Einführung des Prämienlohnsystems erzielten Rationalisierungsgewinne werden wegen der nun nicht mehr zusammenhängenden Reinigungsflächen reduziert werden;

— Ein notwendiges neues Prämienlohnsystem erfordert beträchtlichen Verwaltungsaufwand und Einigung mit den Tarifpartnern.

Für die *eigenen Flächen der Stadt* stellen sich folgende Probleme:

— Unter dem Gesichtspunkt der möglichst vollständigen Übertragung von Aufgaben erscheint es zweckmäßig, auch für die städtischen

Flächen private Unternehmer einzusetzen, die Kosten beliefen sich jedoch auf rund 8,7 Mill. DM, während bei Eigenreinigung durch die städtische Straßenreinigung — wie bisher — 4 Mill. DM benötigt würden;

— Mit der gesetzlichen Übertragung der Gehwegreinigung auf die Bürger wäre als Konsequenz verbunden, daß nunmehr die grundstücksverwaltenden Dienststellen der Stadt reinigungsverpflichtet würden. Folge: entweder die Vergabe an private Unternehmer durch die Dienststellen erfordert zusätzlichen Aufwand oder bei Fortsetzung der Reinigung durch die städtische Straßenreinigung (Baubehörde) zusätzlichen Aufwand durch die Erstattung der Kosten an die Baubehörde.

Soweit die aufgezeigten Probleme finanzielle Auswirkungen haben und sich quantifizieren lassen, ergab sich nach einer groben Berechnung der Baubehörde folgendes Bild (Kostenbasis 1974):

Bisherige Kosten	
Gehwegreinigung durch die Stadt für alle Flächen	17,70 Mill. DM
Einsparungen:	
— Einsparung bei Vergabe der *städtischen Flächen* an private Unternehmer nur	1,40 Mill. DM
— Einsparung bei Reinigung der *städtischen Flächen* weiterhin durch die Stadt	6,10 Mill. DM
Zusätzlicher Aufwand:	
— stärkere Verschmutzung von Fahrbahn und Sieltrummen .... ca.	2,00 Mill. DM

Hieraus ergab sich, daß trotz einer Verlagerung der Gehwegreinigung auf die Bürger die Stadt 0,6 Mill. DM mehr als bisher im Haushalt ansetzen müßte, wenn sie auch für ihre Flächen private Unternehmer einschalten wollte (zusätzlicher Aufwand: 2 Mill. DM abzüglich Einsparung 1,4 Mill. DM). Betriebe die Stadt die Eigenreinigung ihrer Flächen durch die Stadtreinigung weiter, käme eine Einsparung von rund 4 Mill. DM zustande (zusätzlicher Aufwand 2 Mill. DM, Einsparung rd. 6 Mill. DM).

Nimmt man diese Kosten als Grundlage der Beurteilung, dann kann festgestellt werden, daß die Übertragung auf die Bürger zwar zu Einsparungen im Haushalt führen könnte, der angenommene Entlastungseffekt aber durch zusätzlichen Aufwand wesentlich reduziert wird. Die zukünftigen Kosten der Reinigung der städtischen und der privaten Grundstücke zusammen lägen auf jeden Fall erheblich über den bisherigen Kosten von 17,7 Mill. DM. Die Verlagerung der Gehwegreinigung auf Private erwiese sich somit als eine Verlagerung von

Kosten auf Private mit der Folge, daß die Produktionskosten für die Dienstleistung sich insgesamt außerordentlich erhöhen.

Angesichts dieser Konsequenzen lag es nahe, die Gehwegreinigung — wie bisher — für alle Flächen weiterhin durch die Stadt wahrzunehmen, die Kosten hierfür aber teilweise von den Bürgern durch Gebühren zu decken.

4.2 Verlagerung auf verselbständigte öffentliche Träger

4.2.1 Allgemeines

Als Alternative zur Übertragung öffentlicher Aufgaben auf Private — mit z. T. ähnlichen Effekten — bietet sich die Verlagerung von Aufgaben aus der „allgemeinen Verwaltung" auf mehr oder weniger selbständige Verwaltungseinheiten der öffentlichen Hand an[90]. Dieser Weg ist auch in der Vergangenheit aus den verschiedensten Gründen beschritten worden.

Von den ursprünglich in einem geschlossenen Behördenaufbau mit einheitlicher Spitze als „allgemeine Verwaltung" zusammengefaßten wesentlichen Verwaltungsaufgaben sind aufgrund der Ausweitung und der Differenzierung der öffentlichen Aufgaben sowie aufgrund einer Überforderung der bisher zuständigen Behörden immer stärker Funktionen in Form besonderer Verwaltungen abgespalten worden. „Die Entwicklung des 19. und 20. Jahrhunderts zeigt eine ständige Ausgliederung der Verwaltungsbehörden auf Kosten der ‚allgemeinen Verwaltung' als allgemeine Tendenz[91]." Maßgeblich für ihre Errichtung war häufig die Konzentration speziellen Sachverstandes in einer Behörde[92]. Daneben spielten aber auch wirtschaftlichere Aufgabenerfüllung, Ressortpartikularismus, Selbstverwaltung, Unabhängigkeit, Erhaltung von Einfluß und fachliches Selbstbewußtsein, das sich nicht unter- oder einordnen wollte, eine Rolle.

Bei der Bildung öffentlicher Verkehrs- und Versorgungsunternehmen stand vornehmlich der Gesichtspunkt, wirtschaftliche Selbständigkeit herzustellen, im Vordergrund, bei den verselbständigten öffentlichen Forschungseinrichtungen die Sicherung der Wissenschaftsfreiheit, bei der Gründung von öffentlichen Hochschulbaugesellschaften

---

[90] So — wenn auch skeptisch — Wissenschaftlicher Beirat beim Bundesministerium der Finanzen, S. 1007/1008.

[91] Ernst Forsthoff, Lehrbuch des Verwaltungsrechts, 7. Aufl., München 1958, S. 402.

[92] Friedrich Fonk, Die Behörde des Regierungspräsidenten, Schriftenreihe der Hochschule Speyer, Bd. 36, Berlin 1967, S. 19.

die Befreiung von Vorschriften des Haushaltsrechts und eine erwartete schnellere Erledigung öffentlicher Bauvorhaben[93].

Es ist weiter hinzuweisen auf die Kammern der Ärzte, die Sozialversicherungsträger, die öffentlich-rechtlichen Sparkassen und Bankinstitute, die Wasser- und Bodenverbände, Rundfunkanstalten und regionalen Planungsgemeinschaften[94].

In den letzten Jahren hat sich die Diskussion um die Bildung neuer verselbständigter Einheiten verstärkt, wie die Vielzahl der selbständigen Forschungs- und Entwicklungseinrichtungen, Bau- und Entwicklungsgesellschaften, Regional- und Zweckverbände, Finanzierungsgesellschaften und Zentralbehörden deutlich machen[95].

Mit einer weiteren Verselbständigung öffentlicher Aufgaben würde eine bestehende Entwicklung fortgesetzt. Auf der einen Seite eine fast unaufhaltsame „Abwanderung" von Zuständigkeiten der Leistungsverwaltung aus der unmittelbaren Verwaltung in immer vielfältigere organisatorische Sonderformen; auf der anderen Seite die „Auffüllung" der so entstehenden Aufgabenlücke durch die für die Leistungsverwaltung notwendigen Planungsaufgaben[96].

---

[93] Zu den Motiven vgl. Rudolf Dieckmann, Problemaufriß zur Verselbständigung von Verwaltungsträgern, in: Frido Wagener (Hrsg.), Verselbständigung von Verwaltungsträgern, Schriften der Deutschen Sektion des Internationalen Instituts für Verwaltungswissenschaften, Bd. 1, Bonn 1976, S. 27/28; für öffentliche Unternehmen vgl. Günter Püttner, Verselbständigung von Organisationseinheiten mit Betriebscharakter in Privatrechtsform, in: Frido Wagener (Hrsg.), Verselbständigung von Verwaltungsträgern, Schriften der Deutschen Sektion des Internationalen Instituts für Verwaltungswissenschaften, Bd. 1, Bonn 1976, S. 130 - 134; Frido Wagener, Typen der verselbständigten Erfüllung öffentlicher Aufgaben, in: Frido Wagener (Hrsg.), Verselbständigung von Verwaltungsträgern, Schriften der Deutschen Sektion des Internationalen Instituts für Verwaltungswissenschaften, Bd. 1, Bonn 1976, S. 47 - 50.

[94] Das Handbuch Hamburg 1975 (hrsg. vom Senatsamt für den Verwaltungsdienst in Zusammenarbeit mit der Senatskanzlei) weist für Hamburg aus: 37 Unternehmungen, Stiftungen und Vereine unter staatlichem Einfluß, 27 Körperschaften, Anstalten und Stiftungen des öffentlichen Rechts. Das Personal der unter Einflußnahme stehenden Einrichtungen betrug 1974 rund 29 000 bei rund 100 000 der unmittelbaren Verwaltung.

[95] Zur Entwicklung und zum Spektrum verselbständigter Einheiten vgl. neben der Literatur zu Fußnote 93 u. a.: Eckart Schiffer, Verfassungs- und organisationsrechtliche Probleme der Erfüllung öffentlicher Aufgaben durch autonome Organisationen — Eine Problemskizze aus Bundessicht — Verwaltungswissenschaftliche Informationen, Sonderheft 1, Bonn 1974; Eberhard Laux, Katalog von Rechtsformen verselbständigter Verwaltungsträger, in: Frido Wagener (Hrsg.), Verselbständigung von Verwaltungsträgern, Schriften der Deutschen Sektion des Internationalen Instituts für Verwaltungswissenschaften, Bd. 1, Bonn 1976, S. 119 ff.; Carl Peter Fichtmüller, Zulässigkeit ministerialfreien Raums in der Bundesverwaltung, Archiv Öffentliches Recht 91, Heft 3, S. 297 ff.

[96] Vgl. Hendrik Gröttrup, Die kommunale Leistungsverwaltung, Stuttgart 1973, S. 147.

4.2.2 Begriff

Unter Verlagerung auf verselbständigte öffentliche Träger wird verstanden, daß aus den Haupteinheiten der unmittelbaren Verwaltung der Bundesrepublik (Bund, Länder, Kreise, Gemeinden) Aufgaben ganz oder teilweise auf Nebeneinheiten übertragen werden. Die Nebeneinheiten können rechtlich unselbständige Teile der Haupteinheiten bleiben (z. B. General-, Spezialbehörden, Regiebetriebe), sie können aber auch in abgestufter Form rechtlich verselbständigt werden, und dies sowohl in öffentlich-rechtlicher (z. B. Anstalt und Körperschaft) oder privatrechtlicher Form (z. B. GmbH und AG)[97]. Die Rechtsform gibt regelmäßig ein Indiz ab für den Grad der Selbständigkeit, muß damit aber nicht korrespondieren. Der Grad der Selbständigkeit bemißt sich nach dem verbleibenden Einfluß der Haupteinheit. Frido Wagener spricht in diesem Zusammenhang von den „Einflußknicken" verschiedenen Grades als Meßgröße der Selbständigkeit[98].

In der Großstadtverwaltung kommt für eine Verselbständigung in erster Linie die Bildung verselbständigter Betriebseinheiten in Betracht. Unter Betriebseinheit werden Leistungsapparaturen verstanden, bei denen eine abgrenzbare Zielsetzung, ein spezialisierter Mitarbeiterstab und eine größere technische Ausstattung bestehen (z. B. Theater, Gärtnereien, Fuhrparke, Krankenhäuser, Großmärkte, Schlachthöfe)[99].

Eine Organisationseinheit ist betrieblich selbständig, wenn sie

— ihre betriebswirtschaftlichen Ziele selbst setzen kann,
— die betrieblichen Vorgänge selbst planen und steuern kann,
— die betrieblichen Vorgänge überwachen und das Betriebsergebnis rechnerisch feststellen kann[100].

4.2.3 Ziele

Als wichtigste Ziele der Verlagerung von Aufgaben auf verselbständigte öffentliche Träger können — in weitgehender Übereinstim-

---

[97] Vgl. die möglichen Abstufungen der Selbständigkeit — gemessen an den Rechtsformen — im Schaubild 5, S. 86.

[98] Wagener, Typen der verselbständigten Erfüllung öffentlicher Aufgaben, S. 40.

[99] Zu den Schwierigkeiten der Begriffsbildung für Betriebseinheiten vgl. Eberhard Laux, Größere Flexibilität der öffentlichen Verwaltung durch Verselbständigung betrieblicher Einheiten, Wibera-Sonderdruck Nr. 75, Düsseldorf 1976, S. 5 ff.

[100] Karl-Heinz van Kaldenkerken, Wolf Gottschalk, Verselbständigte Betriebseinheiten in der Kommunalverwaltung aus der Sicht mittlerer und kleinerer Gemeinden, in: Frido Wagener (Hrsg.), Schriften der Deutschen Sektion des Internationalen Instituts für Verwaltungswissenschaften, Bd. 3, Bonn 1976.

mung mit den Zielen der Privatisierung, nur mit unterschiedlicher Gewichtung — angesehen werden:

— Freisetzung öffentlicher Mittel für andere Zwecke (Zweck: Effektivität),
— Erhöhung der Steuerungsfähigkeit und Konfliktverarbeitungskapazität der Verwaltung, (Zwecke: Effektivität und Gewährleistung der Demokratie)
— Koppelung von Leistung und Entgelt (Zweck: Effektivität),
— Effektivere Leistungserstellung (Zweck: Effektivität),
— Überschaubarkeit für Bürger und Mitarbeiter (Zwecke: Gewährleistung der Demokratie und Zufriedenheit der Mitarbeiter).

Diese Ziele haben für die verschiedenen Haupteinheiten unterschiedliche Bedeutung. So wird etwa beim Bund die Verlagerungsmöglichkeit allenfalls in der Bildung von „Generalbehörden" für Aufgaben gesehen, die nicht ständiger Steuerung durch die politische Führung bedürfen[101]. Dagegen liegt für eine Großstadtverwaltung mit einem umfangreichen Dienstleistungsapparat eine Verselbständigung stärkeren Grades nahe, wie sie vorgezeichnet ist in den häufig schon viele Jahre bestehenden selbständigen öffentlichen Versorgungs-, Wohnungs- und Verkehrsunternehmen.

4.2.3.1 Freisetzung öffentlicher Mittel für andere Zwecke

In der Erörterung um die Einschränkung der Staatsausgaben wird der Möglichkeit, Aufgaben auf verselbständigte öffentliche Träger zu übertragen, kaum Bedeutung beigemessen. In dem Gutachten des Wissenschaftlichen Beirats beim Bundesministerium der Finanzen wird die Verlagerung bisher von den Gebietskörperschaften wahrgenommener Aufgaben auf Gesellschaften, die vollständig oder teilweise in der öffentlichen Hand bleiben, als „formale" Verlagerung angesehen[102]. Eine solche „formale" Verlagerung wird in dem Gutachten zwar nicht völlig ausgeschlossen, im Ergebnis aber kaum als geeignetes Mittel angesehen, das Problem der Haushaltsdefizite einer rationalen gesamtwirtschaftlichen Lösung zuzuführen[103].

Selbst wenn man den Aspekt der Kosten in den Vordergrund stellt, wie es der Sinn und Zweck des Gutachtens nahelegte, erscheint diese

---

[101] Vgl. Projektgruppe Regierungs- und Verwaltungsreform beim Bundesminister des Innern, Bericht zu Verlagerung von Aufgaben aus den Bundesministerien vom Februar 1972.

[102] Bulletin der Bundesregierung Nr. 103 vom 16. August 1975, S. 1007.

[103] Wissenschaftlicher Beirat, S. 1008; so auch Deutscher Städtetag, Privatisierung öffentlicher Aufgaben, Köln 1976, S. 10.

zurückhaltende Einschätzung durch den Wissenschaftlichen Beirat nicht gerechtfertigt. Dazu muß man sich vergegenwärtigen, daß es seit Jahrzehnten eine Vielzahl verselbständigter öffentlicher Versorgungs- und Verkehrsunternehmen gibt, deren Gründung nicht lediglich als „formale", sondern als „materielle" Verlagerung von Aufgaben angesehen werden muß. So räumt der Wissenschaftliche Beirat auch ein, daß die Leistungserstellung sich u. U. im „organisatorischen Rahmen einer privatrechtlichen Gesellschaft und außerhalb der strengen Regeln des öffentlichen Haushaltsrechts in effizienterer Weise vornehmen" ließe[104].

Ähnlich zwiespältig ist die Aussage des Deutschen Städtetages[105], die Kostenbelastung der öffentlichen Hand bleibe bei einer Verlagerung die gleiche, anschließend aber eingeräumt wird, die „formale" Verlagerung bewirke unstreitig eine größere Flexibilität. Richtig erscheint an dieser Einschätzung nur, daß die Verlagerung auf verselbständigte öffentliche Träger unter dem Gesichtspunkt der *unmittelbaren* Kosteneinsparung graduell eine geringere Bedeutung hat als etwa die Übertragung auf Private, hinsichtlich der anderen Zielsetzungen aber doch erhebliches Gewicht hat[106].

4.2.3.2 Koppelung von Leistung und Entgelt

Die Koppelung von Leistung und Entgelt und die Anpassung der Leistungserstellung an die Nachfrage kann über verselbständigte Einheiten zumindest dann besser erreicht werden, wenn es sich um Verwaltungsaufgaben handelt, für die besondere Abgaben erhoben werden. Beispielhaft sei an öffentliche Versorgungsunternehmen erinnert.

Dieses Ziel läßt sich zwar bei einer Privatisierung besser realisieren, aber auch eine verselbständigte Einheit stellt insoweit einen Fortschritt gegenüber einem Amt der unmittelbaren Verwaltung dar, weil die Verselbständigung mit einer verbesserten Betriebs- und Kostenrechnung gekoppelt und das Kostendeckungsprinzip eher durchgesetzt werden kann.

Im übrigen kann auf die entsprechenden Ausführungen zur Privatisierung verwiesen werden[107].

4.2.3.3 Effektivere Leistungserstellung

Mit Laux[108] ist davon auszugehen, daß die organisatorische Einbeziehung der betrieblichen Einrichtungen in die Gesamtverwaltung noch

[104] Wissenschaftlicher Beirat, S. 1008.

[105] Deutscher Städtetag, Privatisierung öffentlicher Aufgaben, Köln 1976, S. 10.

[106] So auch Karl-Heinz van Kaldenkerken und Wolf Gottschalk.

[107] Vgl. hierzu Dritten Abschnitt, Ziff. 4.1.3.3, S. 92.

stärker zu lockern ist, um so ihre Effektivität zu steigern. Zum Teil gilt diese Forderung aber auch über die betrieblichen Bereiche hinaus. Dies soll am Haushaltsrecht verdeutlicht werden.

Die Erkenntnis, daß eine allzu strenge Planbindung der wirtschaftlich effizienten Verwendung der Haushaltsmittel zuwiderlaufen kann, hat dazu geführt, haushaltsrechtliche Instrumente zu entwickeln, die die Bindung der Verwaltung an die einzelnen Ausgabentitel lockern, ohne das Budgetrecht des Parlaments seinem Zweck nach zu gefährden: Deckungsfähigkeit und Übertragbarkeit der Mittel.

Allerdings schließen Deckungsfähigkeit und Übertragbarkeit sich in der Regel aus, damit keine Fonds gebildet werden. Die Haushaltsreste (d. h. die an sich übertragbaren Beträge) werden zumeist abgeschöpft, um ein Defizit zu decken. Personal- und Sachausgaben sind grundsätzlich nicht miteinander deckungsfähig.

Dies sind einige der wichtigsten Hemmnisse, die die gegenwärtige Planbindung einer wirtschaftlichen Verwendung der Haushaltsmittel in der allgemeinen Verwaltung entgegensetzt. Das Verbot der Fondsbildung in Verbindung mit der Abschöpfung der Haushaltsreste läuft auf eine Bestrafung des tüchtigen Verwaltungsmanagers hinaus, der seine Mittel effizient eingesetzt hat und daher mit weniger auskommt als vorgesehen. Es verleitet, da es zum Teil wirtschaftlichen Erfordernissen widerspricht, zur höheren Veranschlagung. Nicht umsonst sind deshalb diese haushaltsrechtlichen Beschränkungen wichtige Argumente für die Forderung, betriebliche Einheiten aus der öffentlichen Verwaltung auszugliedern. Angesichts der Tatsache, daß die Personalausgaben einen immer höheren Anteil des Staatshaushalts verschlingen, erscheint es besonders bedenklich, daß dem einzelnen Verwaltungsmanager der Zugriff auf Personalausgaben versperrt ist, um Personal durch Sachinvestitionen zu ersetzen.

Die Bildung selbständiger Einheiten würde es gestatten, für diese Einheiten finanzielle Teilplafonds zu bilden, die eine Erfolgskontrolle gestatten (abgemildertes Prinzip der Zweckbindung der Mittel) und Verantwortlichkeiten festzulegen.

In dieser Problematik unterscheidet sich die öffentliche Verwaltung einer Großstadt kaum von privaten Unternehmen der Wirtschaft, bei denen die Einsicht, daß mit wachsender Größe die Zahl der durch fast jeden Vorgang berührten Stellen wächst, ebenfalls zur Bildung verselbständigter Einheiten führt (Profit-Center). Während aber im in-

---

[108] Vgl. Eberhard Laux, Führungsorganisation und Führungsstil in der Kommunalverwaltung, in: Archiv für Kommunalwissenschaften, Jahrgang 7 (1968), S. 233 ff. (250).

dustriellen Bereich für unterschiedliche Aufgaben verschiedene Organisationsstrukturen ausgebildet werden, führt die Klammer öffentliche Verwaltung dazu, möglichst alle Aufgaben nach den gleichen Grundsätzen zu behandeln.

Bei ausreichender Größe zur autonomen Problemlösung beinhaltet die Verselbständigung höhere Effektivität durch:

— Weniger Bearbeitungs- und Entscheidungsstufen,
— größere Planungs- und Bewirtschaftungskompetenz,
— problemnähere Bearbeitungs- und Entscheidungsebenen,
— Beschränkung der politischen Ebene auf die wesentlichen Steuerungs- und Kontrollfunktionen.

4.2.3.4 Erhöhung der Steuerungsfähigkeit und Konfliktverarbeitungskapazität der Verwaltung

Der zunehmenden Zentralisierung steht eine Tendenz des „Auskuppelns" gegenüber, die ihre Gründe z. T. darin hat, „daß das politische System, die mit der Problembewältigung anfallenden sachlichen, organisatorischen, personellen oder auch politisch-legitimatorischen Kosten und Risiken nicht tragen kann bzw. nicht tragen will"[109].

Ähnlich wie bei der Übertragung von Aufgaben auf Private kann deshalb auch die Verlagerung von Aufgaben dazu beitragen, die Steuerungsfähigkeit des Gesamtsystems zu erhalten. Sie ist häufig die einzige Möglichkeit, wenn einerseits die Verwaltung durch Größe und Zentralisierung an Sensibilität und politischer Reaktionsfähigkeit verliert und andererseits eine Privatisierung nicht möglich ist, weil die Aufgabe in der Obhut des Staates bleiben muß.

Mit einer Zellteilung in beweglichere, in sich abgrenzbare und anpassungsfähigere Größen der Verwaltungsträger könnte ein Beitrag geleistet werden, zu leichter steuerbaren und überschaubaren Einheiten zu gelangen, in denen durch Abbau von Instanzen zugleich die Verantwortlichkeiten der Handelnden stärker betont werden. Mit dem Abbau der Instanzen durch Verlagerung würde die Tendenz zu verstärkter Steuerung, Planung und Programmierung in den verbleibenden Haupteinheiten korrespondieren. Zugleich könnte bei entsprechender Autonomie des neuen Trägers die mit der Dezentralisierung bewirkte Machtverteilung zu einer begrenzten Konfliktsentlastung der politischen Führung beitragen.

[109] Eckart Pankoke, Hans Nokielski, Theodor Beine, Neue Formen gesellschaftlicher Selbststeuerung, Band 86, Kommission für wirtschaftlichen und sozialen Wandel, Göttingen 1975, S. 19.

4.2.3.5 Überschaubarkeit für die Bürger und Mitarbeiter

Bezüglich der Verlagerung von Aufgaben als Mittel, die Verwaltung als Gesamtheit überschaubarer zu machen, kann auf die Ausführungen zur Privatisierung und zum Abbau von Aufgaben verwiesen werden[110].

Für die Mitarbeiter bildet die Schaffung möglichst autonomer Einheiten mit eigenen Verantwortungsbereichen die Chance, Fremdkontrolle zugunsten von Selbstkontrolle abzubauen. Es kann hier auf die Erkenntnisse der Soziologie bezüglich der Betriebseinheit im Sinne einer Gruppe von Personal zurückgegriffen werden. Die „Entfremdung" in der Arbeitswelt kann wenigstens teilweise durch Gruppenbildung überwunden werden, indem bestimmte Arbeitsbereiche aus der Gesamtorganisation herausgelöst und mit einer größeren Autonomie als bisher ausgestattet werden[111]. Hierbei wird unter Gruppe „eine Reihe von Personen (verstanden), die in einer Zeitspanne häufig miteinander Umgang haben und deren Anzahl so gering ist, daß jede Person mit allen anderen Personen in Verbindung treten kann, und zwar nicht nur über andere Menschen, sondern von Angesicht zu Angesicht"[112]. Damit wird auch dem Subsidiaritätsprinzip Rechnung getragen, das unter anderem beinhaltet, „daß die Zuordnung von Aufgaben an die Glieder eines Sozialgebildes so erfolgen soll, daß der Einzelne oder eine Gruppe einen möglichst in sich geschlossenen Aufgabenbereich ohne Einmischung von übergeordneten Rechtskreisen erfüllen kann"[113].

4.2.4 Bewertungsrahmen

4.2.4.1 Politik

Die zentrale Problematik der Verlagerung von Aufgaben auf verselbständigte öffentliche Träger ist die Grenzziehung zwischen der Selbständigkeit und eigenen Verantwortung der verselbständigten Einheit und der Verantwortung des Muttergemeinwesens für die sachgerechte Aufgabenerfüllung durch die Subsysteme und für die Funktionsfähigkeit und Entwicklung der Gesamtverwaltung[114].

---

[110] Vgl. hierzu Dritter Abschnitt Ziff. 4.1.3.6 und 3.3.4, S. 95 und S. 80.

[111] Dies ist auch eine der Grundlagen der Selbstverwaltung in ihrer Funktion, der Zentralisierungstendenz zu begegnen; vgl. hierzu Eberhard Laux, Autonomie als politisches Prinzip — Zur Entwicklung der Selbstverwaltung in unserer Zeit, Münster 1975, insbesondere S. 20 ff.

[112] Vgl. G. C. Homans, Theorie der sozialen Gruppe, Köln 1960, S. 29.

[113] Vgl. Wolfgang H. Staehle, Organisation und Führung sozio-technischer Systeme, Stuttgart 1973, S. 11.

[114] Vgl. hierzu u. a.: Gunter Kisker, Abbau politischer Konfliktüberlastung durch Dezentralisation, in: Frido Wagener (Hrsg.), Verselbständigung von Verwaltungsträgern, Schriften der Deutschen Sektion des Internationalen Instituts für Verwaltungswissenschaften, Bd. 1, Bonn 1976, S. 82 ff.; Wolfgang

Sehr deutlich drückt sich dieser Konflikt in der Diskussion aus, die unter dem Stichwort „Einheit der Verwaltung" geführt wird. Der Grundsatz „Einheit der Verwaltung" beinhaltet die Form der Verwaltung, bei der nach Möglichkeit alle zu gegebener Zeit vorhandenen Funktionen der Verwaltung einer bestimmten Verwaltungsstufe an einer Stelle unter einer Verwaltungsspitze zusammengefaßt sind[115].

Die wesentlichen Inhalte des Grundsatzes der Einheit der Verwaltung sind[116]:

— Gewährleistung einheitlicher politischer Zielsetzung (Einheit von Planungs-, Verwaltungs- und Investitionsraum),
— Einheitlichkeit der Aufgabenerfüllung,
— Einheitlichkeit des Informationsflusses und der Koordination,
— Einheitlichkeit der Konfliktentscheidung,
— Einheitlichkeit der Gesamtschau der Aufgabenwahrnehmung,
— Einheitlichkeit als Kostenminimierung,
  — zusammenhängende Aufgabenerledigung ist wirtschaftlicher,
  — Kosten der Grundausstattung verringern sich,
— Einheitlichkeit der Grundsätze der inneren Organisation, insbesondere im Bereich des Tarif- und Besoldungswesens,
— Einheitlichkeit in Form überschaubarer Aufgaben und eines Verwaltungssitzes,
— Einheitlichkeit der Verwaltungspolitik, d. h. der Grundsätze für die Leistungsgestaltung gegenüber dem Bürger,
— Einheitlichkeit der rechtlichen Grundlagen,
— Einheitlichkeit der politischen Kontrollen.

Diese inhaltliche Ausfüllung des Grundsatzes zeigt, daß er Ausdruck des „Gebietsorganisationsmodells" im Gegensatz zum „Aufgabenorganisationsmodell" der öffentlichen Verwaltung ist[117]. Mit dem Ruf nach der „Einheit der Verwaltung" soll der aus der Aufgabenentwicklung

---

Rüfner, Formen öffentlicher Verwaltung im Bereich der Wirtschaft, Berlin 1967; Günter Püttner, Die Einwirkungspflicht, Zur Problematik öffentlicher Einrichtungen in Privatrechtsform, S. 353 ff. (356); Ulrich Becker, Aufgabenerfüllung durch verselbständigte Betriebseinheiten aus der Sicht der Großstadt, und Karl-Heinz van Kaldenkerken, Wolf Gottschalk, Verselbständigte Betriebseinheiten in der Kommunalverwaltung aus der Sicht mittlerer und kleinerer Gemeinden, in: Frido Wagener (Hrsg.), Regierbarkeit? Dezentralisierung? Entstaatlichung? Schriften der Deutschen Sektion des Internationalen Instituts für Verwaltungswissenschaften Bd. 3, Bonn 1976.

[115] Vgl. Friedrich Fonk, Die Problematik der Sonderbehörden, Köln und Berlin 1969, S. 12.

[116] Vgl. Frido Wagener, Neubau, S. 302.

[117] Frido Wagener, Typen der verselbständigten Erfüllung öffentlicher Aufgaben, S. 35.

resultierenden Bildung von verselbständigten Verwaltungsträgern begegnet werden[118]. Dabei werden der „Einheitlichkeit“ positive Auswirkungen hinsichtlich der Wirtschaftlichkeit, der Leistungsfähigkeit und der Gewährleistung der Demokratie unterstellt, die in dieser generalisierenden Form nicht zutreffen.

Auch eine „allgemeine Verwaltung“ unter einer Leitung und unter einem Dach ist nicht davor geschützt, daß die Ämter, Abteilungen und Referate widersprüchliche Entscheidungen treffen. Der „ganzheitliche Aspekt“ ist in einer „allgemeinen Verwaltung“ mit ihrer immer stärker differenzierten Aufgabenstellung mehr Wunschbild als Wirklichkeit. Organisationen werden ab einer bestimmten Größenordnung weniger überschaubar und schwieriger steuerbar, das gilt auch für die „allgemeine Verwaltung“.

Es kann geradezu notwendig sein, bestimmte öffentliche Aufgaben selbständigen Trägern zuzuweisen, um zu verhindern, daß die Aufgaben im Konzert einer allgemeinen Verwaltung „untergebuttert“ werden. Spezialeinheiten können unter diesem Aspekt als auf Konflikte mit der „allgemeinen Verwaltung“ angelegt angesehen werden. Etwa Straßenbau und Naturschutz unter einer Leitung ermöglichen vielleicht eine „ganzheitliche Entscheidung“. Eine solche Entscheidung ist aber gefährlich, wenn sie eine ständige Zurückdrängung des Naturschutzes beinhaltet.

Weiterhin darf auch nicht verkannt werden, daß die Existenz von selbständigen Einheiten der Tendenz zur Höherverlagerung von Aufgaben entgegenwirkt und der Forderung des Subsidiaritätsprinzips Rechnung trägt, wonach die Zuordnung der Aufgaben so erfolgen soll, daß ein möglichst in sich geschlossener Aufgabenbereich ohne Einmischung anderer Rechtskreise entsteht. Eine „Einheitlichkeit“ kann auch zweifelhaft sein, wenn Umfang und Art einer bestimmten Aufgabe das Gesamtgefüge der Verwaltung sprengen (Kopflastigkeit durch einen Aufgabenbereich), wenn die zukünftige Aufgabenentwicklung einen größeren räumlichen Bezirk voraussetzt (Automation) oder wenn die Interessen, die durch einen verselbständigten Träger abgedeckt werden sollen, sich mit denen der allgemeinen Verwaltung nicht vereinbaren lassen.

Diese wenigen Hinweise zeigen, daß den jeweils behaupteten positiven Auswirkungen des Grundsatzes der „Einheit“ negative Auswirkungen mit gleicher Berechtigung gegenübergestellt werden können[119].

---

[118] Zur rechtlichen Verankerung vgl. z. B. § 2 Sätze 2 und 3 Hessische Gemeindeordnung (Gesetz- und Verordnungsblatt 1960, S. 103) und § 2 Abs. 2 Niedersächsische Gemeindeordnung (Gesetz- und Verordnungsblatt 1974, S. 1).

Daraus darf allerdings nicht geschlossen werden, der Grundsatz der „Einheit der Verwaltung" sei bedeutungslos. Der Kern des Begriffs ist für die Diskussion um die Bildung verselbständigter Träger von ausschlaggebender Bedeutung. Durch ihn wird die Frage der inneren Souveränität des Muttergemeinwesens ausgelöst, die aus der optimalen Mitte zwischen notwendiger Machtkonzentration einerseits und Machtverteilung andererseits besteht[120]. Die mit der Verselbständigung von Verwaltungsträgern bewirkte „Dezentralisierung darf nicht in Entmachtung des Muttergemeinwesens umschlagen" und „Dezentralisierung darf nicht als Abschieben von Verantwortung mißverstanden werden"[121].

Wann aber eine „Entmachtung" und ein „Abschieben" vorliegen, läßt sich nicht allgemein unter Berufung auf die „Einheit der Verwaltung" beantworten, sondern erfordert, ähnlich wie bei der Übertragung von Aufgaben auf Private, eine Analyse der Aufgaben und Ermittlung der Kriterien, mit denen bei einer Verselbständigung der „Aushöhlung" des Muttergemeinwesens begegnet werden kann. So kann z. B. nicht behauptet werden, die Verselbständigung der technischen Durchführung betrieblicher Aufgaben beschneide den Einflußbereich der Regierung, denn diese Aufgaben zählen nicht zum Wesensgehalt der Regierungstätigkeit.

Auf das gesamte Spektrum verselbständigter Träger bezogen politische Bewertungskriterien zu ermitteln, ist außerordentlich schwierig. Die nachfolgende Aufstellung kann daher nur ein Versuch sein. Generell wird man sagen können, daß das Maß der Absicherung gegen eine Verselbständigung überhaupt oder einen zu großen Grad an Verselbständigung durch die Staatsferne oder Staatsnähe einer Aufgabe bestimmt wird. Die naheliegende Überlegung, von den bestehenden verselbständigten Trägern her Bewertungskriterien für Staatsnähe und Staatsferne abzuleiten, ist wenig hilfreich, weil kaum Einmütigkeit darüber hergestellt werden kann, daß sich in den konkreten Ausprägungen, die diese Träger gegenwärtig haben, das richtige Maß von Staatsnähe und Staatsferne widerspiegele. So ist z. B. die geringe Effektivität der tatsächlichen Kontrolle der Parlamente und Regierungen bei öffentlichen Unternehmen kaum mit der Fülle der formalen Bindungen in Haushaltsrecht und Gesellschaftsverträgen in Einklang zu bringen[122].

---

[119] Zur Gegenüberstellung des Für und Wider der Verselbständigung vgl. Rudolf Dieckmann, Problemaufriß zur Verselbständigung von Verwaltungsträgern, S. 24/25.

[120] Vgl. Gunter Kisker, Abbau politischer Konfliktüberlastung durch Dezentralisation, S. 82.

[121] Vgl. Gunter Kisker, ebenda, S. 84.

Zu den Bewertungskriterien sind zu zählen[123]:

— Verantwortung des Muttergemeinwesens für die Funktionsfähigkeit seiner verselbständigten Einheiten,
— Festlegung der konkreten und abgrenzbaren öffentlichen Aufgabenstellung verselbständigter Einheiten,
— Legitimation der Konsensfindungsorgane der verselbständigten Einheiten,
— Selbstkorrektur von Fehlern durch die verselbständigten Einheiten,
— Aufgabengerechte Ausstattung der verselbständigten Einheiten,
— Entlastungsgerechtes Instrumentarium der Steuerung und Überwachung durch das Muttergemeinwesen,
— Sicherung des Schutzes von Minderheiten,
— Sicherung der anzuwendenden objektiven Rechtsordnung,
— Sicherung zumindest gleichbleibender Leistung,
— Sicherung, daß notwendige Verbindungen zu anderen Aufgaben nicht zerrissen werden,
— Gewährleistung der Kontrolle verselbständigter Einheiten durch sachverständige Vertreter (Aufsichtsräte!).

Zusammenfassend läßt sich feststellen, daß eine Verselbständigung besonders bei Aufgaben der Großstadt sich anbietet, wenn[124]

— die städtische Aufsicht und Gewährleistung der Aufgabenwahrnehmung genügt,
— die Aufgabenart eine klare Zielhierarchie möglich macht,
— die Komplexität der betroffenen Interessen und Wertorientierungen niedrig ist,
— die Aufgabendurchführung einen hohen technologischen Einsatz erlaubt,
— die Nachfrage der Leistungsabnehmer qualitativ und quantitativ abgestuft befriedigt werden kann und öffentliche Interessen dem nicht entgegenstehen.

---

[122] Vgl. zur mangelnden Überprüfung der Aufgabenerfüllung öffentlicher Unternehmen die kritischen Anmerkungen von Günter Püttner, Verselbständigung von Organisationseinheiten mit Betriebscharakter in Privatrechtsform, S. 127.

[123] Vgl. Gunter Kisker, Abbau politischer Konfliktüberlastung durch Dezentralisierung, S. 79 - 87; Ulrich Becker, Aufgabenerfüllung durch verselbständigte Betriebseinheiten aus der Sicht der Großstadt; Günter Püttner, Die Einwirkungspflicht — Zur Problematik öffentlicher Einrichtungen in Privatrechtsform —, S. 353 ff. (356).

[124] Vgl. Ulrich Becker, ebenda.

4.2.4.2 Wirtschaftlichkeit

Wesentliches Bewertungskriterium der Wirtschaftlichkeit einer Verselbständigung ist, daß die Leistungserstellung mindestens gleich gut ist und nicht teurer wird, es sei denn, im Einzelfall werden höhere Kosten durch bedeutsame andere Vorteile gerechtfertigt.

Weiterhin müssen die Voraussetzungen dafür geschaffen werden,

— daß eine bestimmte Mindestgröße der Einheit vorliegt,
— die Verknüpfung von Leistung und Kosten erfolgt,
— die Grundlagen für die Bildung kostendeckender Preise gegeben sind[125],
— die Anwendung betriebswirtschaftlicher Formen und Techniken gewährleistet ist,
— die Herauslösung aus dem Haushaltsrecht insoweit ermöglicht wird, als dies die Durchsetzung der vorstehenden Kriterien hindert,
— die Unabhängigkeit vom öffentlichen Dienstrecht unter Aufrechterhaltung eines in der Höhe vergleichbaren Vergütungssystems garantiert ist,
— Resultatsverantwortung durch eindeutige Aufgabenbereiche eingeführt wird.

Das folgende Schaubild 7 zeigt den Zusammenhang zwischen notwendiger Einflußnahme des Muttergemeinwesens und Selbständigkeit des verselbständigten Trägers.

4.2.4.3 Recht

Unter rechtlichem Aspekt sind zwei Fragen zu unterscheiden:

— Welche Rechtsform ist für die Verselbständigung unter Beachtung der politischen, wirtschaftlichen und personellen Gegebenheiten die geeignetste?
— Inwieweit darf die Gemeinde — als eine Möglichkeit der Verselbständigung — Unternehmen bilden?

[125] Vgl. hierzu die kritischen Anmerkungen des Wissenschaftlichen Beirats beim Bundesministerium der Wirtschaft, Kosten und Preise öffentlicher Unternehmen, Bulletin der Bundesregierung Nr. 4 vom 8. 1. 1976, S. 36: Defizite der öffentlichen Unternehmen durch mangelnde Anpassung der Preise an die Kostenentwicklung und Abschwächung des Zwanges zu wirtschaftlicher Leistungserstellung wegen des Abdeckens der Defizite durch das Muttergemeinwesen. Soweit kostendeckende Preise nicht möglich sind, muß der Aufgabenteil, der durch das Muttergemeinwesen finanziert werden soll, exakt abgegrenzt und von der Unternehmensleitung als Zuschuß kalkuliert, nicht aber als Defizit nach Leistungserstellung geltend gemacht werden.

Schaubild 7: Verselbständigte öffentliche Träger im Spannungsfeld von Selbständigkeit und staatlicher Einflußnahme

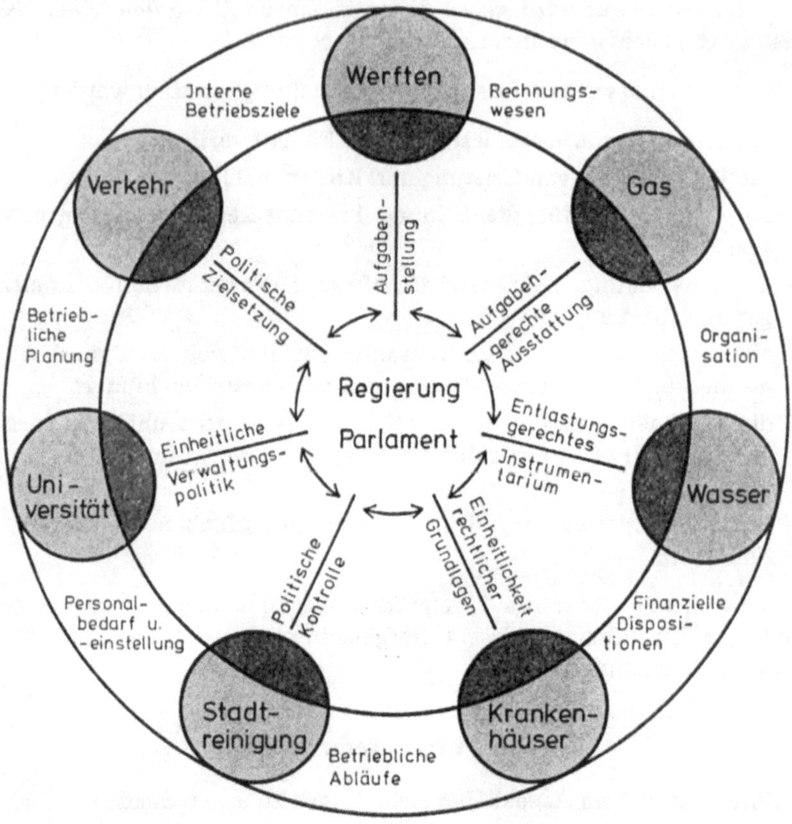

Die Wahl der für eine Verselbständigung in Betracht kommenden Rechtsform wird in erster Linie durch den Grad der dem Träger einzuräumenden Selbständigkeit und den Umfang der Einwirkungsmöglichkeiten des Muttergemeinwesens bestimmt. Es wurde allerdings schon darauf hingewiesen, daß die einzelnen Rechtsformen ein nicht geringes Maß an Gestaltungsmöglichkeiten im einzelnen zulassen, so daß die im Schaubild 5[126] dargestellte Entwicklungslinie aufsteigender Selbständigkeit und verringerter Einwirkungsmöglichkeit von Zentralämtern bis zur Aktiengesellschaft zu relativieren ist.

[126] Vgl. hierzu Dritter Abschnitt Ziff. 4, S. 86.

Der Versuch, Kriterien für die Wahl einer bestimmten Rechtsform bei ganz unterschiedlichen Aufgaben (Forschung, Bauwesen, Besoldungsstellen, Betriebseinheiten etc.) zu entwickeln, würde den Rahmen dieser Arbeit sprengen, es wird deshalb auf die umfangreiche Literatur hierzu und die folgenden Beispiele verwiesen[127].

Die Frage nach der Zulässigkeit der Bildung öffentlicher Unternehmen in privater Rechtsform resultiert aus Vorschriften in verschiedenen deutschen Gemeindeordnungen, in Hamburg aus § 65 Absatz 1 der Landeshaushaltsordnung (LHO)[128]. Danach darf sich die Stadt an der Gründung eines Unternehmens in privater Rechtsform oder an einem bestehenden Unternehmen in dieser Rechtsform nur beteiligen, wenn u. a.

„ein wichtiges staatliches Interesse vorliegt und sich der angestrebte Zweck nicht besser und wirtschaftlicher auf andere Weise erreichen läßt".

Diese Voraussetzung entspricht einer gleichlautenden in § 67 der Deutschen Gemeindeordnung (DGO)[129]. § 67 DGO erklärt sich aus der Situation nach dem 1. Weltkrieg, in der die Gemeinden in erheblichem Umfang private Unternehmen gründeten, mit denen sie erwerbswirtschaftliche Ziele verfolgten und in direkte Konkurrenz zu den Unternehmen der Privatwirtschaft traten. Dieser Grund, von dem man teilweise eine „kalte Sozialisierung" befürchtete, sollte durch § 67 Abs. 1 DGO gestoppt und möglichst rückgängig gemacht werden.

§ 67 DGO ist eine Abwehrklausel gegen *neue* Aufgaben aus dem Gesichtspunkt des „Subsidiaritätsprinzips". Es handelt sich also um einen

---

[127] Vgl. u. a. Eberhard Laux, Katalog von Rechtsformen verselbständigter Träger, S. 119 - 123; Hans Brinckmann, Klaus Grimmer, Rechtsfragen der Weiterbildung, der Information und der Bildungsstatistik, Deutscher Bildungsrat, Gutachten und Studien der Bildungskommission 33, S. 69 ff. (mit ausführlicher Darstellung bestehender öffentlicher Einrichtungen in verschiedener Rechtsform); W. Cartellieri, Die Großforschung und der Staat, Gutachten über die zweckmäßige rechtliche und organisatorische Ausgestaltung der Institutionen für die Großforschung, Teil II, 1968, S. 63 - 73; Peter Eichhorn, Struktur und Systematik kommunaler Betriebe, Verwaltung und Wirtschaft, Heft 40, 1970; Hans Hämmerlein, Öffentliche Unternehmen in der Rechtsform der GmbH, GmbH-Rundschau 1970, S. 273 ff.; Karl Oettle, Die ökonomische Bedeutung der Rechtsform öffentlicher Betriebe, Archiv für öffentliche und freigemeinnützige Unternehmen, 1967, S. 193 - 226; Hans-J. Wolff, Rechtsformen gemeindlicher Einrichtungen, Archiv für Kommunale Wissenschaft 1963, S. 149 - 174; Wibera Wirtschaftsberatung AG, Gutachten über die möglichen Betriebs- und Rechtsformen zur Bildung einer Betriebseinheit Stadtreinigung in der Freien und Hansestadt Hamburg, Düsseldorf 1973.

[128] Haushaltsordnung der Freien und Hansestadt Hamburg vom 23. Dezember 1971 (GVBl. S. 261).

[129] Vom 30. 1. 1935 (RGBl. I S. 49).

anderen Sachverhalt als bei der Verselbständigung von Aufgaben, die schon *zum Bestand* der öffentlichen Aufgaben gehören. Die Anwendung dieser Vorschrift auf die Verselbständigung bestehender Verwaltungsaufgaben würde u. U. zu dem kuriosen Ergebnis führen, daß Aufgaben der Haupteinheiten bei diesen verbleiben müßten und nicht durch Unternehmensbildung zu einer größeren Staatsferne gebracht werden könnten, obgleich gerade dies das Ziel des § 67 DGO zugrundeliegenden Subsidiaritätsgedankens war.

4.2.4.4 Personal

Die Verlagerung von Aufgaben auf verselbständigte öffentliche Träger hat für das Personal unterschiedliche Konsequenzen, je nachdem, ob ein öffentlich-rechtlicher Träger mit Dienstherrnfähigkeit oder ein privat-rechtlicher bzw. öffentlich-rechtlicher Träger ohne Dienstherrnfähigkeit gebildet wird. Die Unterschiede werden nachstehend kurz skizziert:

a) LHO-Betrieb und Eigenbetriebe

Die Bediensteten (Beamte, Angestellte und Arbeiter) bleiben im Dienst der Stadt. Überleitungsprobleme entstehen somit nicht.

b) Juristische Person des öffentlichen Recht *mit* Dienstherrnfähigkeit

Beamte:

Überleitungsprobleme entstehen nicht bei den Beamten, deren Tätigkeitsbereich durch die Umbildung nicht berührt wird. Andere Beamte können nur mit ihrer Zustimmung versetzt oder (bis zu einer Dauer von einem Jahr auch ohne ihre Zustimmung) abgeordnet werden.

Angestellte und Arbeiter:

Problematik wie unter c)

c) Juristische Person des öffentlichen Rechts *ohne* Dienstherrnfähigkeit und
Juristische Person des privaten Rechts

Beamte:

Probleme der Überleitung sind ohne Mitwirkung des Beamten nicht zu lösen. Zur Entlassung aus dem Beamtenverhältnis bedarf es des Antrags, zur Beurlaubung der Zustimmung.

Ein Anreiz zum Ausscheiden aus dem Beamtenverhältnis kann in Einzelfällen durch den Abschluß eines sog. Dreiecksvertrages gegeben werden. Damit ist nicht die Erhaltung des sozialen Besitzstandes gewährleistet, sondern lediglich die Möglichkeit einer späteren Wiederaufnahme in das Beamtenverhältnis eröffnet.

Angestellte und Arbeiter:

Die Problematik der Überleitung der Angestellten und Arbeiter auf eine Betriebsgesellschaft ist für *jede* Form der juristischen Person des öffentlichen oder privaten Rechts identisch.

Die Unterschiede in der tariflichen und gesetzlichen Ausgestaltung des Kündigungsschutzes der Arbeiter und Angestellten bei ordentlicher und außerordentlicher Kündigung sind gradueller Art. Theoretisch bietet die Ausschöpfung der Kündigungsmöglichkeiten bei beiden Gruppen eine Handhabe, faktisch einen Zwang zum Neuabschluß mit der Betriebseinheit auszuüben. Aus personalpolitischer Sicht dürfte ein solches Vorgehen aber indiskutabel sein. Eine Überleitung der Angehörigen beider Gruppen auf eine Betriebseinheit in der Form einer juristischen Person des öffentlichen oder privaten Rechts wird nur im gegenseitigen Einvernehmen erfolgen können.

Eine Weiterbeschäftigung der Angestellten in anderen Bereichen der Stadt kann ebenfalls ein Problem sein. Angesichts der Zahl der betroffenen Bediensteten, der Art ihrer zum Teil speziellen Berufsausbildung und der Notwendigkeit der Stellenbesetzung in einer Betriebseinheit, kann eine anderweitige Beschäftigung nur im Einzelfall in Betracht gezogen werden.

Bei Arbeitern scheint von der Ausbildung her eher die Möglichkeit einer anderweitigen Beschäftigung im öffentlichen Dienst gegeben zu sein. Kapazitätsprobleme und die Notwendigkeit der Stellenbesetzung in den Betriebseinheiten dürften aber auch bei dieser Gruppe nur ausnahmsweise die Weiterbeschäftigung in anderen Bereichen der Stadt zulassen. Aus diesen Gegebenheiten folgt der Zwang, Voraussetzungen zu schaffen, die eine Überleitung im Einvernehmen mit den Betroffenen gewährleistet.

4.2.5 Beispiele

4.2.5.1 Überblick

Versucht man festzustellen, welche Aufgaben sich für eine Verlagerung besonders anbieten, so ist nach den bisherigen Ausführungen zunächst einmal an Aufgaben zu denken,

— die betrieblich-technischen Charakter haben,

— die der Ausführungsebene zuzurechnen sind,

— die keine starke Abhängigkeit von anderen Aufgaben haben,

— bei denen staatliche Aufsicht und Gewährleistung der Aufgabenwahrnehmung genügt,

— bei denen es auf Zusammenwirken mit Privaten oder anderen öffentlichen Trägern ankommt,

— bei denen Selbstverwaltung oder Beteiligung der Betroffenen möglich ist.

Wagener[130] nennt als mögliche neue Gründe für Verselbständigungen:

— wichtige Programmierungs- und Planungsaufgaben bei Bund, Ländern, Gemeinden,

---

[130] Frido Wagener, Typen der verselbständigten Erfüllung öffentlicher Aufgaben, S. 47.

— Berechnung und Auszahlung streng normgebundener sozialer Umverteilungsmittel mit hohem Rationalisierungsstand,
— bei schon verselbständigten Einheiten neue Formen mit stärkerer Marktorientierung,
— Einheiten, bei denen sich der Koordinierungs- und Abstimmungsbedarf durch Verselbständigung reduzieren läßt.

Aus der Sicht der Großstadtverwaltung kann das Schwergewicht der Verselbständigung nur bei den betrieblichen Aufgaben mit technischem Durchführungscharakter liegen. Dieser Weg ist in der Vergangenheit schon häufig mit den öffentlichen Versorgungsaufgaben (Verkehr, Gas, Wasser, Strom) gegangen worden, seltener dagegen mit den Entsorgungsaufgaben (Müllabfuhr, Entwässerung). Ein Grund dafür mag sein, daß erst in den letzten Jahrzehnten die Entsorgung als nicht weniger wichtig wie die Versorgung angesehen wird und der Umfang öffentlicher Entsorgungsaufgaben sich zur Unternehmensgröße ausgebildet hat.

Die Verselbständigung kann sowohl Aufgaben des inneren Verwaltungsbetriebes als auch Bereiche mit Leistungen für den Bürger betreffen. Beispielhaft sei das Hamburger Untersuchungsprogramm „Bildung von Betriebseinheiten" angeführt[131].

Auf der Grundlage einer Koalitionsvereinbarung zwischen den Regierungsparteien SPD und F.D.P. im Frühjahr 1970 hat der hamburgische Senat die Verwaltung durch Beschluß vom 9. 6. 1970[132] beauftragt zu untersuchen, ob und inwieweit geschlossene Dienstleistungskomplexe aus der unmittelbaren Verwaltung ausgegliedert und entweder an bestehende öffentliche Betriebe angegliedert oder in Form neuer Einheiten betrieben werden könnten. Dabei wurde eine „Privatisierung" ausdrücklich ausgeschlossen. Die Koalitionsvereinbarung der Regierungsparteien SPD und F.D.P. aus dem Jahre 1974 hat diesen Auftrag mit der Ergänzung bestätigt, daß die „Betriebseinheiten" „in öffentlich-rechtlicher Form" betrieben werden müßten.

Dieser Untersuchungsauftrag ist anschließend durch die Senatskommission für den Verwaltungsdienst sowohl nach Objekten als auch nach Bedingungsrahmen konkretisiert worden[133].

---

[131] Vgl. Ulrich Becker, Aufgabenerfüllung durch verselbständigte Betriebseinheiten aus der Sicht der Großstadt mit einer Übersicht über den Stand des Untersuchungsprogramms.

[132] Vgl. Ulrich Becker.

[133] Vgl. Beschluß vom 10. 11. 1970, Drucksache Nr. 10.

Folgende Objekte wurden ausgewählt:

Gebäudereinigung
Gebäudeverwaltung und Unterhaltung
Stadtreinigung
Stadtentwässerung
Wasserfahrzeuge und Werften
Kraftfahrzeuge und Werkstätten
Heime der Arbeits- und Sozialbehörde
Krankenhäuser.

Bezogen auf diese Untersuchungsobjekte wurden folgende materielle Bewertungskriterien beschlossen:

a) Die Interessen des Bürgers müssen auch durch selbständige Einrichtungen beachtet werden. Es gilt, die Rechtsposition des Bürgers zu wahren, ein Gleichbleiben der Leistung zu garantieren und die finanzielle Belastung nicht oder nicht wesentlich zu erhöhen.

b) Jede Verselbständigung steht unter dem Vorbehalt der Wahrung der sozialen Belange der Bediensteten.

c) Die Einheitlichkeit staatlicher Zielsetzung und Aufgabenerfüllung muß auch bei ausgegliederten Einheiten gewahrt bleiben.

d) Die Funktionsfähigkeit der übrigen Bereiche der Verwaltung darf nicht beeinträchtigt werden; umfangreiche Überschneidungen sprechen gegen eine Verselbständigung von Teilbereichen.

e) Die Wirtschaftlichkeit einer Verselbständigung ist für jedes in Betracht kommende Objekt zu prüfen.

In der Maßgabe „keine Privatisierung“ und „in öffentlich-rechtlicher Form“ drückt sich das Ziel des Senats aus, die genannten Dienstleistungsbereiche zwar von der unmittelbaren Verwaltung abzusetzen, sie jedoch eng an die Steuerung durch den Senat zu binden. Die von den Koalitionspartnern (1974) ausdrücklich genannten Beispiele Krankenhäuser und Müllabfuhr unterstützen diese Interpretation, keine Flucht aus dem Bereich des Öffentlichen vorzunehmen, sondern lediglich die Tätigkeit der Regierung auf Zielsetzung und Kontrolle zu reduzieren.

Auch die Problematik einer Verlagerung von Aufgaben auf verselbständigte Träger stellt sich wie bei der Privatisierung ganz unterschiedlich für die einzelnen öffentlichen Aufgaben. Dies soll an drei Beispielen des Programms „Bildung von Betriebseinheiten“, der Stadtreinigung, der Stadtentwässerung und den Krankenhäusern verdeutlicht werden.

4.2.5.2 Stadtreinigung

Untersuchungsgegenstand sind die in der Baubehörde und den Bezirksämtern Bergedorf und Harburg wahrgenommenen Aufgaben der Stadtreinigung und Straßenreinigung Hamburgs. Es handelt sich um einen Bereich mit rund 2600 Mitarbeitern und jährlichen Kosten in Höhe von über 100 000 000 DM. Die Stadtreinigung ist eine unselbständige Hauptabteilung der Baubehörde. Die Einordnung der Stadtreinigung in die Gesamtverwaltung Hamburgs vermittelt den Eindruck einer außerordentlich tiefen Gliederung und starken Verflechtung mit anderen Verwaltungsträgern wie sie etwa bei den städtischen Versorgungsunternehmen auch nicht annähernd besteht.

Ein von der Wirtschaftsberatungs-Aktiengesellschaft Düsseldorf (Wibera) 1973 erstattetes Gutachten zur Verselbständigung kommt zu folgendem Ergebnis:

Es gibt Grenzen für die Neuorganisation, die durch die öffentlich-rechtliche Qualität der Aufgabe der Stadtreinigung bedingt sind. Der angestrebte Entlastungseffekt für die politische Führung und die Verwaltung und die größere Flexibilität können erreicht werden, wenn die haushaltsrechtlichen Beschränkungen überwunden, d. h. eine Form außerhalb der unmittelbaren Staatsverwaltung gefunden werden kann. Nach Ansicht der Wibera sollte daher eine dezentrale Organisationsform gewählt werden. Sie hält es nach Abwägung der Programmziele und der in Betracht kommenden Organisationsformen für zweckmäßig, von einer privat-rechtlichen Form abzusehen und statt dessen eine „beschränkt rechtsfähige öffentliche Anstalt“ zu schaffen.

Im Gutachten werden eine ganze Reihe von Gesichtspunkten untersucht, die nach ihrer Art, ihrem Inhalt und ihrem Gewicht unterschiedlich sind. Wenn man die Gefahr einer Vergröberung in Kauf nimmt, können acht Gruppen von Einzelgesichtspunkten unterschieden werden:

— Entlastung der politischen Führung und der Verwaltung: Hier ergeben sich nach Ansicht der Wibera positive Auswirkungen, wenn man die GmbH, die vollrechtsfähige Anstalt oder die teilrechtsfähige Anstalt wählt, für den Landesbetrieb nach § 26 LHO ergäbe sich keine Änderung gegenüber dem heutigen Zustand (Regiebetrieb).

— Flexibilität des Betriebes: Hier tritt der gleiche Effekt ein wie zuvor.

— Überschaubarkeit der Institution: Hier würden sich nach Ansicht der Wibera bei jeder der zur Verfügung stehenden Formen positive Auswirkungen einstellen.

— Finanzielle Selbständigkeit des Betriebes: Es sind bei allen Formen mit Ausnahme des Landesbetriebes positive Folgen zu erwarten.

— Personalwirtschaft: Günstige Auswirkungen treten ein, wenn man eine andere Form als den Landesbetrieb wählt.
— Personalüberleitung: Die Wahl der GmbH hätte wegen der Notwendigkeit des Arbeitgeberwechsels negative Auswirkungen, bei allen anderen Formen könnten diese vermieden werden.
— Sicherung des staatlichen Einflusses einschließlich der Gebührenpolitik: Wegen der größeren rechtlichen Selbständigkeit der GmbH und der vollrechtsfähigen Anstalt wäre der staatliche Einfluß bei der Wahl einer dieser Formen geringer, bei den übrigen ließe sich dieser Nachteil vermeiden.
— Steuerfragen: Die GmbH unterläge der Steuerpflicht, insbesondere der Umsatzsteuer, ohne daß der Vorsteuerabzug Vorteile brächte. Alle übrigen Formen wären als staatliche Einrichtung steuerfrei.

Die Meinungsbildung unter den beteiligten Stellen in Hamburg zu dem Gutachten und der Frage, ob eine Verselbständigung vorgenommen werden sollte, ist noch nicht abgeschlossen. Dabei ist zu berücksichtigen, daß die Stadtreinigung ein außerordentlich gut geführter Betrieb innerhalb der hamburgischen Verwaltung ist und von daher die Tendenz, in eine Verselbständigung einzutreten, nicht sehr groß sein dürfte.

Im Erörterungsverfahren haben sich insbesondere die Personalräte und Gewerkschaften sowie die meisten Behörden gegen eine Verselbständigung in Form einer teilrechtsfähigen Anstalt des öffentlichen Rechts ausgesprochen. Sie plädieren vielmehr für eine Beibehaltung des jetzigen Zustandes. Folgende im wesentlichen übereinstimmende Argumente wurden vorgetragen:

— Regierung und Verwaltung würden durch die Ausgliederung nicht entlastet,
— die notwendige Zusammenarbeit mit den Behörden leide (insbesondere mit Stadtplanung, Tiefbauabteilungen, Grundstücksentsorgung, Wasserwirtschaft),
— durch Einrichtung eines selbständigen Managements und einer besonderen Verwaltung entständen zusätzliche Kosten,
— die Wirtschaftlichkeit des Betriebes werde durch die Ausgliederung voraussichtlich nicht erhöht,
— die Flexibilität des Betriebes durch die Trennung vom Haushalt und durch die Einführung kaufmännischer Buchführung werde nicht erhöht,
— die Motivation der Mitarbeiter werde durch eine verselbständigte Leistungseinheit nicht verbessert (Aufgabe des Status des „Staatsarbeiters“),

— die Mitarbeiter könnten nicht mehr so leicht in andere Funktionen übernommen werden, wie dies innerhalb der Verwaltung möglich sei (insbes. bei leistungsgeminderten Mitarbeitern oder bei Aufstieg durch verstärkte berufliche Fortbildung),
— die Einheitlichkeit des Verhaltens des Dienstherrn/Arbeitgebers auf dem Gebiete des Personalwesens (z. B. Einstellungen, Beförderungen, Entlassungen) könne beeinträchtigt werden, da die Betriebsleitung notwendige Befugnisse dieser Art erhalten müsse,
— die Einflußnahme des Bürgers und der politischen Gremien unterhalb der Bürgerschaft werde ausgeschaltet,
— es entstehe die Gefahr einer Desintegration der staatlichen Planungs- und Gebührenpolitik; der staatliche Einfluß müsse aber voll gesichert werden.

4.2.5.3 Stadtentwässerung

Bei der Stadtentwässerung handelt es sich um die Planung, den Bau und den Betrieb der Sielanlagen einschließlich der dazugehörigen Pump- und Klärwerke in der Baubehörde und den Bezirksämtern Bergedorf und Harburg. Mit der Aufgabe sind rund 1300 Mitarbeiter befaßt. Die Haushaltsausgaben belaufen sich auf rund 150 Mill. DM. Die Stadtentwässerung muß im Zusammenhang mit der Stadtreinigung gesehen werden, mit der sie organisatorisch im Amt für Ingenieurwesen III der Baubehörde zusammengefaßt ist[134].

Die Senatskommission für den Verwaltungsdienst hat am 2. Juli 1971 einen Projektleiter für die Untersuchung einer Verselbständigung der Stadtentwässerung eingesetzt. In seinem Gutachten kommt er zu folgendem Ergebnis:

Die vom Senat gesetzten Ziele für das Programm „Bildung von Betriebseinheiten", nämlich: Entlastung der politischen Führung und Verwaltung von Aufgaben, Erhöhung der Flexibilität betrieblicher Einheiten, Überschaubarkeit von Verwaltungseinheiten für Bürger und Mitarbeiter, Einführung eines eigenen Rechnungssystems und Entlastung des Haushalts haben unterschiedliches Gewicht und sind mit jeweils unterschiedlichen Mitteln zu erreichen, je nachdem, ob man sie aus der Sicht der politischen Führung und der Verwaltung, aus der des Betriebes oder nach den Interessen des Bürgers und der Mitarbeiter betrachtet. Die wesentlichen Vorteile würden durch die Einsetzung eines selbständigen Managements, die Trennung vom Haushalt und die Einführung einer kaufmännischen Buchführung erreicht und auch fast alle der weniger gewichtigen Vorteile träten ein, wenn diese Veränderungen vorgenommen würden.

---

[134] Vgl. Schaubild 8.

Schaubild 8: Einbettung der Stadtreinigung in die Gesamtverwaltung

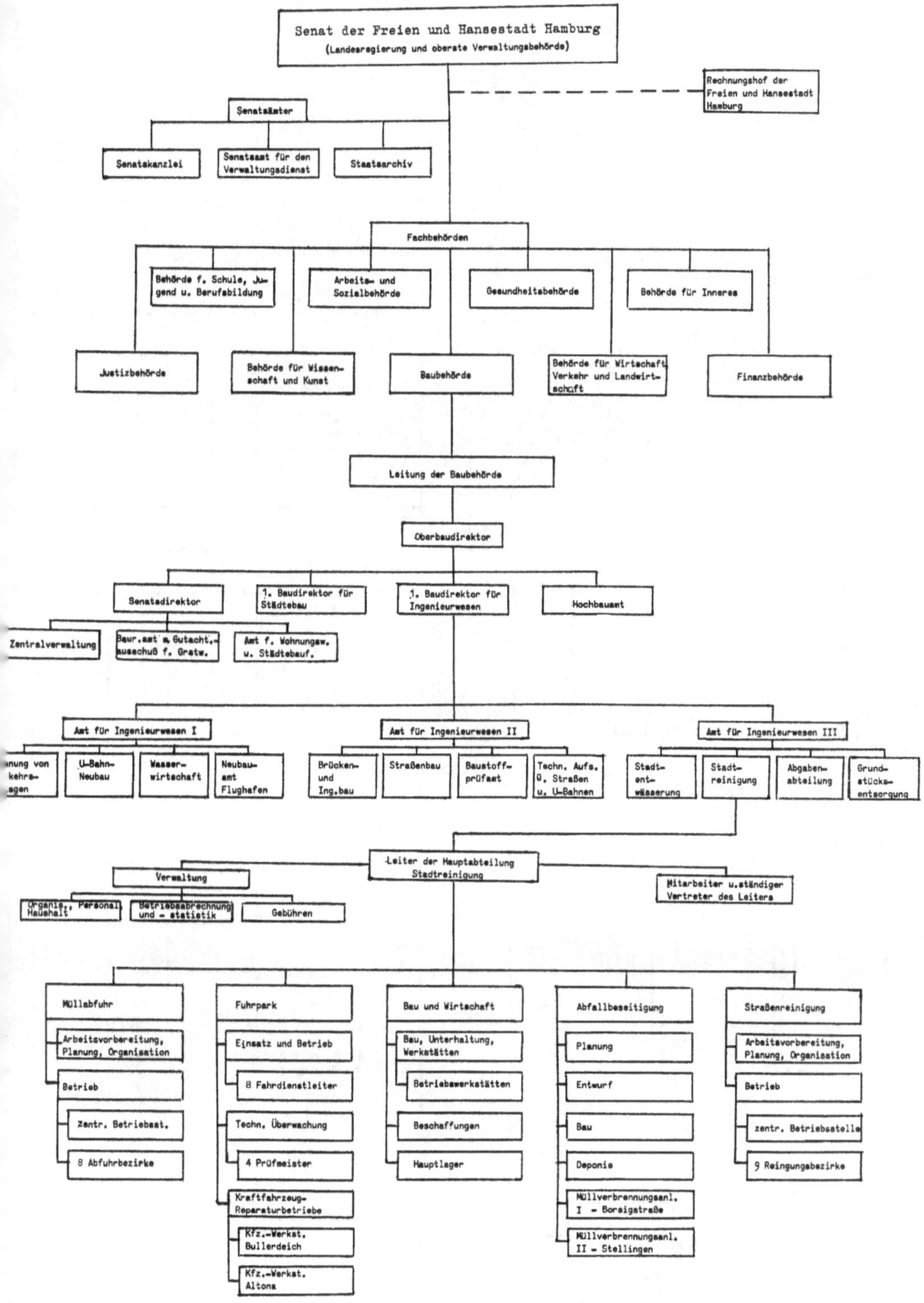

Schaubild online abrufbar unter: www.duncker-humblot.de/9783428039418_Schaubild_8

Schaubild 9: Ablaufschema der Aufgabenplanung in Hamburg

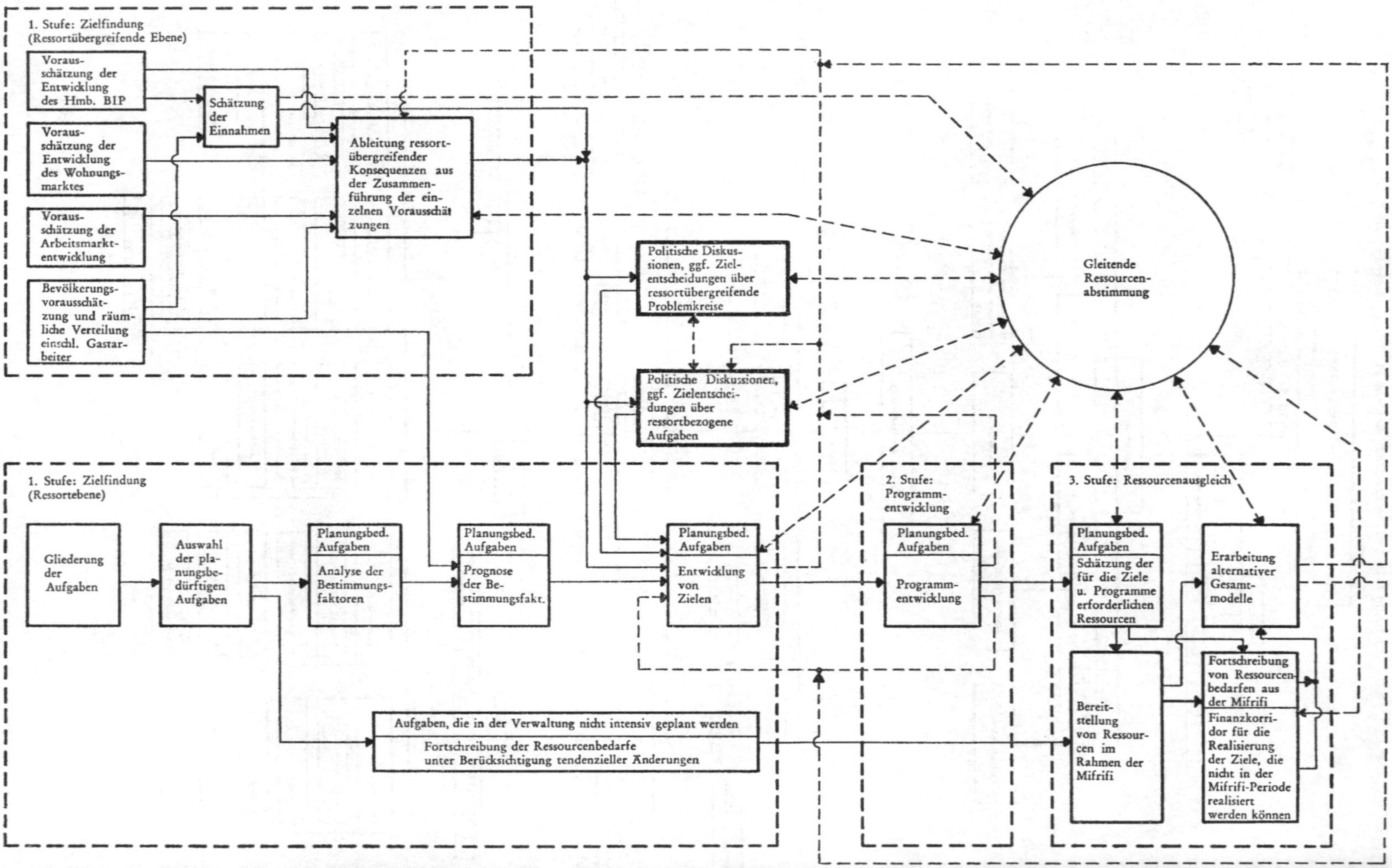

Schaubild online abrufbar unter: www.duncker-humblot.de/9783428039418_Schaubild_

Die erwarteten Verbesserungen könnten zum Teil auch innerhalb der bestehenden Organisationsstruktur erreicht werden. Abgesehen aber davon, daß dann der angestrebte Entlastungseffekt nicht in vollem Umfang erreicht werden könnte, und auch für die übrigen Programmziele gewisse Einschränkungen hingenommen werden müßten, würde die Beibehaltung der Organisationsstruktur zur Folge haben, daß die haushaltsrechtlichen Vorschriften mit ihren für den Betrieb nachteiligen Beschränkungen vollen Umfangs Geltung behielten. Dadurch ergäben sich aber eine Reihe von Problemen. Schon die Einführung eines der kaufmännischen Buchführung entsprechenden Rechnungswesens scheitere an den haushaltsrechtlichen Bestimmungen, wenn die Stadtentwässerung Teil der Verwaltung in der bisherigen Form des Regiebetriebes bliebe. Auch mit Hilfe des haushaltsrechtlichen Instituts „Landesbetrieb" im Sinne des § 26 der Landeshaushaltsordnung, ließen sich die angestrebten Ziele nicht erreichen.

Das Haushaltsrecht mit seinen genauen Zweckbestimmungen und ausgeprägten Kontrollen sei auf die Realisierung politischer Ziele ausgerichtet; betriebswirtschaftlich bestimmte Ziele ließen sich daher nur unter Schwierigkeiten erreichen, wenn die haushaltsrechtlichen Bestimmungen vollen Umfangs angewandt werden müssen. Im Interesse der größeren Flexibilität und der Effektivität des Betriebs empfiehlt der Projektleiter die Trennung des Rechnungswesens der Stadtentwässerung vom allgemeinen Haushalt.

Ein Verbleib der Stadtentwässerung innerhalb der Baubehörde als Regiebetrieb oder innerhalb der Verwaltung der Freien und Hansestadt Hamburg als Landesbetrieb kann nach Auffassung des Projektleiters nicht zu den erhofften Verbesserungen führen. Der Bericht kommt zu dem Ergebnis, daß die vorgegebenen Ziele sich nur durch eine Verselbständigung der Stadtentwässerung gegenüber der Verwaltung, d. h. durch eine Ausgliederung realisieren ließen.

Der Bericht geht auch auf die Beziehungen zu den in der Rechtsform einer GmbH geführten Hamburgischen Wasserwerken unter dem Aspekt der Aufgaben („Kreislauf des Wassers") ein. Es wird die Ansicht vertreten, daß sich ein Zusammenschluß von Wasserwerken und Stadtentwässerung nicht empfehle. Die Wasserwerke messen ihren Erfolg an der Menge des produzierten und verkauften Wassers und an seinem Reinheitsgrad, während die Stadtentwässerung ein wirtschaftliches Interesse an möglichst geringem Abwasseranfall und an einem Reinigungsaufwand habe, der zwar die Anforderungen des Umweltschutzes erfülle, aber möglichst nicht höher sein solle.

Für die rechtliche Organisation einer ausgegliederten Betriebseinheit „Stadtentwässerung" kommen nach der Untersuchung die Formen der privat-rechtlichen Gesellschaft und die einer Anstalt des öffentlichen Rechts in Betracht.

Die in der Untersuchung angestellte Abwägung ergab, daß die Ausgliederung in Form einer privat-rechtlichen Gesellschaft grundsätzlich möglich sei. Allerdings sei die privat-rechtliche Form der Ausgliederung mit der Problematik der Personalüberleitung auf einen selbständigen neuen Rechtsträger belastet. Im Ergebnis sei deshalb die Ausgliederung in öffentlich-rechtlicher Form vorteilhafter als die Ausgliederung in privat-rechtlicher Form. Innerhalb des öffentlich-rechtlichen Bereiches stünden sich die voll-rechtsfähige und teil-rechtsfähige Anstalt als Möglichkeiten gegenüber. Im Interesse sowohl der besseren Anpassungsfähigkeit an künftige Veränderungen als auch der besseren Einflußnahme des Staates auf die ausgegliederte Einheit wurde der Konstruktion der teil-rechtsfähigen Einheit der Vorzug gegeben.

Auch über dieses Untersuchungsergebnis ist bisher nicht vom Senat entschieden worden. Durch die intensivere Beziehung der Stadtentwässerung zur Stadtentwicklungsplanung, insbesondere bei der Planung neuer Sielanlagen, sind die Vorbehalte gegenüber einer Verselbständigung noch größer als bei der Stadtreiniung.

Die im Erörterungsverfahren mit den Personalräten, Gewerkschaften und den Behörden vorgetragenen Argumente zu dem erstatteten Gutachten sind im wesentlichen die gleichen ablehnenden Gründe wie bei der Verselbständigung der Stadtreinigung, so daß auf diese verwiesen werden kann[135]. Zusätzlich wurden noch folgende Gesichtspunkte vorgetragen:

— es bestünden vielschichtige Wechselbeziehungen zwischen der Sielplanung einerseits und der städtebaulichen Entwicklung, Straßenverkehrsplanung und anderem, die bei einer Ausgliederung zu Koordinierungsschwierigkeiten, erhöhtem Verwaltungsaufwand und Zeitverlusten führen könnten,

— die notwendige Zusammenarbeit von Straßen- und Sielbau könne erheblich erschwert werden (z. B. in Fragen der Verkehrssicherungspflicht und der Kosten),

— eine Verselbständigung der Stadtentwässerung solle erst dann in Betracht gezogen werden, wenn eine solche Entscheidung für die Betriebseinheit Stadtreinigung erfolgt sei,

— wenn verselbständigt werde, dürfe es sich nur um den engeren Betriebsbereich handeln, nicht jedoch um den Bau und die Planung der Sielanlagen.

[135] Vgl. Dritten Abschnitt Ziff. 4.2.5.2, S. 135.

4.2.5.4 Krankenhäuser

Die ca. 3500 öffentlichen Krankenhäuser in der Bundesrepublik weisen eine sehr unterschiedliche betriebliche und rechtliche Struktur auf. Sie werden in der Regel als Teile der unmittelbaren Verwaltung geführt. Erst in jüngster Zeit erkannte die Praxis das Krankenhaus als Betrieb[136] und damit wurden Überlegungen zur Veränderung der Betriebs- und Rechtsform der Krankenhäuser ausgelöst. Unterstützt wurde diese Entwicklung durch das Krankenhausfinanzierungsgesetz des Bundes (KHG) vom 29. 6. 1972[137], das in § 17 Abs. 1 bestimmt: „Die Pflegesätze müssen auf der Grundlage der Selbstkosten eines sparsam wirtschaftenden leistungsfähigen Krankenhauses und einer Kosten- und Leistungsrechnung eine wirtschaftliche Betriebsführung ermöglichen und die medizinisch und wirtschaftlich rationelle Versorgung durch die Krankenhäuser sichern."

Die Krankenhäuser der Gesundheitsbehörde Hamburg[138] bilden zusammen die größte Krankenhauseinheit der Bundesrepublik. Es handelt sich um 12 Krankenhäuser mit ca. 11 000 Betten und ca. 13 000 Beschäftigten.

Die Gesundheitsbehörde setzt 75 % (517 Mill. DM) ihres Betriebshaushalts für die Krankenhäuser ein. Die Krankenhäuser sind als Dienststellen bzw. „unselbständige Regiebetriebe" voll in die hamburgische Verwaltung integriert, d. h. sie unterliegen den für die Verwaltung generell gültigen Regelungen (Personal, Haushalt, Beschaffung, Führung, Bauten usw.).

Betriebliche Entscheidungen belasten die ministerielle Verwaltung bis zum Senat. So betrafen z. B. von 57 Sonderdrucksachen (1973) des Senats über das Gesundheitswesen 16 unmittelbar betriebliche Fragen der Krankenhäuser. Die Leitung der Gesundheitsbehörde (Senator, Präsident, Staatsrat, Senatsdirektor) ist etwa zur Hälfte mit betrieb-

---

[136] Vgl. Eberhard Laux, Größere Flexibilität der öffentlichen Verwaltung durch Verselbständigung betrieblicher Einheiten, Wibera-Sonderdruck Nr. 75, S. 11.

[137] BGBl. S. 1009.

[138] Die folgenden Ausführungen stützen sich im wesentlichen auf die Voruntersuchung der Gesundheitsbehörde, Arbeitsgruppe „Krankenhausbetriebsgesellschaft" vom 4. 12. 1972 und die Erkenntnisse des Verfassers im Rahmen einer sich anschließenden — noch nicht abgeschlossenen — Hauptuntersuchung zur Verselbständigung durch ein privates Beratungsunternehmen; vgl. zur Verselbständigung von Krankenhäusern auch Eberhard Laux, Öffentliche Einrichtungen als Betriebe unter besonderer Berücksichtigung der Kommunalverwaltung, insbes. Aktuelles Beispiel: Öffentliche Krankenhäuser, S. 148 - 152; vgl. auch die positive Stellungnahme zur Verselbständigung der Krankenhäuser durch die Gewerkschaft Öffentliche Dienste, Transport und Verkehr im Jahre 1976.

lichen Aufgaben beschäftigt. Oft ist es der Senator, der mit Beschwerden und Anregungen der Patienten befaßt wird.

Die Einbindung der Krankenhäuser in die Struktur der Gesamtverwaltung führt aber auch zu Abhängigkeiten, die die Flexibilität, Entscheidungsfreiheit und Verantwortlichkeit erheblich beeinträchtigen. Das zeigt sich z. B. an folgenden Tatbeständen:

— wer die Verantwortung für den Krankenhausbetrieb trägt, ist durch Einschaltung zahlreicher Stellen in verschiedenen Behörden (neben 13 Stellen in der Gesundheitsbehörde u. a.: Senatskanzlei (Investitionen), Senatsamt für den Verwaltungsdienst (Stellenplan), Finanzbehörde (Finanzen, Bewirtschaftung), Behörde für Wirtschaft und Verkehr (Festlegung der Pflegesätze), Justizbehörde und Rechnungshof (Rechtsprüfung), Baubehörde (Entwurf und Ausführung von Bauten) nicht klar zu erkennen;

— die Integration in den Personal- und Sachhaushalt der Stadt hemmt die betrieblich erforderliche Flexibilität,

— unter den gegebenen Bedingungen kann sich in keiner der einzelnen Einheiten eine konsequent zuordenbare Verantwortung für Kosten und Arbeitsresultat entwickeln,

— die auf der Grundlage des Krankenhausfinanzierungsgesetzes zu entwickelnden Steuerungsinstrumente (Krankenhausbedarfsplanung, kaufmännisches Rechnungswesen) sind ohne umfassende Veränderung der Gesamtorganisation in ihrem Wirkungsgrad stark beschränkt,

— die gegenwärtige Leitungsstruktur der Krankenhäuser (Ärztlicher Leiter Vorsitz; Leitende Pflegekraft und Verwaltungsleiter) gliedert diese in drei Bereiche und institutionalisiert den — vermeintlichen — Gegensatz zwischen ärztlich-pflegerischer und betriebswirtschaftlicher Verantwortung (und selbst die „ärztliche Leitung" leitet nur mit einem Bruchteil der Arbeitszeit),

— der Einzelne trägt keine konkrete Verantwortung für die durch seine Aufgabenerfüllung verursachten Kosten; in den meisten Fällen sind sie ihm nicht einmal bekannt.

Aus diesen Feststellungen könnten folgende Konsequenzen gezogen werden:

— Bildung einer rechtsfähigen Krankenhausbetriebsanstalt als Zusammenfassung aller 12 Krankenhäuser zur Abgrenzung der staatlichen Funktionen von den Betriebsfunktionen,

— Vorbehalt zugunsten des Senats und der unmittelbaren Verwaltung für die Ausarbeitung gesundheitspolitischer Zielsetzungen, die Krankenhausbedarfsplanung und die Erfolgskontrolle,

— Vertretung der staatlichen Funktionen gegenüber der Krankenhausbetriebseinheit durch einen Verwaltungsrat,

— Zuordnung heute in der Gesundheitsbehörde wahrgenommener Aufgaben wie
  Bearbeitung des Stellenplans,
  Personalwerbung, Personalverträge,
  Haushaltsplanaufstellung und Bewirtschaftung,
  zentrale Beschaffung lagerfähiger Krankenhausgüter,
  Bauprojekte,
  betriebliche Aufgaben des ärztlichen und pflegerischen Bereichs
  zur Krankenhausbetriebsgesellschaft oder zum einzelnen Krankenhaus,

— Leitung der Krankenhausbetriebseinheit durch *einen* resultatsverantwortlichen Geschäftsführer mit umfassenden Kompetenzen,

— Leitung des einzelnen Krankenhauses durch *einen* vollamtlichen Krankenhausleiter,

— weitgehende Eigenständigkeit der 12 Krankenhäuser, damit auch sie selbständig und verantwortlich handeln können,

— zentrale Dienste für die Krankenhäuser nur bei ständiger Kontrolle der höheren Wirtschaftlichkeit,

— eigenes Personal der Krankenhausbetriebseinheit, damit diese die Resultatsverantwortung tragen kann und zugleich stärkere Identifikation der Mitarbeiter mit ihrer Aufgabe bewirkt wird.

5. Ansatz 3 — Optimale Gestaltung der Aufgaben

5.1 Allgemeines

Während Ansatz 1 die Frage behandelt, ob eine Aufgabe als öffentliche Aufgabe übernommen oder noch beibehalten werden soll, Ansatz 2 klären soll, wer der geeignete Träger für die Aufgabenerfüllung ist, löst Ansatz 3 die Frage aus, wie die Aufgabe unter Beachtung der politischen Zielbestimmung am effizientesten erfüllt oder gestaltet werden kann.

Soweit es sich um die effiziente Erfüllung schon *bestehender* Aufgaben handelt, ist die herkömmliche Rationalisierung angesprochen; sie stellt die rechte Seite im Schema des Ansatzes 3 dar[139] und soll hier nicht weiter behandelt werden. Anders verhält es sich dagegen mit der Frage (auf der linken Seite des angeführten Schemas) nach der optimalen Gestaltung bei den politisch geplanten und *zu erwartenden* Aufgaben; sie sind Gegenstand der Aufgabenkritik.

---

[139] Vgl. Schaubild 4 im Dritten Abschnitt Ziff. 1, S. 70.

Dabei muß eine Wechselwirkung zwischen Ansatz 1 und Ansatz 3 bei neuen Aufgaben beachtet werden. Die Frage, ob eine neue Aufgabe den politischen Zielvorstellungen entspricht, hängt natürlich eng mit dem Wissen um den erforderlichen Ressourcenbedarf zusammen, so daß sich aus den Feststellungen zu Ansatz 3 ergeben kann, daß die Aufgabe im Sinne des Ansatzes 1 politisch neu überdacht werden muß, mit der möglichen Konsequenz, daß sie nicht oder nur teilweise übernommen wird.

Wenn dennoch beide Fragestellungen unterschieden werden, dann deshalb, weil die politischen Organe zunächst die Möglichkeit haben müssen, eine beabsichtigte neue öffentliche Aufgabe zu definieren und erst dann geprüft werden kann, welche Gestaltung und welcher Ressourcenbedarf erforderlich ist. Anschließend wäre die endgültige Entscheidung zur Übernahme der neuen Aufgabe durch die politischen Organe zu treffen[140]. Die Gestaltung der zukünftigen öffentlichen Aufgaben nach Ansatz 3 kann also dazu führen, die geplante Aufgabe ganz oder teilweise auszuschließen, u. U. aber auch zu erweitern oder nur die Durchführung der Aufgabe und den Ressourcenbedarf festzulegen.

Die Notwendigkeit, neue Aufgaben diesem Prozeß zu unterwerfen, ist in der Vergangenheit gelegentlich erkannt, aber selten in die Praxis umgesetzt worden. Dies soll im folgenden am Beispiel der Gesetzgebung des Bundes und der Einflußnahme Hamburgs hierauf verdeutlicht werden. Die Ausführungen stellen z. T. allgemeine Probleme der Vorschriftenentwicklung dar und können insoweit sinngemäß auch für das Gemeinderecht gelten.

5.2 Begriff

Gestaltung bei zukünftigen Aufgaben umfaßt

— die organisatorische Gestaltung,
  — den Aufbau,
  — den Ablauf,
  — die Information,
— die technische Gestaltung,
  — einschließlich der intellektuellen Techniken,
— die soziale Gestaltung,
  — das personelle Element in der Verwaltung,
  — die bürgerschaftliche Beteiligung,
— die finanzielle Gestaltung,
  — einschließlich der Ermittlung der erforderlichen Mittel,

---

[140] So auch KGSt-Bericht Nr. 21/1974, S. 11.

in vielfacher Verknüpfung untereinander und immer in bezug auf die zugrunde liegende Aufgabe.

In dieser Ausprägung entspricht die Gestaltung der *zukünftigen* Aufgaben der Rationalisierung der *vorhandenen* Aufgaben, nur die zeitliche Dimension — vor und nach Übernahme der Aufgabe — unterscheidet sie voneinander.

5.3 Gesetzgebung

Eine der wesentlichen Ursachen für die Aufgaben-, Personal- und Finanzentwicklung ist die Zunahme der Gesetze[141] und des durch sie ausgelösten Verwaltungsaufwandes. Zugleich sind mit der Begründung des „kooperativen Föderalismus"[142] Einbruchstellen in die Verwaltungszuständigkeiten der Länder in erheblichem Ausmaß entstanden. Durch die Finanzzuweisungen des Bundes werden Entscheidungen der Länder in den Bereichen, für die die Finanzzuweisungen gegeben werden, in erheblichem Maße determiniert.

5.3.1 Gesetzgebungskompetenz

Bei der Suche nach Wegen, wie durch eine frühzeitige Prüfung der Gesetzentwürfe und geplanten Vorschriften des Bundes die angedeuteten Probleme wenigstens teilweise gemildert werden können, müssen die Grenzen beachtet werden, die den Einflußmöglichkeiten der Großstädte selbst dann gesetzt sind, wenn sie — wie Hamburg — an der Entwicklung von Vorschriften beteiligt sind.

Je mehr sich die sozialstaatlich untermauerte Forderung nach der Einheitlichkeit der Lebensverhältnisse und der Gleichmäßigkeit des Standards der Verwaltungsleistungen durchsetzt, desto mehr wird das Verlangen nach Uniformierung vor allem im Felde der Gesetzgebung auch weiter anwachsen. Je stärker diese Uniformierungstendenzen sind, desto geringer sind die Einflußmöglichkeiten eines Landes.

---

[141] Aber auch außerhalb der Gesetzgebung haben sich durch Bund-Länder-Kooperation ganz ähnliche Folgen ergeben. Bei der Ausführung von Gesetzen besteht eine grundsätzliche Zuständigkeit der Länder sowohl für Landes- als auch für Bundesgesetze (Art. 83 GG).

Eine Ausnahme von diesem Grundsatz sind die durch die Finanzreform 1969 eingeführten Gemeinschaftsaufgaben von Bund und Ländern nach Art. 91 a und b GG (z. B. Ausbau und Neubau der Hochschulen; Verbesserung der regionalen Wirtschaftsstruktur, Bildungsplanung, Forschungsförderung). In diesem Bereich wirkt der Bund bei der Erfüllung der Verwaltungsaufgaben sowie deren Finanzierung mit (vgl. Hans Jörg Jellinek, Aktuelle Probleme der Aufgabenverteilung zwischen Bund und Ländern, in: Aus Politik und Zeitgeschichte, Beilage zur Wochenzeitung ‚Das Parlament', B 32/75 vom 9. August 1975, S. 19/20).

[142] Vgl. Jellinek, ebenda, S. 20 mit ausführlichen Hinweisen.

Die weit überwiegende Mehrzahl der Gesetze und Verordnungen, die von der hamburgischen Verwaltung ausgeführt werden, sind Bundesgesetze und Bundesverordnungen und die gesetzgeberische Bundeskompetenz wird ständig erweitert. Zur ausschließlichen Gesetzgebungskompetenz der Länder gehören: Landesverfassungsrecht, Recht der Gemeinden und Kreise, allgemeines Polizeirecht, kulturelle Angelegenheiten, soweit nicht die Zuständigkeit des Bundes gegeben ist[143].

Die Inanspruchnahme der Gesetzgebungskompetenzen durch den Bund vor allem im Bereich der konkurrierenden Gesetzgebung und durch Verfassungsänderungen zugunsten einer Bundesgesetzgebung (z. B. Abfallbeseitigung, Luftreinhaltung, Lärmbekämpfung) hat auf dem Hintergrund einer allgemeinen Tendenz zur Rechtsvereinheitlichung zu einer erheblichen Kompetenzverschiebung im Verhältnis des Bundes zu den Ländern geführt[144].

In allen Bereichen, in denen eine Bundeskompetenz besteht, oder in denen ein rechtliches oder faktisches Zusammenwirken von Bund und Ländern erforderlich ist, kann Hamburg nur über die auf Bundesebene bestehenden Entscheidungsebenen Einfluß auf den Inhalt und die Form der Entscheidungen nehmen, d. h. bei allen Bundesgesetzen über den Bundesrat, im Bereich der Bildungsplanung über die auf der Grundlage von Art. 91 b GG geschaffene Bildungsplanungskommission, im Bereich der Finanzplanung über den Finanzplanungsrat usw.

5.3.2 Entwicklung von Gesetzen

Nach der dem Modell des parlamentarischen Rechtsstaates zugrundeliegenden Gewaltenteilungsdoktrin wird Staatsgewalt durch besondere Organe der Gesetzgebung, der vollziehenden Gewalt und der Rechtsprechung ausgeübt. Nach der Vorstellung der Zeit, in der dieses Modell entwickelt wurde, war die Staatstätigkeit inhaltlich beschränkt auf eine Ordnungs- und Eingriffsverwaltung, für die die Bearbeitung von Einzelfällen nach den Normen und Ausführungsbestimmungen eines Gesetzes kennzeichnend war. Die zwecksetzende und planende Funktion, die Entwicklung von Konditionalprogrammen in Gesetzesform, fiel nach diesem Modell ausschließlich der Gesetzgebung zu, während die Verwaltung die Funktion der Ausführung (des Vollzugs[145]) des parlamentarisch gesetzten Programms hatte. Da Verwaltungshandeln durch Gesetze eindeutig festgelegt war, konnte es weitgehend der verselbständigten Rechtskontrolle durch die Gerichte überlassen werden, die Einhaltung der Programme zu überprüfen.

---

[143] Vgl. Hans Jörg Jellinek, ebenda, S. 15.

[144] Vgl. Hans Jörg Jellinek, ebenda, S. 16/17 mit weiteren ausführlichen Hinweisen.

[145] s. den Begriff der „vollziehenden Gewalt" in Art. 20 Abs. 2 u. 3 GG.

Kennzeichen dieses Modells, das man mit Grauhan als ein Modell legislatorischer Programmsteuerung bezeichnen kann, ist, „daß es versucht, für die von ihm ins Auge gefaßten Funktionen der Programmauswahl und der Programmvollziehung Organisationsformen zur Verfügung zu stellen, die geeignet erscheinen, die Erfüllung dieser Funktionen (gegenüber dem integrierten Staatsmodell der absoluten Monarchie) rationaler zu machen“[146].

Aufgrund der sozialstaatlich bedingten qualitativ veränderten Struktur der Staatsaufgaben und der dadurch herbeigeführten Entwicklung der Verwaltung von einer reinen Ordnungsverwaltung zur Leistungs- und Planungsverwaltung kann das Modell der legislatorischen Programmsteuerung heute nur noch theoretische Gültigkeit beanspruchen. Wenn man berücksichtigt, in welchem Umfange die Bürokratie in den Prozeß der Programmaufstellung eingeschaltet ist (über zwei Drittel der vom Bundestag jährlich verabschiedeten Gesetze beruhen auf Gesetzesinitiativen der Regierung)[147] und in welchem Maße gesellschaftliche Programmanstöße statt über die Fraktionen auf dem Weg über die Bürokratie in den Willensbildungsprozeß eingebracht werden[148], so erscheint die Schlußfolgerung gerechtfertigt, daß sich das Verhältnis von politischem Steuerungsgremium zu administrativem Vollzugsorgan umgekehrt hat, „das Parlament zum ratifizierenden Vollzugsorgan administrativer Programmwahlen“[149] geworden ist[150].

Die skizzierte Funktionsveränderung zwischen der Verwaltung und dem Parlament bei der Gesetzgebung wäre nicht von so wesentlicher Bedeutung, wenn es dem Parlament möglich wäre, die Gesetzentwürfe im Rahmen des Gesetzgebungsverfahrens einer kritischen Überprüfung zu unterziehen. Das ist jedoch trotz aller anerkennenswerter Bemühungen des Parlaments nur sehr bedingt der Fall[151].

---

[146] Rolf-Richard Grauhan, Modelle politischer Verwaltungsführung, in: PVS 1969/II - III, S. 270.

[147] Vgl. Ellwein, Görlitz, Schröder, Gesetzgebung und politische Kontrolle, Stuttgart 1967, S. 152.

[148] Wie eine Programmaufstellung erfolgt, ist besonders deutlich ablesbar an § 25 Abs. 2 der Gemeinsamen Geschäftsordnung der Bundesministerien II: Sobald und soweit ein Gesetzentwurf beteiligten Fachkreisen oder Verbänden zugeleitet worden ist, ist er den Geschäftsstellen der Fraktionen des Bundestages und auf Wunsch Mitgliedern des Bundestages zur Kenntnis zu geben. Abgeordnete werden also nicht stärker als Verbandsvertreter in den Prozeß der Programmaufstellung eingeschaltet.

[149] Rolf-Richard Grauhan, Modelle politischer Verwaltungsführung, S. 272.

[150] Vgl. hierzu auch Willi Egloff, Die Informationslage des Parlaments, Eine Untersuchung zur Gesetzgebungslehre am Beispiel des Deutschen Bundestages und der schweizerischen Bundesversammlung, Zürich 1974, S. 80.

[151] Vgl. hierzu und zum folgenden auch Rudolf Dieckmann, Regierungspolitik und Gesetzgebung, in: Recht und Politik, Heft 2/1975, S. 84 ff., sowie

Bei den meist komplizierten Regelungstatbeständen und der Fülle von Paragraphen können kritische Einwände über den Instanzenzug eines Ressorts und die Kabinettsentscheidung bis in die Ausschüsse des Parlaments häufig widerlegt werden, soweit solche Einwände überhaupt vorgebracht werden. Weder der Ressortminister, der das Gesetz zu vertreten hat, noch die anderen Kabinettsmitglieder, noch viel weniger die einzelnen Abgeordneten in den Ausschüssen beherrschen regelmäßig den Inhalt des Gesetzes und wären in der Lage, alternative Gestaltungsmöglichkeiten zur Diskussion zu stellen.

Das wäre um so notwendiger, als die zunehmende fachliche Spezialisierung der Referenten in der Verwaltung immer stärker dazu geführt hat, fachlich perfekte Lösungen anzustreben, deren Wirkung für das praktische Leben häufig nicht erprobt ist. Inwieweit überfachliche Ziele, Auswirkungen auf andere Maßnahmen, auf Haushalt, Organisation, Bürger etc. berücksichtigt werden, hängt vom einzelnen Bearbeiter ab, nicht selten fehlt es aber an einem entsprechenden Informationsstand und den Kenntnissen des Bearbeiters hierfür, gelegentlich auch an dem Mut, die Leitung des Ministeriums auf Mängel hinzuweisen.

Das Abstimmungsverfahren eines Gesetzentwurfes innerhalb der Bundesressorts bringt hier keine wesentliche Korrektur, weil es vielfach lediglich eine negative Koordination in dem Sinne darstellt, daß jedes Ressort nur prüft, ob es durch den Gesetzentwurf benachteiligt ist. Die Vertreter der Länder im Abstimmungsverfahren zwischen Bund und Länderverwaltung sind meist ebenfalls nur an der fachlichen Gestaltung der Materie interessiert.

5.3.3 Inhalt von Gesetzentwürfen

Das angedeutete Spannungsverhältnis zwischen fachlicher Gestaltung und der Gestaltung in organisatorischer, personeller und finanzieller Hinsicht stellt gegenwärtig die wichtigste Problematik der Gesetzgebung dar.

Zwar hat die Bundesregierung neuerdings mit den Gesetzentwürfen dem Parlament einen Überblick über die Auswirkungen auf den Haushaltsplan und die Finanzplanung zu geben[152] und den Gesetzentwürfen ist ein sogenanntes Vorblatt voranzustellen, das über Problem, Lösung,

---

Senatsamt für den Verwaltungsdienst Hamburg, Ziele, Auswirkungen und Durchführbarkeit von Vorschriften, Hamburg 1975, S. 10 ff.: Strukturelle Schwierigkeiten und Mängel bei der Entwicklung von Vorschriften.

[152] Vgl. § 10 der Bundeshaushaltsordnung (Bundesgesetzblatt I vom 19. August 1969, S. 1284).

Alternativen und Kosten Auskunft geben soll[153], die frühere Praxis der Überbetonung der fachlichen Aspekte hat sich dadurch kaum verändert. Dafür gibt es verschiedene Ursachen.

Nicht selten besteht eine Übereinstimmung zwischen Fachleuten der Verwaltung und Ressortministern in der Weise, daß Kosten im Gesetzentwurf niedrig zu halten sind oder mit Feststellungen wie „noch nicht bezifferbar" als Entscheidungsgegenstand ausgeschaltet werden, um das Gesetz „durchzubekommen" und schon in der Öffentlichkeit geweckte Hoffnungen nicht zu enttäuschen. Denn hoher Aufwand birgt die Gefahr eines Vetos des Kabinetts oder des Bundestages in sich[154]. Da nicht selten nach dem gleichen Prinzip im Verhältnis des Bundes zu den Ländern und im Verhältnis der Länder zu den Gemeinden verfahren wird, die Gemeinden als ausführende Verwaltung und wesentlicher Kostenträger aber nicht am Gesetzgebungsverfahren wirksam beteiligt sind, ist die Zunahme des Personals und die Finanznot der Gemeinden leicht erklärbar.

Weiterhin sanktioniert das Parlament mit dem formalen Gesetzgebungsbeschluß Ermächtigungen zum Erlaß von Rechtsverordnungen, deren inhaltliche Ausfüllung ihm allenfalls in Umrissen bekannt ist, ganz zu schweigen von dem damit verbundenen Aufwand. Beispielhaft sei hier auf das Bundes-Immissionsschutzgesetz[155] und auf das Lebensmittel- und Bedarfsgegenständegesetz[156] mit einer Unzahl von Verordnungsermächtigungen verwiesen. Erst diese Rechtsverordnungen als Detailregelungen des Gesetzes und Verwaltungsvorschriften ermöglichen einen ungefähren Überblick über den notwendigen Aufwand. Man kann mithin davon ausgehen, daß das Parlament im Hinblick auf die aus Gesetzen resultierenden Kosten regelmäßig Blankoermächtigungen erteilt. Die Bedeutung dieses Umstandes wird an der Zahl von 333 Gesetzen des Bundestages und 1343 Rechtsverordnungen der Ministerien in der 6. Wahlperiode des Bundestages deutlich.

Eine weitere Ursache sind die objektiven Schwierigkeiten, Gesetze kostenmäßig zu bilanzieren. Hier fehlt es häufig an der entsprechenden Vorbildung der zuständigen Referenten, der Hinzuziehung von Sachverstand aus dem Bereich der Organisation, des Personalwesens und der Finanzen sowie einem einwandfreien Verfahren der Kostenschätzung[157]. Um hier zu Änderungen zu kommen, wäre es notwendig,

---

[153] § 37 Absatz 4 der Gemeinsamen Geschäftsordnung der Bundesministerien, Besonderer Teil — GGO II — GMBl. 1971, S. 483.

[154] Ähnliches gilt hinsichtlich des vorgesehenen Zeitpunkts des Inkrafttretens des Gesetzes, der häufig so früh liegt, daß die Durchführung des Gesetzes darunter leidet oder sogar in Frage gestellt ist.

[155] Vom 15. März 1974, BGBl. I, S. 721.

[156] Vom 15. August 1975, BGBl. I, S. 1946.

die Vorschriften vor der Verabschiedung im Parlament „durchzuspielen". Dazu bedürfte es nicht immer aufwendiger Planspiele. Es ist erstaunlich, in wie vielen Fällen es möglich ist, noch während der Gesetzesberatungen oder unmittelbar danach den personalbewilligenden Dienststellen nachzuweisen, daß und wie viel mehr Personal erforderlich ist, dies aber im Gesetz nicht zum Ausdruck gebracht wird. Erst wenn der Zwang und die Bereitschaft besteht, die geplanten Gesetze — u. U. mit zunächst größerem zeitlichen und sachlichen Aufwand — vor der parlamentarischen Beratung in ihrer Auswirkung zu testen und damit die Phase der Aufwandsfeststellung dem Gesetzesbeschluß vor- und nicht nachzuschalten, könnte eine rationalere Gesetzgebung Platz greifen.

Schließlich ist noch darauf hinzuweisen, daß Gesetzentwürfe, die mit Kostenschätzungen versehen sind, zu keinem Zeitpunkt eine systematische Kontrolle daraufhin erfahren, ob diese Kostenschätzungen mit dem Aufwand, der später beim Vollzug des Gesetzes entstanden ist, übereinstimmen. Das ist deshalb bemerkenswert, weil Kostenüberschreitungen bei staatlichen Investitionen (Krankenhäuser, Schulen, Verkehrswegen etc.) immer wieder Gegenstand öffentlicher Diskussionen und parlamentarischer Untersuchungsauschüsse sind, diese Investitionen jedoch im Vergleich zu dem sonstigen nicht investiven Aufwand von Gesetzen und Rechtsvorschriften als gering angesehen werden müssen.

Mit den Kosten ist aber — wie sich aus der Definition des Begriffs Gestaltung neuer Aufgaben ergibt[158] — nur eine wichtige Auswirkung von Vorschriften erfaßt. Insgesamt ergeben sich folgende Fragestellungen[159]:

„A. Zielsetzung

1. Welches Ziel soll mit der Vorschrift verfolgt werden?
2. Erfüllt die Zielsetzung höherrangige Zielsetzungen? Steht sie anderen, auch gleichrangigen Zielsetzungen entgegen?
3. Sind alternative Zieldefinitionen denkbar, die
   a) den vorgesehenen Zielrahmen noch besser ausschöpfen,
   b) günstigere Auswirkungen auf andere Zielbereiche erwarten lassen?

[157] So gibt es z. Z. noch kein praktikables Verfahren zur Bestimmung des Personalaufwandes von Gesetzen; vgl. hierzu Hans-Werner Laubinger, Gesetzesvollzug und Personalaufwand, Zur Bestimmung des für den Vollzug neuer Gesetze erforderlichen Personalaufwandes, Forschungsinstitut der Hochschule für Verwaltungswissenschaften Speyer, Speyer 1976; vgl. auch die Ausführungen im Vierten Abschnitt Ziff. 9, S. 175.

[158] Vgl. im Dritten Abschnitt Ziff. 5.2, S. 142.

[159] Entnommen Senatsamt für den Verwaltungsdienst Hamburg, Ziele, Auswirkungen und Durchführbarkeit von Vorschriften, Anl. 2, Fragenkatalog zur Bearbeitung von Vorschriften, Hamburg 1975.

B. Auswirkungen auf den Bürger

4. Wie kann das zu regelnde Verhältnis des Bürgers zur Verwaltung unter vertretbarem Aufwand möglichst vorteilhaft zugunsten des Bürgers ausgestaltet werden?
5. Wird der Bürger durch Verpflichtung zur Informationsbeschaffung oder ähnliche Pflichten unangemessen belastet?
6. Werden die Möglichkeiten einer Beteiligung des Bürgers an den Verwaltungsentscheidungen ausgeschöpft?

C. Auswirkungen auf den Mitarbeiter der Verwaltung

7. Wird die Befriedigung von individuellen und sozialen Bedürfnissen des Mitarbeiters beeinflußt?
8. Sind alle Möglichkeiten des eigenverantwortlichen Handelns oder der Beteiligung des Mitarbeiters ausgeschöpft?
9. Ist eine alternative Lösung mit günstigeren Auswirkungen auf die verschiedenen Bedürfnisse denkbar?
10. Wird durch die Vorschrift die Arbeitsmotivation von Mitarbeitern in günstiger Weise beeinflußt?

D. Nutzen und Kosten

11. Stehen die Kosten der Vorschrift in einem angemessenen Verhältnis zum angestrebten Nutzen?
12. Zu welchem Nutzen soll und kann die Vorschrift führen?
13. Welche Kosten wird die Vorschrift verursachen?

E. Personalbereitstellung und Organisation

14. Kann das erforderliche Personal bereitgestellt werden?
15. Ist zu erwarten, daß die Vorschrift nicht im Rahmen der bestehenden Organisation durchgeführt werden kann, sondern besondere organisatorische Maßnahmen notwendig macht?
16. Wird die Begründung oder Verlagerung von Zuständigkeiten notwendig?
17. Wird eine sonstige aufbauorganisatorische Entscheidung notwendig?
18. Inwieweit wird mit der Vorschrift der Ablauf ihrer Durchführung bereits mitgestaltet?
19. Ermöglicht die Vorschrift einen günstigen Ablauf in der Durchführung (Ausführung der Vorschriften bzw. Verwirklichung der Maßnahmen)?

F. Verwaltungspraktische Durchführbarkeit

20. Bestehen gegen die praktische Durchführbarkeit der Vorschrift unter inhaltlichen Gesichtspunkten Bedenken?
21. Ist die Vorschrift mit dem vorgesehenen Regelungsgehalt und Detaillierungsgrad notwendig?
22. Ist die Fassung übersichtlich und praktikabel?
23. Ist die sprachliche Fassung geeignet?
24. Ist die Vorschrift automationsgerecht gefaßt?“

5.3.4 Änderungen bei der Gesetzgebung

Die Schlußfolgerung aus den Ausführungen zur Gesetzgebung muß sein, daß das Gesetzgebungsverfahren sowohl als Ziel als auch als Voraussetzung wirksamer Aufgabenkritik geändert wird. Eine Reform müßte u. a. folgende Punkte berücksichtigen:

— Die Verwaltung ist so zu organisieren, daß Rechtsvorschriften nicht nur von Experten fachlich optimal gestaltet werden, sondern Gesetze und Verordnungen vor der Verabschiedung durch Planer, Organisatoren, Personal- und Haushaltsexperten gemeinsam auf ihre Ziele, Durchführbarkeit und Kosten sowie die Verfügbarkeit der Mittel und denkbare Alternativen hin überprüft werden. Diese Überprüfung ist wegen der größeren Nähe zur Materie grundsätzlich im jeweiligen Fachressort vorzunehmen.

— Die an der Erarbeitung von Vorschriften beteiligten Mitarbeiter sind über die Problematik der Gesetzgebung und das Instrumentarium zur Beurteilung der politischen Ziele, Auswirkungen und Durchführbarkeit von Vorschriften zu unterrichten; das Instrumentarium ist auszubauen.

— Für Planspiele als Testläufe besonders komplexer und bedeutsamer Gesetzentwürfe sind die institutionellen und finanziellen Voraussetzungen in der Bundesgesetzgebung zu schaffen.

— Soweit in Gesetzen Ermächtigungen für Rechtsverordnungen vorgesehen sind, sind deren Auswirkungen mit einer Zeitplanung für das Inkrafttreten schon mit dem Gesetzentwurf vorzulegen.

— Über die Unterrichtung der kommunalen Spitzenverbände von Gesetzentwürfen (gemäß der Gemeinsamen Geschäftsordnung der Bundesministerien [GGO II]) hinaus haben auch die Länder die Beteiligung der Kommunen in ihrem Bereich sicherzustellen. In ihrer Doppelfunktion von Land und Gemeinde kommt den Stadtstaaten Berlin, Bremen und Hamburg die besondere Aufgabe zu, die gemeindlichen Belange generell zur Sprache zu bringen, da sie unmittelbar an der Bundesgesetzgebung heute schon beteiligt sind.

— Die Länder schalten sich schon im Referentenstadium in das Gesetzgebungsverfahren des Bundes so rechtzeitig ein, daß ihre Belange wie die der Gemeinden noch in die Gesetzesvorbereitung Eingang finden können.

— Das Bundeskanzleramt als verantwortlicher Bereich für die übergeordnete politische Zielsetzung der Gesamtregierung stellt gemeinsam mit dem Finanzressort sicher, daß Gesetzentwürfe der Ressorts die notwendigen Angaben über die Auswirkungen und denkbare Alternativen enthalten.

— Bundes- und Länderregierungen sowie Parlamente billigen nur noch Gesetzentwürfe und Rechtsverordnungen, die detailliert zu den Zielen, Auswirkungen, Durchführbarkeit und Alternativen Stellung nehmen, und zwar auch insoweit, als es sich um Gesetze oder Verordnungen mit Auswirkungen auf die Nebenhaushalte handelt. Diesem Anspruch genügt die bisherige Praxis in den sog. Vorblättern zu Vorlagen im Bundestag und Bundesrat nicht.
— Bundestag und Bundesrat gewährleisten durch entsprechende Beschlüsse, daß Rechtsvorschriften entweder von vornherein nur für einen bestimmten Zeitraum gelten oder aber nach einem von Fall zu Fall festzusetzenden Zeitraum von der Regierung daraufhin zu überprüfen sind, ob und in welchem Umfang sie fortgelten müssen und ob der angenommene Aufwand im Zeitpunkt des Beschlusses über- oder unterschritten wurde und worauf dies zurückzuführen ist. Mit der Überprüfung solcher Berichte der Regierung könnten die Rechnungshöfe beauftragt werden.

6. Zwischenergebnis

Im Dritten Abschnitt ist versucht worden, die Fragestellungen der Aufgabenkritik zu präzisieren. Die Ansätze 1 bis 3 stellen sich ergänzende und z. T. überschneidende Möglichkeiten dar, neben der Aufgabenplanung und der Rationalisierung den Gesamtbestand der öffentlichen Aufgaben und die Aufgabenerfüllung zu überprüfen.

Die Ziele, die mit den einzelnen Ansätzen verfolgt werden und die Bewertungskriterien sind weitgehend identisch, unterschiedlich sind z. T. die Folgen.

Mit dem Aufgabenabbau und der Aufgabeneinschränkung wird versucht, Lücken im staatlichen Aufgabenbestand herzustellen, die es erlauben, Dispositionsfreiheit zurückzugewinnen. Ähnlich ist es bei der Privatisierung, mit der zugleich privates Engagement gefördert und die Vorstellung der Bürger vom „Moloch Staat“ abgebaut werden soll. Die Verlagerung von Aufgaben auf verselbständigte öffentliche Träger zielt auf eine Dezentralisierung insbesondere bei betrieblichen Aufgaben ab, um in den Haupteinheiten der öffentlichen Verwaltung den Planungs-, Lenkungs- und Steuerungsaufgaben besser gerecht werden zu können. Schließlich soll eine optimale Gestaltung der geplanten neuen Aufgaben dafür sorgen, daß nur das übernommen wird, was erfüllbar ist und dann mit dem größten Effekt.

So gesehen sind alle Ansätze nicht Ausdruck einer Belebung des Grundsatzes der Subsidiarität staatlichen Handelns und der „Entstaatlichung“, sondern der Versuch, die Verwaltung steuerungsfähig zu erhalten, Kosten zu senken, Leistungen zu erhöhen sowie Reformen auch in Zukunft zu ermöglichen.

Auf Grund der unterschiedlichen Fragestellungen und der unterschiedlichen Folgen ist nicht ein Ansatz durch einen anderen austauschbar. Wirksame Aufgabenkritik muß immer gleichzeitig alle Ansätze verfolgen, unabhängig davon, durch welchen Ansatz im Augenblick vielleicht der größte Erfolg erreicht werden kann.

Auf welche herkömmlichen Verwaltungsinstrumente bei der Umsetzung der einzelnen Ansätze zurückgegriffen werden kann, ist Gegenstand des folgenden Abschnitts.

Vierter Abschnitt

Aufgabenkritik im Rahmen herkömmlicher Verwaltungsinstrumente

Die Frage, ob es ein bestimmtes Instrument gibt, mit dessen Hilfe die öffentlichen Aufgaben nach allen Ansätzen überprüft werden könnten, muß verneint werden. Bisher werden nur einige nicht speziell für die Aufgabenkritik entwickelte Instrumente der öffentlichen Verwaltung gelegentlich am Rande auch zur Überprüfung der Aufgaben genutzt, ohne daß es zu einer systematischen Aufgabenkritik gekommen wäre. Hierzu zählen z. B. der Haushaltsplan, die mehrjährige Finanzplanung, die längerfristige Aufgabenplanung, Sparmaßnahmen und Organisationsuntersuchungen[1].

Diese Situation könnte es nahelegen, ein besonderes Verfahren zu entwickeln, über das jederzeit die aufgabenkritischen Fragestellungen Gegenstand der Verwaltungstätigkeit sind.

Ausgelöst durch Sparmaßnahmen sind in einigen Gebietskörperschaften inzwischen auch besondere Aktionen zur Aufgabenüberprüfung eingeleitet worden, die nicht mehr unmittelbar an eines der genannten herkömmlichen Instrumente der Verwaltung anknüpfen, sondern über ein eigenständiges Verfahren abgewickelt werden[2].

Die wesentlichen Kennzeichen dieser Verfahren sind:

a) Initiative des politischen Organs oder der Verwaltungsführung,
b) Bildung einer besonderen Arbeitsgruppe Aufgabenkritik,
c) Ermittlung des Aufgabenbestandes,
d) Bewertung der Aufgaben unter dem Gesichtspunkt der Aufgabenkritik,
e) Entscheidung durch die zuständigen Organe.

---

[1] Vgl. KGSt-Bericht Nr. 21/1974; Erhard Mäding, Zwecke und Verfahren der Aufgabenkritik, S. 183/184.

[2] Vgl. z. B. Ratskommission zur Überprüfung und Rationalisierung der städtischen Aufgaben in Duisburg / Beschluß des Rates vom 16. 11. 1975; auch in Hamburg wurden besondere Arbeitsgruppen zur Aufgabenkritik eingesetzt. Die Kommunale Gemeinschaftsstelle beabsichtigt, ihren Bericht Nr. 21/1974 zur Aufgabenkritik zu überarbeiten und ein eigenständiges von der Haushaltsplanaufstellung losgelöstes Verfahren zu entwickeln (vgl. hierzu die Ausführungen zum Fünften Abschnitt).

Die Gefahr dieses Ansatzes liegt darin, daß ein solches spezielles Verfahren der Aufgabenkritik in einer einmaligen Aktion oder Aktionen in großen Zeiträumen stecken bleibt und damit dem Erfordernis ständiger Aufgabenkritik nicht Rechnung getragen wird. Diese Befürchtung wird noch dadurch verstärkt, daß, um das Aufgabenkritik-Verfahren auszulösen, eine spezielle Initiative des politischen Organs oder der Verwaltungsführung vorausgesetzt wird. Solche Initiativen sind in der Vergangenheit fast immer beschränkt gewesen auf Zeiten finanzieller Restriktionen, die einmalige Rationalisierungsversuche zum Ergebnis hatten. Der außerordentlich hohe zeitliche und finanzielle Aufwand einer Überprüfung der wesentlichen Aufgaben eines Verwaltungsträgers legt sogar die Vermutung nahe, daß es noch nicht einmal in Zeiten finanzieller Anspannung des Haushalts zu einer entsprechenden Initiative kommen wird. Hierfür spricht auch, daß selbst die weniger oder gar nicht auf Einschränkung ausgerichtete Aufgabenplanung nur schwer in die deutsche Verwaltung Eingang findet. Die bisherigen Erfahrungen legen den Schluß nahe, daß die Vorstellung aufgegeben werden muß, flächendeckende Programmplanverfahren und regierungsweit — einheitliche Planungsinstitutionen schaffen zu können[3].

Aus diesem Grunde wird hier versucht, an Hand bekannter Instrumente und Verfahren der öffentlichen Verwaltung die Möglichkeiten aufzuzeigen, diese auch für die Aufgabenkritik einzusetzen. Das Spektrum dieser Instrumente ist relativ breit, ihre Wirksamkeit für die Aufgabenkritik unterschiedlich. Der Einsatz aller Instrumente im Zusammenhang müßte aber eine Verdichtung aufgabenkritischer Fragen ergeben, die über das bisherige Maß hinausgeht.

Der Vorteil dieses Vorgehens liegt darin, daß auf Vorhandenem aufgebaut werden kann und die bestehenden Instrumente allenfalls etwas verändert werden müssen. Dadurch ist es eher möglich, die Mitarbeit des Personals und die Unterstützung im politischen Raum zu gewinnen. Einmalige oder in größeren Zeitabständen über ein spezielles Verfahren betriebene Aktionen zur Aufgabenüberprüfung können die „normale" Aufgabenkritik sehr wesentlich unterstützen und Impulse liefern, jedoch nicht ersetzen.

Die bedeutsamsten in Betracht kommenden Instrumente sind die finanz- und personalwirtschaftlichen in Verbindung mit dem Budget sowie der Rechnungs- und Erfolgskontrolle. Die Darstellung lehnt sich an die in Hamburg gefundene Ausprägung dieser Instrumente an.

---

[3] Vgl. hierzu Baum, Probleme neuerer Verfahren der Koordinierung innerhalb eines Ressorts, in: Baars, Baum, Fiedler, Politik und Koordinierung, Projekt Nr. 158 der Kommission für wirtschaftlichen und sozialen Wandel (Entwurf, März 1975).

1. Haushaltsplan

Der einjährige Haushaltsplan ist auch nach dem 2. Weltkrieg zwei Jahrzehnte das einzige Instrument für die Gewichtung öffentlicher Aufgaben im Verhältnis zu den zur Verfügung stehenden Mitteln gewesen. Wenn dies ohne stärkere finanzielle Krisen möglich war, dann nur deshalb, weil die stetige Einnahmenverbesserung in den „Wirtschaftswunderjahren" die Finanzierung von Projekten ermöglichte, die in ihren Auswirkungen nicht übersehbar waren und deren Folgefinanzierung, insbesondere hinsichtlich der Personalkosten, in späteren Jahren anfiel[4]. Die mangelnde Eignung des Haushaltsplans als Planungsinstrument der öffentlichen Finanzen und Aufgaben zeigte sich spätestens in der Rezession 1966 und führte zur Institutionalisierung der mittelfristigen Finanzplanung.

Sinnvolle Planung ist stets ziel- und aufgabenbezogen. Der Haushaltsplan bietet jedoch nur unzureichende Möglichkeiten, alternative Aufgaben im Hinblick auf den erforderlichen Mittelaufwand zueinander ins Verhältnis zu setzen. Aufgabenbezogene Ausgabenzusammenstellungen — unabhängig von der Ausgabenart — sind in sinnvollen Größen nicht vorhanden. Zwar gibt es Zwischensummen auf der Ebene der Haushaltskapitel; da diese aber an den Einheiten institutioneller Organisation ausgerichtet sind, lassen sie nur bedingt die Verwendung der Mittel für bestimmte Aufgaben erkennen, zum Teil trennen sie verwandte Aufgaben — z. B. Müllbeseitigung und Luftüberwachung als Maßnahmen des Umweltschutzes —, zum Teil fassen sie ein sehr weites Aufgabenfeld zusammen.

Der Haushaltsplan ist aber unzureichend nicht nur in der Verknüpfung von Aufgaben und Ausgaben, sondern auch in der ungleichgewichtigen Verteilung der Aufmerksamkeit, die wahrscheinlich gefördert wird durch die Loslösung des Haushalts von einem durchgängigen System der Aufgaben.

Generell wird den Investitionen überproportional viel Aufmerksamkeit gewidmet, dagegen werden die hergebrachten Betriebsausgaben in Bezug auf die zugrundeliegenden Aufgaben kaum erläutert. Während die Vorschläge der Behörden für mögliche neue Projekte stets über das hinausgehen, was verwirklicht werden kann und damit den zentralen Entscheidungsträgern einen vorbereiteten Entscheidungsspielraum schaffen, fehlt es an Information über mögliche Abstriche am hergebrachten Haushalt. In diesem Bereich können sogar Mehranforderungen bis zu einem gewissen Prozentsatz relativ leicht mit Begründungen

[4] Vgl. Hartmut Gollnik, Finanzplanung, Handbuch der Verwaltung, Heft 6.2, S. 2.

wie allgemeiner Preissteigerung und allgemeinem Aufgabenzuwachs ohne weitere Darlegung gerechtfertigt werden, obwohl das Anschwellen des Betriebshaushaltes den Spielraum für Investitionen ständig einengt.

Schließlich besteht ein großer Mangel des gegenwärtigen Haushaltsplans darin, daß er nur Ausgaben ausweist und nicht die insgesamt anfallenden Kosten, die mit einer Aufgabe verbunden sind.

Der Haushaltsplan ist demnach nicht geeignet, einen Überblick über die finanzwirtschaftliche Entwicklung über mehrere Jahre hinaus oder wie die Aufgabenplanung über die Aufgabenentwicklung für einen längeren Zeitraum aufzuzeigen. Gleichwohl ist er im Zusammenhang mit der Aufgabenkritik nicht ohne Bedeutung.

Wenn auch die von Wagener herausgestellten Merkmale des Haushaltsplans[5],

— hohe Wahrscheinlichkeit der Realisierung
— starke Konkretheit
— genauer Zeitbezug
— eindeutiger Finanzbezug
— umfassende Beteiligung der Gesamtorganisation
— intensive Beteiligung der Politik
— Kontrollmöglichkeit

auf Grund der vorherigen Ausführungen in einzelnen Punkten relativiert werden müssen, besteht doch mit der Angabe von Aufgaben, der Zuordnung von Finanzen und der Verpflichtung zu den Grundsätzen der Sparsamkeit und Wirtschaftlichkeit im Haushaltsplan ein detailliertes Gefüge, das Fragen der Aufgabenkritik nahelegt.

Das im Haushaltsrecht verankerte Prinzip der Sparsamkeit und Wirtschaftlichkeit, bezogen auf konkrete Maßnahmen, die in den Haushaltsplan eingestellt werden sollen, zwingt die Dienststellen, ihre Anforderungen gegenüber den mittelbewilligenden Stellen und dem Parlament zu begründen. Durch die Darstellung der finanziellen Aspekte sind auch die Aufgaben angesprochen und einer Überprüfung zu unterwerfen[6]. Deshalb ist die Aufstellung und Bewirtschaftung des Haushaltsplans trotz der begrenzten Wirkung ein unverzichtbarer Bestandteil der Aufgabenkritik.

---

[5] Vgl. Frido Wagener, Eignung des Bundesraumordnungsprogramms als Planungsinstrument, Zeitschrift Raumforschung und Raumordnung 1975, S. 226/227.

[6] Vgl. hierzu auch KGSt-Bericht, Nr. 21/1974, S. 8.

2. Mehrjährige Finanzplanung

Je größer der Umfang der Staatsaufgaben wurde und je einschneidender sich die öffentliche Finanzwirtschaft auf die Wirtschaftspläne der Privaten auswirkte, um so stärker wuchs das Bedürfnis nach einer staatlichen Planung der Finanzen über das Instrument Haushaltsplan hinaus.

Für die Haushalts- und Finanzpolitik wurde es unerläßlich, nicht nur die Folgen zu fassender Beschlüsse aufzuzeigen, sondern auch einen Ausblick auf die voraussichtliche Gesamtsituation der kommenden Jahre zu haben. Dies geschah früher, abgesehen von den internen Vorausberechnungen, zusammenfassend nur in den Haushaltsreden und Vorberichten zu den jeweiligen Haushaltsplänen und in gewissem Umfang in dem Zahlenwerk der Haushaltspläne (Angabe der Investitionen und der Verpflichtungsermächtigung).

Diese Methode der Haushaltsplangestaltung genügte jedoch nicht mehr den sachlichen Erfordernissen. Die Annahme, daß der jährliche Haushalt frei gestaltet werden kann, wurde zu einer Fiktion. Tatsächlich ist es so, daß heute nur noch wenige Prozente des gesamten Haushaltsvolumens frei beeinflußbar sind, während alles übrige seine Bestimmung aus den Beschlüssen früherer Jahre erhalten hat und einer erneuten Disposition nicht oder nur sehr schwer zugänglich ist. Das gilt für den Betriebshaushalt mit seinem besonders hohen Anteil an zwangsläufigen Folgekosten aus dem Betrieb früher getätigter Investitionen und seinen ebenfalls hierauf beruhenden hohen Personalausgaben. Es gilt aber ebenso für den Investitionshaushalt, der nur einen geringen Teil für neue Maßnahmen zuläßt, weil er zum weitaus überwiegenden Teil durch die Notwendigkeit festgelegt wird, zunächst einmal das Begonnene zum Abschluß zu bringen. Mit dem traditionellen Jährlichkeitsdenken allein konnten die sich ergebenden Probleme nicht gelöst werden. Eine zeitgemäße Haushaltspolitik erforderte deshalb eine mehrjährige Planung der Staatsfinanzen.

Der Senat der Freien und Hansestadt Hamburg hat erstmals 1965 der Bürgerschaft eine zusammenfassende „Materialsammlung für eine mehrjährige Finanzplanung" vorgelegt. Sie hatte die Aufgabe, die finanziellen Möglichkeiten Hamburgs — auch auf dem Personalsektor — für einen Zeitraum bis 1970 offenzulegen. Damit wurde ein Umdenken vom traditionellen Jahreshaushalt zur mehrjährigen Betrachtungsweise eingeleitet.

Als Instrument einer mittelfristigen Planung der Finanzen ist sodann aufgrund des Gesetzes zur Förderung der Stabilität und des Wachstums der Wirtschaft[7] in Hamburg 1969 die erste fünfjährige mittelfristige Finanzplanung vorgelegt worden[8].

Ziel der Finanzplanung ist, den kurzfristigen Aspekt des Haushaltsplans zu überwinden und auf der Grundlage des Regierungsprogramms eine vorausschauende die gesamtwirtschaftliche Entwicklung einschließende Planung der Finanzen zu entwickeln, um somit einen Beitrag zur Rationalität politischer Gestaltung zu leisten und den Haushaltsausgleich auf mittlere Sicht zu ermöglichen[9].

Die Finanzplanung ist ein Denkmodell, wie staatliche Zielsetzungen mit den finanziellen Möglichkeiten in Übereinstimmung gebracht werden können. Der Finanzplan ist nicht verbindlich. Er ist ein Plan, der im Gegensatz zum Haushaltsplan keinen Vollzugscharakter besitzt, demzufolge vom Parlament nicht beschlossen wird. Auch das Parlament ist in seinen Entscheidungen über die jährlichen Haushaltspläne nicht an den Finanzrahmen und die Zielvorstellungen dieser Planung gebunden.

Die primär an den mittelfristigen Einnahmen und Ausgaben orientierte mehrjährige Finanzplanung setzt voraus, alle öffentlichen Aufgaben hinsichtlich ihrer Notwendigkeit und ihres Umfangs richtig zu gewichten[10]. Die Problematik der bisherigen Finanzplanung liegt darin, daß sie weitgehend als Investitionsplanung begriffen wird und insoweit keine kritische Überprüfung der öffentlichen Aufgaben insgesamt ermöglicht, sondern lediglich die der investiven Aufgaben. „Maßnahmen, die kein Geld kosten, also ordnungspolitische und rahmensetzende Maßnahmen, laufen am fiskalischen Planungsprozeß vorbei und können durch ihn nicht erfaßt werden[11].“ Zudem besteht immer noch die Tendenz, „die auch für den jährlichen Haushalt geltende, mit dem Stichwort ‚Dominanz der inputorientierten Fortschreibung‘ gekennzeichnete Budgetierungspraxis fortzusetzen“[12].

Allerdings ist heute gegenüber den früheren Jahren festzustellen, daß die schlichte Angabe der Mehr- und Minderbedarfe[13] als nicht mehr

---

[7] Vgl. §§ 9, 10, 14 StWG vom 8. Juni 1967 (BGBl. I S. 582).

[8] Vgl. auch § 50 Haushaltsgrundsätzegesetz. Gesetz über die Grundsätze des Haushaltsrechts des Bundes und der Länder vom 19. August 1969 (BGBl. I S. 1273).

[9] Vgl. Hartmut Gollnik, Finanzplanung, Handbuch der Verwaltung, Heft 6.2, S. 9/10.

[10] Vgl. Gollnik, ebenda, S. 15, und Ronge, Schmieg, Restriktionen politischer Planung, S. 13.

[11] Volker Schmidt, Finanz- und Aufgabenplanung als Instrumente der Regierungsplanung, Die Verwaltung, Heft 1, 1973, S. 4 ff.

[12] Ulrich Becker, Regierungsprogramme und Regierungspläne, S. 142; zur gegenwärtigen Handhabung vgl. insbesondere auch Reimut Jochimsen, Peter Treuner, Staatliche Planung in der Bundesrepublik, Beilage zur Wochenzeitung DAS PARLAMENT, B 9/74, S. 39 ff.; Volker Schmidt und Ronge, Schmieg, S. 38.

ausreichend angesehen wird und statt dessen eine stärker aufgabenkritische Momente einbeziehende Betrachtungsweise Platz gegriffen hat. So wird in Hamburg die Feststellung der Bedarfe unter Berücksichtigung der neuen Aufgaben, der erweiterten Aufgaben, der Investitionsfolgen, der Einschränkung und des Abbaus von Aufgaben sowie der Rationalisierungsmaßnahmen wesentlich differenzierter als früher getroffen[14]. Hilfreich ist hierbei auch ein Vordruck, der für die Behörden bei den Anmeldungen von Investitionen zur Mittelfristigen Finanzplanung zwingend vorgeschrieben ist[15].

Eine weitere wichtige Funktion der mittelfristigen Finanzplanung ist das Aufzeigen des Umfanges und der Entwicklung der öffentlichen Bedarfe. Eine solche Bilanz ermöglicht, früher als zuvor, eventuell notwendige politische Beschlüsse herbeizuführen und bei Unterdeckung Maßnahmen der Aufgabenkritik und Rationalisierung einzuleiten. So wurde das Sparprogramm des Hamburger Senats für 1975 - 1978 durch die bei der Aufstellung der mittelfristigen Finanzplanung 1975 - 1979 festgestellte Finanzlücke von 1,9 Milliarden DM ausgelöst.

Abschließend kann festgestellt werden, daß die mehrjährige Finanzplanung in Ergänzung des Haushaltsplans ein Instrument der Aufgabenkritik ist.

3. Langfristige Aufgabenplanung

An anderer Stelle wurde schon auf die Unterschiede zwischen Aufgabenplanung und Aufgabenkritik hingewiesen[16], soweit dies für die begriffliche Abgrenzung erforderlich erschien. Die Frage, ob und inwieweit die Aufgabenplanung in der Form der langfristigen Aufgabenplanung auch ein Instrument der Aufgabenkritik sein kann, bedarf der näheren Erörterung.

Der Umfang staatlicher Planung des vorigen Jahrhunderts, aber auch noch nach dem 1. und 2. Weltkrieg bis in die 60er Jahre beschränkte sich auf eine Raumplanung, mit der die schlimmsten Auswirkungen liberalistischen Marktgeschehens in Grenzen gehalten werden sollten[17]. Erst die Finanzschwierigkeiten 1966/67 waren Anlaß, mit dem

[13] Vgl. z. B. Rundschreiben des Senatsamts für den Verwaltungsdienst zur mittelfristigen Finanzplanung 1972 - 1976 vom 27. Januar 1972, Az. 170.00 - 11.11.

[14] Vgl. Rundschreiben des Senatsamtes für den Verwaltungsdienst zum Sparprogramm vom 6. März 1975, abgedruckt bei Becker / Dieckmann, Aufgabenkritik — Am Beispiel der Freien und Hansestadt Hamburg, Anlage 2.

[15] Abgedruckt bei Becker / Dieckmann, ebenda, Anlage 6.

[16] Vgl. Zweiten Abschnitt Ziff. 2.3, S. 58.

[17] Zum historischen Ablauf von der Raumplanung zur Entwicklungsplanung vgl. Frido Wagener, Von der Raumplanung zur Entwicklungsplanung, Deutsches Verwaltungsblatt 1970, S. 93 f.

Instrument der Mittelfristigen Finanzplanung ein neues Planungsinstrument einzuführen. Von ihm erhoffte man sich auf der Grundlage des Regierungsprogramms eine über den Haushaltsplan hinausgehende, vorausschauende, die gesamtwirtschaftliche Entwicklung einschließende Planung der Finanzen[18]. Parallel zur Institutionalisierung der Finanzplanung entstanden eine Fülle von Fachplanungen der Ressorts[19], die häufig weder politisch noch finanziell aufeinander abgestimmt waren. Aber nicht nur die Fachplanungen der Ressorts standen unverbunden nebeneinander, sondern auch die ressortübergreifenden Planungen, wie Finanzplanung oder Personalplanung[20], soweit es eine solche überhaupt gab. Lang- und mittelfristige operationale politische Ziele wurden nur partiell gesetzt.

Jochimsen[21] führt hierzu aus: „Die bisher vorhandenen mittelfristigen Planungen ... und die mittelfristige Finanzplanung ... geben weder eine ausreichende Übersicht über die politischen Intentionen und Implikationen der Programme der Ressorts, noch enthalten sie Kriterien zur zielorientierten Prioritätenbildung oder einen Bezugsrahmen für die sektoralen Zielsysteme der Gesamtpolitik der Regierung ...“; ... „sie sind entweder einseitig auf die ökonomische Entwicklung oder auf den mittelfristigen fiskalischen Prozeß angelegt“.

Um dieser Entwicklung zu begegnen, kamen auf allen Verwaltungsebenen (Bund, Länder, Kreise und Gemeinden) Bemühungen in Gang, eine die Fachplanungen integrierende und von den Realisierungsmöglichkeiten bestimmte langfristige Aufgabenplanung zu schaffen. Diese sollte ein zwar nicht lückenloses, aber doch in seinen Teilen finanziell, organisatorisch, personell und flächenmäßig abgestimmtes längerfristiges politisches Gesamtkonzept bilden, das für die mittelfristige Finanzplanung den notwendigen Orientierungsrahmen und für den jährlichen Haushaltsplan Vorgaben liefern würde.

Für die hier zu behandelnde Frage der Eignung der langfristigen Aufgabenplanung als Instrument der Aufgabenkritik bedarf es keiner ausführlichen Darstellung der Diskussion um die langfristige Aufgabenplanung. Insgesamt verhält sich die praktische Anwendung der Langfristplanung umgekehrt proportional zum Umfang der auf sie bezogenen Erörterungen. Sie befindet sich im Versuchsstadium, so daß sich noch wenig Angaben über die praktische Umsetzung machen lassen.

---

[18] Vgl. Vierten Abschnitt Ziff. 2, S. 157.

[19] Vgl. Vierten Abschnitt Ziff. 8, S. 173.

[20] Vgl. Vierten Abschnitt Ziff. 4, S. 163.

[21] Vgl. Reimut Jochimsen, Überlegungen zur mittel- und längerfristigen Aufgabenplanung und deren Einfluß auf die Vorbereitung der Haushaltsentscheidungen, in: Der öffentliche Haushalt, Archiv für das öffentliche Haushaltswesen, Heft 3/1972, S. 131.

Das 1971 aufgegriffene Projekt einer längerfristigen Aufgabenplanung des Bundes in Zusammenarbeit mit den Ländern wurde 1972 beim Stande einer um potentielle Aktionsbereiche erweiterten Gesamtproblemanalyse der öffentlichen Aufgaben für den Zeitraum von 1976 bis 1985 abgebrochen. Auf Länderebene erschöpft sich die in Entwicklungsplänen niedergelegte Langfristorientierung zumeist in einer bloßen Aufsummierung von Sektoral- und Partialplanungen. Weder auf Bundes- noch auf Länderebene gibt es eine horizontal und vertikal integrierte Langfristplanung[22]. Es besteht auch begrifflich keineswegs Klarheit darüber, was mit langfristiger Aufgabenplanung gemeint ist. Langfristige Aufgabenplanung kann unter einer Fülle unterschiedlicher sich ergänzender oder überschneidender Kriterien beurteilt werden, z. B. nach der Zeitdimension, nach dem Grad der Verbindlichkeit, den beteiligten Institutionen oder der Dichte der Aufgabenerfassung. Schon über den zeitlichen Geltungsbereich gibt es sehr unterschiedliche Auffassungen. Wahrscheinlich könnte das von Frido Wagener vorgeschlagene Planungsgrundsätzegesetz[23] Impulse geben, wenigstens die Grundsätze einer integrierten längerfristigen Planung zu vereinheitlichen. Hierzu würden gehören:

Ressourcenausgleichspflicht im Planungszeitraum
Festlegung des Planungsraums
Bestimmung des Planungszeitraums
Beteiligung der Parlamente[24].

Angesichts dieser Schwierigkeiten, zu generalisierenden Aussagen zu gelangen, sollen im folgenden an Hand der konkreten Ausprägung der Hamburger langfristigen Aufgabenplanung Möglichkeiten zur Aufgabenkritik aufgezeigt werden. Zum besseren Verständnis sei auf den Grobnetzplan für den Ablauf der Arbeiten an der Aufgabenplanung in Hamburg verwiesen (Schaubild 9).

Innerhalb dieses Planungsablaufs lassen sich vier Stufen unterscheiden, die alle die Möglichkeit eröffnen, auch aufgabenkritische Fragen zu stellen:

— Die Vorgabe einheitlicher Basisdaten zwingt zur Anpassung der Ressortplanungen an die neuen Werte. Sinkende Schülerzahlen

[22] Vgl. hierzu auch Bundesminister des Innern, Projektgruppe Regierungs- und Verwaltungsreform, Dritter Bericht, S. I/17; Volker Schmidt, Finanz- und Aufgabenplanung als Instrumente der Regierungsplanung, Die Verwaltung 1/1973, S. 20 f.

[23] Vgl. System einer integrierten Entwicklungsplanung in Bund, in den Ländern und in den Gemeinden, Schriftenreihe der Hochschule Speyer, Bd. 55, Berlin 1975, S. 129 ff. (157).

[24] Vgl. Frido Wagener, S. 161 - 163.

etwa, müssen, wenn nicht gleichzeitig eine qualitative Leistungserhöhung angestrebt wird (Senkung der Klassenfrequenz), zur Reduzierung der Lehrer- und Schulraumplanung führen.

— Die Entwicklung längerfristiger Zielkonzeptionen und Programme der Ressorts wird regelmäßig von dem bestehenden Aufgabenbestand als einer Beurteilungsgrundlage ausgehen. Das aber bedeutet, die bestehenden Aufgaben zunächst aufzunehmen und auf ihre zukünftige Gestaltung hin zu überprüfen.

— Die Zusammenfassung der Ressortplanungen zu einem realisierungsfähigen Gesamtkonzept durch die Assistenzeinheiten und eine Entscheidung des Senats, zwingt bei regelmäßig nicht ausreichenden Ressourcen zu Alternativmodellen, durch die verschiedene Aufgaben gegeneinander abgewogen werden müssen.

— Die Plankontrolle wird aufgrund der nachfolgenden Umsetzung des Aufgabenplans in die mittelfristige Finanzplanung und den jährlichen Haushaltsplan gewährleistet. Es wird festgestellt, ob die in der langfristigen Konzeption fixierten Ziele und Aufgaben unter den angenommenen Voraussetzungen erfüllt wurden und inwieweit sich Abweichungen ergeben haben.

Sowohl die Festlegung eines Ressourcenrahmens wie auch die Definition von Zielen und die Auflistung der Aufgaben durch die langfristige Aufgabenplanung ist demnach für die Aufgabenkritik von wesentlicher Bedeutung. Je besser es gelingt, mit dem Instrument der langfristigen Aufgabenplanung übergeordnete Ziele und Ressourcenbindung in integrierten Programmen zu fixieren, um so stärker werden auch aufgabenkritische Fragen abgedeckt.

Die langfristige Aufgabenplanung ist in Hamburg erst im Aufbau begriffen. Die Ressorts stellen im Jahre 1975/76 ihre Programme zusammen. Diese Programme sind nicht flächendeckend. Das jetzige Verfahren der langfristigen Aufgabenplanung in Hamburg ist gegenüber dem Ablaufdiagramm als „idealtypischem Ansatz" verändert worden, und zwar in folgender Form:

Abschnitt 1: Kurzbeschreibung der Aufgabe

Abschnitt 2: Analyse und Prognose der Bestimmungsfaktoren

Abschnitt 3: Analyse von Aufgabenänderungen in dem Zeitraum bis 1991

Abschnitt 4: Künftige Änderungen der Ressourcenbedarfe bis 1991.

Die Checkliste für die Überprüfung der vorhandenen Planungen nach den Maßstäben der langfristigen Aufgabenplanung enthält ausdrücklich eine Reihe von Fragen nach der Anpassung der Programme an neue

Gegebenheiten, an veränderte politische Zielsetzungen und neuere Schätzungen der für alle Aufgabenbereiche zur Verfügung stehenden finanziellen Mittel[25]. Unter dem Gesichtspunkt der Aufgabenkritik wäre wünschenswert, diese Checkliste um Fragen der Aufgabenkritik zu erweitern. Nur so wäre es möglich, die Vorstellung der Ressorts zu durchbrechen, es ginge nur um die Planung der Zusatzbedarfe und nicht auch um den Abbau von Aufgaben oder die Bildung von Posterioritäten. Inwieweit die langfristige Aufgabenplanung in der Lage ist, für die Aufgabenkritik eingesetzt zu werden, hängt entscheidend von dem Willen aller am Planungsprozeß Beteiligten ab. Die theoretischen und sachlichen Voraussetzungen hierfür können als gegeben angesehen werden.

Zusammenfassend kann festgestellt werden, daß eine funktionierende langfristige Aufgabenplanung zu einem sehr wesentlichen Instrument der Aufgabenkritik werden kann, insbesondere dann, wenn es gelingt, in den Prozeß der Aufgabenplanung gezielt Fragen der Aufgabenkritik einzuschleusen und den ausschließlich „planerischen" Ansatz zu überwinden. Allerdings ist sie allein nicht ausreichend, da sie erstens nicht flächendeckend ist und zum anderen durch die Langfristigkeit einen erheblichen Grad von Unbestimmtheit hat, so daß sie ergänzt werden muß durch kurz- und mittelfristige Instrumente wie etwa den Haushaltsplan und die mittelfristige Finanzplanung.

4. Personalplanung

Das Personal der öffentlichen Verwaltung in der erforderlichen und finanziell möglichen Quantität und Qualität zum richtigen Zeitpunkt zur Verfügung zu haben, ist das Ziel der Personalplanung.

Bisher beschränkte sich die Personalplanung[26] weitgehend auf die einjährige Planung über den Stellenplan als Teil des Haushaltsplans und einige mittelfristige Personalbedarfsvorausschätzungen, die regelmäßig in der einfachen Formulierung der angemeldeten Bedarfe der Dienststellen bestanden und auf ihre Dringlichkeit hin nicht gewichtet wurden.

---

[25] Vgl. Senatskanzlei — Planungsstab — Checkliste zur langfristigen Aufgabenplanung, Stand Juni 1975.

[26] Zur Personalplanung vgl. u. a.: Gerhard Dörfer, Erhard Ulrich, Personalplanung, Materialien aus der Arbeitsmarkt- und Berufsforschung, 16/1973, hrsg. vom Institut für Arbeitsmarkt und Berufsforschung der Bundesanstalt für Arbeit; Ulrich Becker, Personalwirtschaft, in: W. Bierfelder (Hrsg.), Handwörterbuch des öffentlichen Dienstes, Das Personalwesen, Berlin 1976, S. 1335 ff.; Eberhard Laux, Personalplanung im öffentlichen Dienst, Die Verwaltung 1976, Heft 2, S. 137 ff. und Zur Personalpolitik und Personalplanung, ein Literaturbericht, Archiv für Kommunalwissenschaften 1976, S. 76 ff.

Konkretes Ziel einer systematischen und längerfristigen Personalplanung muß es sein, Öffentlichkeit, Politik und Verwaltung auf die wahrscheinliche Entwicklung des Personals und der Personalkosten hinzuweisen, die heute einen Anteil am Gesamthaushalt in Hamburg von fast 50 % ausmachen. Darüber hinaus gewinnt die Personalplanung praktische Bedeutung durch das Interesse der Personalräte an der personellen Entwicklung und durch die Veränderung der Beschäftigungsstruktur in einzelnen Verwaltungsbereichen aufgrund der Aufgabenentwicklung und Konjunkturschwankungen.

Die Personalplanung setzt sich zusammen aus

— Personalbedarfsplanung,
— Personalbereitstellungsplanung,
— Personaleinsatzplanung.

Die Verzahnung von Personalbedarf, Personalbereitstellung und Personaleinsatz sowie die Einbettung der Aufgabenkritik und Rationalisierung in die Personalplanung vermittelt das folgende Schaubild 10.

Mit der *Personalbedarfsplanung* wird eine Vorausbestimmung des Personals in quantitativer, qualitativer und zeitlicher Hinsicht angestrebt[27].

Als Hilfsinstrumente zur Bestimmung des quantitativen Personalbedarfs in Form des Ersatz-, Zusatz- und Minderbedarfs stehen

— personalwirtschaftliche Pläne,
— personalwirtschaftliche Statistiken,
— Meßzahlen und
— Personalbedarfsrichtlinien

zur Verfügung.

Die qualitative Personalbedarfsplanung umfaßt

— die Beschreibung der Anforderungen für die einzelnen Stellen und die Bewertung der Anforderungen der Stellen durch verschiedene Bewertungsverfahren.

Dabei werden diejenigen Faktoren geprüft, die sich auf den quantitativen und qualitativen Personalbedarf auswirken. Die Prüfung erstreckt sich auf Aufgaben, Struktur, Mittel und Personalwesen.

Die *Bereitstellungsplanung* hat zum Inhalt, Personal durch interne oder externe Maßnahmen in quantitativer, qualitativer und zeitlicher Hinsicht bereitzustellen[28].

---

[27] Vgl. Heinrich Siepmann, Bedarfsdeckung, Handbuch der Verwaltung, Heft 5.5, S. 1; Ulrich Becker, Personalwirtschaft.

[28] Vgl. Ulrich Becker.

Schaubild 10: Drehscheibe Personalwirtschaft

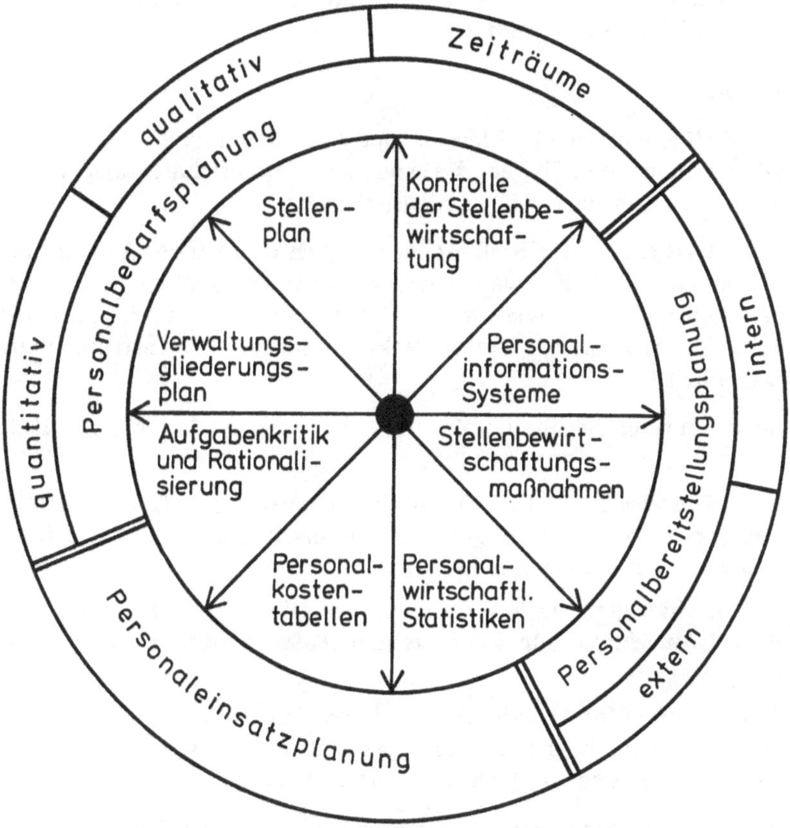

Senatsamt für den Verwaltungsdienst, Organisationsamt.

Interne Personalbereitstellungsmaßnahmen sind z. B.

Nachwuchsplanung,
Fortbildung,
Ausschreibung von Stellen.

Externe Personalbereitstellungsmaßnahmen sind z. B.

Beobachtung des Arbeitsmarktes und der Bevölkerungsentwicklung, Anwerbung von Arbeitskräften über den Arbeitsmarkt oder andere Verwaltungen.

Mit der *Personaleinsatzplanung* soll sichergestellt werden, daß der richtige Mitarbeiter am richtigen Arbeitsplatz seine Arbeit verrichtet, und zwar sowohl aus Gründen einer rationellen Verwaltung als auch zur Wahrung der Interessen der einzelnen Mitarbeiter.

Die einzelnen Instrumente der Personalplanung sind von unterschiedlichem Gewicht für die Aufgabenkritik. Die wesentlichen sollen nachfolgend dargestellt werden.

Stellenplan

Der Stellenplan ist ein Element der Personalplanung. Als Teil des Haushaltsplanes enthält er die von der Bürgerschaft anerkannten Personal(stellen)bedarfe für ein Haushaltsjahr.

Die Tatsache, daß der Stellenplan lediglich den kurzen Aspekt eines Jahres erfaßt, schränkt zwar seine Verwendungsfähigkeit im Rahmen der Aufgabenkritik — wie die des Haushaltsplans — ein[29], gleichwohl ist er bisher das für den Personalsektor umfassendste Instrument der Aufgabenkritik[30].

Die Bedeutung des Stellenplans für die Aufgabenkritik liegt darin, daß er

— auch Hinweise zur Personalentwicklung enthält, so daß die Situation auf dem Personalsektor generell überdacht und unter Umständen eine andere Richtung eingeschlagen werden kann,

— die Beschäftigten nach Berufsgruppen gliedert, so daß die personelle Entwicklung für die einzelnen Aufgabenbereiche in Erscheinung tritt,

— den Zwang auferlegt, die quantitativen und qualitativen Aufgabenveränderungen begründen und gegenüber den Assistenzeinheiten, dem Senat und der Bürgerschaft vertreten zu müssen.

Die zuletzt genannte Funktion ist entscheidend. Die Anmeldung der Bedarfe der Behörden — nach einer Vorprüfung durch ihre Organisationsstelle — beim Senatsamt für den Verwaltungsdienst und die Überpüfung der Berechtigung der Anforderung ist trotz des kurzen Planungszeitraums vielfach Anlaß, unmittelbar in eine Aufgabenüberprüfung einzutreten oder eine solche für den nächsten Stellenplan vorzusehen.

Die große Spanne zwischen den in den Stellenplan aufgenommenen und den beantragten Stellen bestätigt diese wichtige Funktion des Stellenplans, auch wenn nicht verkannt wird, daß häufig eine unrealistisch hohe Zahl von Stellen durch die Behörden angemeldet wird, um wenigstens einige bewilligt zu erhalten.

---

[29] Vgl. hierzu im Vierten Abschnitt Ziff. 1, S. 155.

[30] Die Kommunale Gemeinschaftsstelle für Verwaltungsvereinfachung in Köln empfiehlt deshalb ihren Mitgliedern auch, den Stellenplan als frühesten Ansatz der Aufgabenkritik zu nutzen (KGSt-Bericht Nr. 21/1974, S. 8/9).

Verwaltungsgliederungsplan

Während der Stellenplan einen Überblick über die Anzahl und Wertigkeit der ausgewiesenen Stellen gibt, vermitteln die Verwaltungsgliederungspläne die Aufteilung der einzelnen Stellen auf die Organisationseinheiten und die von diesen wahrgenommenen Aufgaben. Aus dieser Funktion des Verwaltungsgliederungsplans folgt, daß er zugleich den Behördenaufbau in allen Teileinheiten, die Unterstellungsverhältnisse und die in den Teileinheiten anfallenden Aufgaben ausweist. Der Verwaltungsgliederungsplan ist also eine Mischung von Organisationsplan, Geschäftsverteilungsplan und Stellenplan. Wird er immer fortgeschrieben, dann spiegelt sich in ihm der jeweils neueste Stand der Stellen und deren Wertigkeit, die Behördenorganisation und die Aufgabenverteilung wider.

Die Bedeutung für die Aufgabenkritik liegt darin, daß der Verwaltungsgliederungsplan zu jeder Zeit die Grundlage für die Prüfung der Stellenbedarfe und veränderte Aufgabenstellungen in den Fachbereichen abgibt und dies in einem hohen Grad von Detaillierung.

Stellenbewirtschaftungsmaßnahmen

Instrumente zur Bewirtschaftung des Stellenplans sind

— Vermerke im Haushaltsplan (kw- und ku-Vermerke)
— Kürzung der Mittel für neue Stellen
— Streichung von Stellen
— Wiederbesetzungsgenehmigungen
— Personalausgleich zwischen den Behörden.

Der *Vermerk* im Haushaltsplan *„kw“ = künftig wegfallend*, bezeichnet die Stellen, die zu einem späteren Zeitpunkt entbehrlich werden sowie die Stellen, die bereits entbehrlich geworden, aber noch besetzt sind. Tragen im Stellenplan ausgebrachte Stellen den Haushaltsvermerk „künftig wegfallend“, so sind die nächsten frei werdenden Stellen dieser Gattung zu streichen.

Die Bedeutung des Vermerks für die Aufgabenkritik liegt darin, daß durch ihn von vornherein eine befristete Stellenbewilligung für eine befristete Aufgabe durchgesetzt werden kann und nach Ablauf der Frist eine Überprüfung der Aufgabe und des Personalbedarfs für diese Aufgabe institutionell verankert ist.

Der *Vermerk* im Haushaltsplan *„ku“ = künftig umzuwandeln* wird ausgebracht, wenn sich der Funktionsinhalt einer Stelle ändert. Sind im Stellenplan ausgebrachte Stellen als „künftig umzuwandeln“ bezeichnet, so sind die nächsten frei werdenden Stellen dieser Gattung umzuwandeln. Der „ku-Vermerk" gewährleistet, daß die aus Maßnahmen der Aufgabenkritik gegebenenfalls veränderte Aufgabenstellung für bestimmte Arbeitsplätze stellenmäßig nachvollzogen werden kann.

Die *Kürzung* der Mittel *für neue Stellen oder die Streichung* von Stellen sind möglich, wenn sich im Laufe eines Rechnungsjahres ergibt, daß Stellen entbehrlich oder nicht mehr in der bisherigen Bewertung erforderlich sind.

Das ist in der Regel der Fall, wenn eine bestimmte Aufgabe ganz oder teilweise wegfällt oder Arbeiten ohne zusätzlichen Personalbedarf von anderen Einheiten wahrgenommen werden können. Stellenstreichungen und Mittelkürzungen sind meist das Ergebnis von Maßnahmen der Aufgabenkritik und Rationalisierung.

Freie *Stellen* oder frei werdende Stellen dürfen nur *wiederbesetzt* werden, wenn die Aufgabe dies erfordert. Sofern eine freie Stelle nicht ohnehin auf Grund eines „kw-Vermerks" wegfallen muß, ist immer zu prüfen, ob für die Wiederbesetzung ein dienstliches Bedürfnis besteht.

Diese Überprüfung zwingt die Dienststellen dazu, sich über die Aufgabe und den für diese notwendigen Personalbedarf klar zu werden. Im Zuge der Sparmaßnahmen 1974/1975 sind in Hamburg z. B. alle freiwerdenden Stellen für Reinigungskräfte durch das Senatsamt für den Verwaltungsdienst gesperrt worden, um entsprechend der Fluktuation des eigenen Reinigungspersonals Reinigungsarbeiten an private Unternehmen vergeben zu können.

Allerdings wird die Methode, freie Stellen nicht zu besetzen, immer schwieriger, je länger sie praktiziert wird. Es verhält sich mit dieser Praxis nicht wesentlich anders als bei absoluten Einstellungsverboten. Es besteht die Gefahr, daß dann die Aufgabenerfüllung nicht mehr von politischen und gesetzlichen Erfordernissen abhängig ist, sondern zu einer variablen Funktion von Zufallsereignissen wird.

Ein *Personalausgleich zwischen Behörden* kann dann in Betracht kommen, wenn Einsparungen im Personalhaushalt über die Fluktuationsrate hinaus erreicht werden sollen, ohne Mitarbeiter entlassen zu müssen. Ein entsprechendes Verfahren hat der Senat in Hamburg im Februar 1975 beschlossen: freiwerdende Stellen sollten nur dann mit Bewerbern außerhalb der Verwaltung besetzt werden, wenn sie nicht für Mitarbeiter, die an anderer Stelle freigesetzt wurden, oder für eigene Nachwuchskräfte benötigt wurden. Um diesen Personalausgleich zu ermöglichen, sind für die verschiedenen Berufsgruppen sog. „Clearingstellen" eingerichtet worden, denen jede freie Stelle zu melden ist. Ohne einen solchen Personalausgleich sind Maßnahmen der Aufgabenkritik größeren Umfanges nicht durchführbar.

5. Organisationsplanung

Die Leistungsfähigkeit der öffentlichen Verwaltung hängt nicht nur von einer wirksamen Finanz-, Aufgaben- und Personalplanung ab, sondern auch von deren zweckmäßiger Verknüpfung mit der Ressource Organisation. Deshalb ist auch für die Organisation eine Planung erforderlich. „Planung der Organisation ist demnach der zukunftsorientierte Denkprozeß in bezug auf die integrative Strukturierung der Ganzheit Betrieb[31]."

Aufgabe der Organisationsplanung ist es, die Aufgaben der Organisation in den einzelnen Phasen des Entscheidungs- und Leistungserstellungsprozesses

— in der Planungsphase
— in der Durchführungsphase
— in der Kontrollphase

oder entsprechend den klassischen Dimensionen der Organisationsarbeit

— in der Aufbauorganisation
— in der Ablauforganisation
— in der Informationsorganisation
— bei den Organisationsmitgliedern

zu antizipieren[32].

Die Organisationsplanung in der *Planungsphase* umfaßt in erster Linie die Planung der Grundlagen für die Anpassung des organisatorischen Instrumentariums an die künftige Aufgabenentwicklung. Dazu gehört zunächst die Ermittlung der für die Organisation relevanten inner- und außerbetrieblichen Daten und deren Abstimmung aufeinander durch Koordination[33]. Konkret werden folgende Fragen ausgelöst[34]:

— welche Aufgaben stellen sich?
— wie soll die Planungsorganisation aussehen?
— welche Aufbau- und Ablauforganisation ist zweckmäßig?
— wieviel und welches Personal ist vorhanden oder kann gewonnen werden?
— welcher Finanzbedarf ist erforderlich?

---

[31] Erwin Grochla, Handwörterbuch der Organisation, Planung der Organisation, Spalte 1317.

[32] Vgl. Rudolf Dieckmann, Handbuch der Verwaltung, Heft 3.5, S. 2 ff.; KGSt-Bericht Nr. 21/74, S. 5; Bernd Becker, Organisation als Fachaufgabe und Organisation der Organisation der Ministerien des Bundes und der Länder, Schriftenreihe der Hochschule Speyer, Band 52, S. 77 ff.

[33] Vgl. Erwin Grochla, Handwörterbuch der Organisation, Spalte 1318.

[34] Vgl. Rudolf Dieckmann, S. 4.

— welche Flächen und Räume stehen zur Verfügung?

— welche Techniken können eingesetzt werden?

Organisationsplanung mit diesen Fragestellungen ist unmittelbare Aufgabenkritik.

Organisationsplanung in der *Durchführungsphase* und *Kontrollphase* beinhaltet demgegenüber stärker die Rationalisierung des Vollzugs, ohne daß die Aufgabenkritik ausgeschaltet wäre, wie Organisationsuntersuchungen als Rückkoppelung zwischen dem Ist-Zustand und der Organisationsplanung zeigen[35].

Während in den vergangenen Jahren in den Ländern der Bundesrepublik die Gebietsreform in starkem Maße Gegenstand der Organisationsplanung war, stand die Organisationsplanung in Hamburg mehr unter den Aspekten[36]

— Steigerung staatlicher Leistungen

— Mehr Demokratie, Partizipation und bürgernahe Verwaltung.

Zu dem Aspekt der Steigerung staatlicher Leistungen im Zusammenhang von Organisationsplanung und Aufgabenkritik zählen:

— Überprüfung von Vorschriften auf Ziele, Auswirkungen und verwaltungspraktische Durchführbarkeit[37],

— die Verlagerung von Aufgaben aus der allgemeinen Verwaltung,

— Entwicklung eines Programms der Aufgabenkritik und Rationalisierung u. a. in Form von Organisationsuntersuchungen[38],

— Organisatorische Zusammenfassung der Querschnittsfunktionen Haushalt, Personal und Organisation in den einzelnen Ressorts,

— Veränderung der Führungsorganisation durch Delegation des Zeichnungsrechts und neue Formen der Aufbauorganisation (z. B. Projektgruppen).

6. Sachmittelplanung

Die Planung des Sachmittelbedarfs ist die notwendige Ergänzung zur Aufgaben-, Organisations-, Finanz- und Personalplanung. Sie bezieht sich auf den qualitativen und quantitativen Bedarf an Räumen, Kraftfahrzeugen, Maschinen und anderen Sachmitteln.

---

[35] Vgl. hierzu Vierten Abschnitt Ziff. 11, S. 181.

[36] Vgl. Freie und Hansestadt Hamburg, Koordination und integrierte Planung in den Staatskanzleien, Landesbericht Hamburg, S. 288.

[37] Vgl. im Dritten Abschnitt Ziff. 5.3.3, S. 146 und im Vierten Abschnitt Ziff. 9, S. 175.

[38] Vgl. im Vierten Abschnitt Ziff. 11, S. 181 und Sechsten Abschnitt Ziff. 1, S. 202.

Durch die weitgehende Zentralisierung dieser Sachmittelplanung und ihre Zusammenfassung mit der Personalplanung im Senatsamt für den Verwaltungsdienst in Hamburg ist gewährleistet, daß die Planung der Sachmittel immer auch von der Frage ausgeht, warum die Sachmittel erforderlich sind, durch welche Aufgabenveränderung u. U. neue Sachmittel benötigt werden, und ob der Bedarf nicht anderweitig gedeckt werden kann.

Es ist nicht möglich, das Instrument der Sachmittelplanung für die verschiedensten Sachmittel zu erläutern. Beispielhaft sei auf die Raumplanung verwiesen[39].

Die Genehmigung des Raumprogramms für die Anmietung oder den Bau von öffentlichen Einrichtungen löst in Hamburg u. a. folgende Fragen aus:

— Allgemeine Erläuterungen der Notwendigkeit der Maßnahme und eine Schilderung des Ist-Zustandes,
— Darstellung des Rationalisierungseffekts als Ergebnis einer Überprüfung der institutionellen und funktionellen Organisation,
— Angaben über den gegenwärtigen Personalbestand sowie über seine künftige Entwicklung,
— Ermittlung der erforderlichen Raumreserven sowie der Erweiterungsmöglichkeiten für den zukünftigen Bedarf,
— Ergebnis der Untersuchung von Möglichkeiten der Mehrfach- und Mehrzwecknutzung von Gebäuden, Gebäudeteilen, Räumen und Freiflächen.

Diese Angaben, insbesondere die über die Notwendigkeit der Maßnahme, zielen nicht nur auf mögliche Rationalisierungseffekte ab, sondern auch auf die Aufgabenkritik. Die Aufgaben müssen mit einer umfassenden Darstellung des Aufwandes verbunden werden. Dieser Aufwand ist nicht nur auf die Baumaßnahme oder das Anmietungsobjekt zu beschränken, sondern umfaßt auch die zukünftigen Bewirtschaftungs- und Unterhaltungskosten sowie die Personalkosten für die Erfüllung der mit den Räumen verbundenen eigentlichen Fachaufgabe.

So wird die Sachmittelprüfung zum „Vehikel" einer Durchleuchtung der hinter der Anforderung stehenden Fachaufgabe, und zwar in allen Ansätzen der Aufgabenkritik. Dieses Verfahren zeigt überdies, in welchem Maße Fragen des Personal- und Sachmittelbedarfs miteinander verknüpft werden und zu den Aufgaben in Beziehung gesetzt werden

[39] Vgl. „Richtlinien für die Aufstellung von Raum-, Funktions- und Ausstattungsprogrammen bei Hochbauvorhaben" (Bauprogramm-Richtlinien), hrsg. vom Senatsamt für den Verwaltungsdienst Hamburg, Hamburg 1973; vgl. auch KGSt-Gutachten Verwaltungsbauten, 7. Aufl., Köln 1974, S. 33/34.

können. Der Vordruck „Aufwand für Neue Vorhaben"[40] dient in Hamburg aber nicht nur dazu, die künftige Aufgabenentwicklung über die Raumplanung zu prognostizieren, sondern bezweckt auch, einheitliche Grundlagen für die Investitionsplanung zu erhalten.

7. Regierungserklärungen und Arbeitsprogramme

Regierungserklärungen sind im wesentlichen auf die Richtlinien der Politik der Regierung in einer Legislaturperiode ausgerichtet. Sie dienen der Selbstdarstellung der Regierung nach außen. Sie enthalten in der Regel nur grobe Handlungsprogramme, um den Handlungsspielraum für kurzfristige Anpassungen zu erhalten[41].

Durch die Öffentlichkeit haben Regierungserklärungen grundsätzlich verpflichtenden Charakter, so daß die Aussagen für die Aufgabenkritik analysiert und ausgewertet werden können. Noch stärker gilt dies für „verfeinerte" Regierungserklärungen, die im Laufe der Legislaturperiode — z. T. implizit bei Vorlage des Haushalts oder der Mehrjährigen Finanzplanung — mit detaillierter Aussage zu bestimmten Problembereichen abgegeben werden. Soweit es sich um Regierungserklärungen von Koalitionsregierungen handelt, kommt auch den Koalitionsvereinbarungen Bedeutung für die Aufgabenkritik zu. Sie geben oft detaillierteren Aufschluß über die Absichten der Regierungsparteien als die unverbindlicher gehaltene Regierungserklärung.

Arbeitsprogramme stellen den „Durchführungsaspekt von Planungstätigkeiten" der Regierung heraus[42]. Häufig handelt es sich um interne politische Vorstellungen der Regierung in Abstimmung mit den planerischen Vorstellungen der Ressorts nach Zeit und Inhalt. Da sie regelmäßig einer breiteren Öffentlichkeit nicht zugänglich sind, sind sie nach außen nicht verbindlich, gleichwohl wegen ihrer Detaillierung für die Auswertung zur Aufgabenentwicklung wesentlich. So gibt etwa das Arbeitsprogramm der Bundesregierung der Stadt Hamburg Aufschluß über geplante Maßnahmen des Bundes, insbesondere über die Vorstellungen auf dem Gebiet der Gesetzgebung.

In Hamburg wird ein Arbeitsprogramm erprobt, das im Rahmen von Fortschreibungen institutionalisiert und verfeinert werden soll. Ziel dieses Arbeitsprogrammes ist, über diejenigen politischen Vorhaben, die sich nicht ohne weiteres aus der Finanzplanung ableiten lassen,

---

[40] Vgl. die Ausführungen im Vierten Abschnitt Ziff. 2, S. 159 und dort Fußnote 15.

[41] Vgl. Nils Diederich, Aufgabenplanung, interne Arbeitsprogramme der Regierung, Regierungserklärungen, S. 70.

[42] Vgl. Nils Diederich, ebenda, S. 73/74.

einen Überblick zu geben, der Aussagen zur zeitlichen Realisierung einschließt. Das Arbeitsprogramm würde mit dieser Zielsetzung eine Lücke teilweise schließen, die die Finanzplanung bisher offen gelassen hat, solange die langfristige Aufgabenplanung noch nicht realisiert ist. Zugleich würde ein solches Arbeitsprogramm die gegenseitige Information der Mitglieder des Senats und der einzelnen Ressorts verbessern.

8. Fachplanungen

Fachplanungen sind die von Fachdienststellen der staatlichen und kommunalen Gebietskörperschaften oder Sonderbehörden aufgestellten Planungen von Zielen und Maßnahmen zur Steuerung der Entwicklung abgegrenzter Bereiche der Verwaltungstätigkeit[43].

Die Bemühungen um eine integrierte längerfristige Aufgabenplanung in der Bundesrepublik haben gegenwärtig das Übergewicht der Fachplanungen der Ressorts noch nicht abbauen können. Es sei an die Straßenbaupläne, Nahverkehrspläne, Wasserwirtschaftspläne, Sportstättenpläne, Schulpläne, Kindergartenpläne, Altenheimpläne, Wirtschaftsförderungspläne, Jugendpläne, „grüne Pläne" sowie Wohnungsbaupläne und anderes erinnert[44].

Maßgebend hierfür ist in erster Linie, daß in den Fachressorts die unmitelbare Kenntnis der Problemstellung und der Lösungsmöglichkeiten nur für sektoral abgegrenzte Staatstätigkeiten besteht. Die über das Fachgebiet hinausreichenden Interdependenzen sind für die hochspezialisierten Fachleute schwer zu erkennen und zu beurteilen. Aber auch innerhalb des eng gezogenen Rahmens des Einzelprogramms fehlt häufig eine Analyse der Ursachen, eine alternative Planung sowie die sachliche und zeitliche Abstimmung der Realisierungsmöglichkeiten.

Selbst wenn die sektorale Aufgabenabstimmung und Betrachtungsweise durchbrochen werden könnte, hätte es bisher hierzu für die Ressorts kaum Anlaß gegeben, weil über den Haushaltsplan hinaus jahrzehntelang keine ressort- und fachübergreifenden integrierenden Pläne bestanden. Eine „ganzheitliche Betrachtungsweise" steht häufig zu den Ressortinteressen im Widerspruch und wird deshalb auch gar nicht angestrebt. Der Typus der allenfalls negativ koordinierten „imperialistischen Ressortplanungen"[45] zu Lasten anderer, nicht oder nicht ausreichend geplanter Aufgabenbereiche, ist daher vorherrschend.

---

[43] Frido Wagener, Erwiderung zu Wegener: Von der Entwicklungsplanung zur Aufgabenplanung?, in: Die Öffentliche Verwaltung 1975, Heft 11, S. 370.

[44] Vgl. in Hamburg 1970 - 1976: Jugendbericht, Berufsbildungsbericht, Obdachlosenbericht, Hafenentwicklungsplan, Bildungsbericht, Leitlinien für den Nahverkehr, Grünplanung, Wirtschaftsförderung, Planung sozialer Einrichtungen, Rehabilitationsbericht, Fachhochschulreport, Sportreport, Bericht über das Gesundheitswesen.

Die Fachplanungen der Ressorts sind eine der Ursachen des Aufgabenwachstums in der öffentlichen Verwaltung. Diese Entwicklung würde mit dem Ausbau einer integrierten Planung sicherlich zurückgedrängt werden. Solange ein solches integriertes Planungssystem nicht vorliegt, ist das Abstimmungsverfahren über die Fachplanungen unter den Ressorts und den zentralen Einheiten die Einbruchstelle für aufgabenkritische Fragestellungen. Soweit es sich bei den Fachplanungen um Gesetze handelt, kann auf die folgenden Ausführungen verwiesen werden[46].

Aber auch dann, wenn solche Fachplanungen ihren Ausdruck nicht in der Form von Gesetzen finden, gibt es die Möglichkeit ihrer Überprüfung durch die zentralen Assistenzeinheiten in Hamburg. Die Geschäftsordnung des Senats[47] schreibt in § 11 vor, daß die Berichterstattung im Plenum grundsätzlich durch eine Senatsdrucksache vorzubereiten ist. Sind an dem Inhalt einer Drucksache mehrere Senatsämter oder Fachbehörden beteiligt, so soll sie erst in die Tagesordnung aufgenommen werden, wenn der volle Wortlaut der Drucksache unter den Beteiligten abgestimmt ist.

Innerhalb dieses Abstimmungsverfahrens sind es vor allem die zentralen Einheiten Planungsstab, Senatsamt für den Verwaltungsdienst und Finanzbehörde, die die Negativ-Koordination der übrigen Ressorts unter aufgabenkritischem Ressourcenaspekt durchbrechen können. Die Auswirkungen der Fachplanungen auf die mittelfristige Finanzplanung, die Orientierung der Fachplanung an den von den zentralen Einheiten vorgegebenen Basisdaten sowie die politische Bedeutung der vorgesehenen Maßnahmen zwingen regelmäßig auch schon vor diesem formellen Abstimmungsverfahren zu ihrer automatischen Einschaltung.

Eine andere Frage ist, nach welchen Gesichtspunkten diese Einflußnahme erfolgt. Hier besteht der Eindruck, daß mangels einer übergreifenden Zielplanung und geeigneter Instrumente, aufgabenkritische Fragen häufig auf die finanzielle Ressource reduziert werden. Mehr reaktiv als aktiv wird versucht, Festlegungen des Senats hinsichtlich der Finanzierung der Fachplanungen zu vermeiden. Dadurch wird aber nicht verhindert, daß die Existenz solcher vom Senat beschlossener und veröffentlichter Fachplanungen für sich schon Erwartungen weckt und Wirkungen entfaltet, die finanzielle Konsequenzen automatisch nach sich ziehen.

---

[45] Frido Wagener, System einer integrierten Entwicklungsplanung im Bund, in den Ländern und in den Gemeinden, S. 134.

[46] Vgl. hierzu Vierten Abschnitt Ziff. 9, S. 175.

[47] Vom 11. 1. 1972, Mitteilungen für die Verwaltung, S. 65 ff.

9. Gesetzgebungsverfahren

Ein großer Teil der neuen und bestehenden Aufgaben hat seine Grundlage in Gesetzen, Rechtsverordnungen und sonstigen Vorschriftn. Ein Mangel der gegenwärtigen Gesetzgebungspraxis besteht darin, daß bei der Übernahme neuer oder der Ausweitung bestehender Aufgaben zu wenig die Auswirkungen und die Durchführbarkeit berücksichtigt werden[48]. Manche Vorhaben des Bundes werden Hamburg erst dann bekannt, wenn der fachliche Abstimmungs- und Meinungsbildungsprozeß so weit fortgeschritten ist, daß die Vorschriften unter den Gesichtspunkten einer wirtschaftlichen Erfüllung der Verwaltungsaufgaben und der Auswirkungen auf andere Bereiche kaum noch beeinflußt werden können.

Der Hamburger Senat hatte die hamburgischen Behörden schon in früheren Jahren angewiesen, ihr besonderes Augenmerk auf die Auswirkungen und das Verwaltungsverfahren bei der Gesetzgebung zu richten. Aus der Erkenntnis heraus, daß in der mangelnden Darstellung der Auswirkungen eine der Ursachen für die fehlende Übereinstimmung von öffentlichen Aufgaben und personellen sowie finanziellen Mitteln liegt, hat der Senat am 1. Oktober 1974 ergänzende Beschlüsse[49] gefaßt, die in einem inneren Zusammenhang stehen.

Diese Beschlüsse beinhalten

— die *frühzeitige Unterrichtung* über die Auswirkungen von Vorschriften noch vor dem formellen Gesetzgebungsverfahren im Bundesrat (Referentenstadium),

— Die Einführung eines *Vorblattes zu Senatsdrucksachen* zur Verbesserung der Entscheidungsgrundlagen für den Senat und die Behörden (Vorblatt),

— Die *Entwicklung eines Instrumentariums* zur Beurteilung der Auswirkungen von Vorschriften (Leitfaden).

Referentenstadium

Mit der frühzeitigen Unterrichtung von kostenwirksamen Gesetzen und Verordnungen soll erreicht werden, daß der Standpunkt Hamburgs künftig wirksamer in die Entwicklung der Vorhaben einfließen kann.

Die Beteiligung der Länder an der Gesetzgebung des Bundes über den Bundesrat ist der Schwierigkeit ausgesetzt, daß die Entwürfe im formellen Gesetzgebungsverfahren meist schon „politisch festgeschrie-

---

[48] Vgl. hierzu die Ausführungen im Dritten Abschnitt Ziff. 5.3, S. 143.

[49] Vgl. Beschlüsse in: Senatsamt für den Verwaltungsdienst, Ziele, Auswirkungen und Durchführbarkeit von Vorschriften, S. 17.

ben" sind und die bestehenden kurzen Fristen nicht immer für eine kritische Abwägung aller wesentlichen Gesichtspunkte ausreichen.

Das neue Verfahren der Unterrichtung schon im Referentenstadium[50] ist mit einer systematischen Ausweitung aller hamburgischen Kontakte durch die Senatsämter und Fachbehörden sowie insbesondere die hamburgische Vertretung in Bonn zu den Dienststellen des Bundes, zu Fraktionen, Ausschüssen, Abgeordneten, Organisationen usw. verbunden. Mit Hilfe dieser Kontakte gelangen vor allem die Fachbehörden frühzeitig in den Besitz der Referentenentwürfe des Bundes. Die Behörden begutachten die Entwürfe nicht nur unter fachlichen Aspekten, sie prüfen auch die politische Zielsetzung, die finanziellen und organisatorischen Auswirkungen sowie die verwaltungspraktische Durchführbarkeit der Vorhaben. Das Ergebnis teilen sie der Senatskanzlei, dem Senatsamt für den Vewaltungsdienst und der Finanzbehörde in deren Funktion als Assistenzeinheit des Senats mit, in besonderen Fällen wird der Senat auch jetzt schon unterrichtet. Auf diese Weise wird ein gemeinsamer hamburgischer Standpunkt hergestellt, der auf die Möglichkeiten und Prioritäten Hamburgs abgestimmt ist. Senat und die Behörden treten beim Bund für die Umsetzung dieses Standpunkts ein, und zwar möglichst noch vor Verabschiedung des Gesetzes oder der Verordnung durch das Bundeskabinett und dem formellen parlamentarischen Gesetzgebungsverfahren.

Durch das Verfahren wird die Qualität der Information festgelegt und besser als bisher verhindert, daß die Ressorts ihre eigene Planung erstellen, die, ist sie einmal vorhanden, nur noch schwer beeinflußt werden kann.

Bei der Vorbereitung von Landesgesetzen und Verordnungen gilt das Verfahren sinngemäß.

Vorblatt

Mit dem Vorblatt wird bei der Vorbereitung von Gesetzen und sonstigen Maßnahmen des Senats[51] mehr Vollständigkeit und größere

---

[50] Vgl. die Richtlinien zur Unterrichtung von kostenwirksamen Gesetzes- und Verordnungsvorhaben, Freie und Hansestadt Hamburg, Mitteilungen für die Verwaltung 1975, S. 387 ff.

[51] Mit der Verwendung des Vorblattes für grundsätzlich alle Senatsvorlagen geht Hamburg über die Vorblattregelung des Bundes hinaus (§ 37 Abs. 4 der Gemeinsamen Geschäftsordnung der Bundesministerien, Besonderer Teil — GGO II — GMBl 1971, S. 483), die sich auf Gesetze beschränkt. Auch die Vorschläge Baden-Württembergs zur bürgerfreundlichen und effektiven Verwaltung (vgl. Gutachten Innenministerium Baden-Württemberg vom Oktober 1974, S. 149) richten sich nur auf ein Vorblatt für Gesetze und klammern damit z. B. den vom Land viel stärker beeinflußbaren Bereich der Rechtsverordnungen aus.

Überschaubarkeit der politisch wesentlichen Informationen angestrebt. Verwendet werden soll das Vorblatt nicht nur bei der abschließenden Entscheidung des Senats, sondern schon beim Entwurf und der Abstimmung des Entscheidungsvorschlags in den Behörden[52]. Im Vorblatt sind zu den beabsichtigten Maßnahmen eindeutige und knappe Aussagen zu treffen über:

A. Zielsetzung (Zusammenhang zu anderen Zielsetzungen, auch zu den politischen Zielen Hamburgs, des Bundes und der anderen Länder)

B. Lösung (Maßnahmen, Umfang und Zeitraum der angestrebten Zielerreichung, ggf. Kennzeichnung, ob *Übernahme neuer oder Ausweitung bestehender Aufgaben*)

C. Kosten/sonstige Auswirkungen (umfassende Angabe der einmaligen und laufenden Sach- und *Personalkosten einschl. aller Folgekosten nach einzelnen Jahren der Referenzperiode,* Auswirkungen auf Haushalt und mittelfristige Finanzplanung, *Schätzung* der Kosten aus *später zu erlassenden Rechtsverordnungen* und Verwaltungsvorschriften; sonstige Vor- und Nachteile für Bürger und Staat)

D. Alternativen (insbesondere Lösungsvorschläge mit geringen Kosten und anderen Auswirkungen, *auch soweit sie nicht dem Konzept des Bearbeiters entsprechen*).

Auf dieser Grundlage können in der Abstimmung mit den beteiligten Dienststellen die maßgeblichen Fragen vollständiger und ergiebiger als in der Vergangenheit auf eine sach- und prioritätengerechte Lösung hin erörtert werden. Das Ergebnis soll ein ausgereifter Entscheidungsvorschlag für den Senat sein, der zugleich erkennen läßt, welche alternativen Lösungen in den Behörden geprüft wurden und welche alternativen Vorschläge in der Öffentlichkeit diskutiert worden sind. Mit dem Vorblatt wird zudem — über die hamburgische Beteiligung am Gesetzgebungsverfahren des Bundes — Einfluß auf den Bund ausgeübt werden, seine bisherige Praxis zu ändern. Das gilt z. B. für die Kostenangabe bei Rechtsverordnungen[53].

---

[52] Vgl. Erläuterungen des Senatsamtes für den Verwaltungsdienst Hamburg zum Vorblatt bei Senatsdrucksachen, Freie und Hansestadt Hamburg, Mitteilungen für die Verwaltung 1974, S. 262.

[53] Vgl. hierzu die Ausführungen im Dritten Abschnitt Ziff. 5.3.4, S. 150; ein Beispiel für die bisherige Praxis ist die Antwort der Bundesregierung auf eine Kleine Anfrage betr. Finanzsituation der Städte, Gemeinden und Kreise (Bundestagsdrucksache 7/4373 vom 1. 12. 1975, Ziff. 8): Kostenangaben für die Heimmindestverordnung, Straßenschallschutzverordnung und Schienenverkehrsschallschutzverordnung liegen nach dem derzeitigen Verfahrensstand nicht vor, weil die „für die Ermittlung der Kosten notwendigen Normen noch nicht festgelegt sind". Die den Verordnungen zugrundeliegenden Gesetze sind schon in Kraft.

Leitfaden

Die Untersuchung und Überprüfung der Auswirkungen von Gesetzen und sonstigen Vorschriften obliegt in erster Linie den Referenten und Sachbearbeitern in den Behörden.

Für sie besteht die Schwierigkeit, daß in der öffentlichen Verwaltung bisher kaum Methoden zur Überprüfung der Auswirkungen und zur Schätzung der sachlichen und personellen Folgekosten von Gesetzen und sonstigen Vorschriften entwickelt worden sind. Mit dem Leitfaden „Ziele, Auswirkungen und Durchführbarkeit von Vorschriften" versucht Hamburg, die Bearbeiter von Vorschriften zu unterstützen.

Dieser vom Senatsamt für den Verwaltungsdienst 1975 herausgegebene Leitfaden für Praxis und Ausbildung enthält zunächst eine Analyse der mit der Entwicklung von Vorschriften verbundenen Probleme und eine Prüfliste mit 24 Fragen. Sie umfaßt die wichtigsten Überlegungen, die ein Bearbeiter von Vorschriften neben der fachlichen Gestaltung anstellen sollte. Hierzu gehört, welche Bedeutung die Vorschrift für

a) die politischen Ziele,

b) die Bürger,

c) die Mitarbeiter der Verwaltung,

d) Nutzen und Kosten,

e) Personalbereitstellung und Organisation,

f) verwaltungspraktische Durchführbarkeit[54]

hat.

Durch den Versuch, diese Fragen in ihrem systematischen Zusammenhang darzustellen, will der Leitfaden ein gemeinsames Verständnis aller Beteiligten und ihre rechtzeitige Zusammenarbeit fördern. Eine Gesetzgebung, die diese Fragestellungen berücksichtigt, könnte auch ein Beitrag sein, Regierung und Parlament stärker die Auswirkungen der ihnen abverlangten Entscheidungen zu verdeutlichen.

Alle genannten Maßnahmen, das Gesetzgebungsverfahren rationaler zu gestalten, garantieren kein lückenloses System. Es wird auch in Zukunft immer wieder Gesetze und Vorschriften geben, die wegen der Eilbedürftigkeit, der politischen Bedeutung oder der Komplexität Quantifizierungen nicht in ausreichendem Maße zulassen. Das Wissen um diese Begrenzung sollte aber kein Hindernis sein, in all den anderen Fällen — und das sind immer noch die meisten — strengere Maßstäbe anzulegen.

---

[54] Die Fragen sind im einzelnen im Dritten Abschnitt Ziff. 5.3.3, S. 148, abgedruckt.

10. Überprüfung der Bestimmungsfaktoren

Leistungen der öffentlichen Verwaltung hängen in starkem Maße von Sozialindikatoren, Bedarfsrichtzahlen, sozialen Schwellenwerten u. a. ab. Dies sind Bestimmungsfaktoren für das öffentliche Handeln. Die Einwohnerzahl und Altersstruktur einer Gemeinde ist ausschlaggebend für die Zahl der Altenheime, die Krankenhausbetten oder die Arbeitsplatzbeschaffung. Ob die Öffnungszeit in den Museen bis 17 Uhr oder nur bis 16 Uhr geht, die Gruppengröße in Heimen 20 oder 15 Kinder beträgt, die Schüler-Lehrer-Relation 35 : 1 oder 30 : 1 ist, die Aufbewahrungsfrist für Funde 1 Jahr oder 6 Monate beträgt, immer liegen Bestimmungsfaktoren vor, die für Aufgabenart, Aufgabenumfang, personellen Aufwand und sächliche Mittel ausschlaggebend sind.

Einzelne Bestimmungsfaktoren lassen sich wieder in weitere Bestimmungsfaktoren zerlegen. Die genannte Schüler-Lehrer-Relation ist u. a. abhängig von weiteren Bestimmungsfaktoren wie: Zahl der Schüler, Zahl der Lehrer, Klassenfrequenz, quantitativem und qualitativem Unterrichtsbedarf, Räumen oder Arbeitszeit der Lehrer.

Die genannten Beispiele zeigen auch, daß es ganz oder überwiegend extern determinierte Bestimmungsfaktoren gibt, die durch die Verwaltung nur schwer beeinflußbar sind wie Bevölkerungszahl, Schülerzahl, Müllvolumen oder Krankenhaushäufigkeit, und intern determinierte Bestimmungsfaktoren wie Unterrichtsbedarf, Arbeitszeit der Lehrer, Klassenfrequenz, Häufigkeit der Müllabfuhr oder die Intensität der Verbrechensbekämpfung, die im Zuge der Aufgabenkritik von der Verwaltung — regelmäßig in Abstimmung mit der Politik — qualitativ oder quantitativ verändert werden können.

Versucht man, die aufgabenbezogenen Bestimmungsfaktoren zu systematisieren, so lassen sich u. a. unterscheiden:

— Menge
(Zahl der Stichproben, Bagatellgrenze, Wertgrenzen für Handeln, Einkommensgrenzen)

— Zeit
(Dienstzeit, Bearbeitungszeit, Ausfallzeit, einmalig/laufend, Termine, Fristen)

— Form
(persönliche Leistung, Geld-, Sachleistung, Subvention, individuelle oder pauschalierte Leistung)

— Raum
(Entfernung, Streuung, Ausdehnung)

— Qualität
(Gerechtigkeit, Bürgernähe, Beweissicherheit, Genauigkeit)

Die genannten Bestimmungsfaktoren Menge, Zeit, Form, Raum und Qualität stehen nicht isoliert nebeneinander, sondern z. T. untereinander in einem Zusammenhang, der berücksichtigt werden muß, wenn ein Bestimmungsfaktor verändert werden soll. So bedeutet die Heraufsetzung der Fundwertgrenze[55] eine Reduzierung der Zahl der Funde (Menge), verkürzt damit die Bearbeitungszeiten für die Funde (Zeit), führt u. U. zu größerem Einzugsbereich des Fundbüros (Raum) und setzt einen neuen Maßstab für die Qualität der Leistung. Die Unterscheidung der verschiedenen Bestimmungsfaktoren kann also nur eine Hilfe sein, um zu verdeutlichen, daß es verschiedene Ansatzpunkte für die Überprüfung der Bestimmungsfaktoren gibt.

Angesichts der Bedeutung der Bestimmungsfaktoren für

— das Erfordernis,
— die Quantität und Qualität und
— den Aufwand der Aufgabe

hat der Senat der Freien und Hansestadt Hamburg auf Empfehlung der Senatskommission „Einsparungsmöglichkeiten in der Verwaltung" am 1. Oktober 1974 die Behörden aufgefordert, die ihrer Tätigkeit zugrunde liegenden Bestimmungsfaktoren wie Meßzahlen, Wertgrenzen, Fristen und Kontrollen zu überprüfen, um den durch sie ausgelösten Verwaltungsaufwand zu senken. Das Senatsamt für den Verwaltungsdienst hat den Behörden mit Schreiben vom 6. März 1975 diesen Beschluß erläutert und ihnen als Hilfsmittel einen Fragebogen zur Verfügung gestellt[56].

Die größte Schwierigkeit bei der Umsetzung dieses Beschlusses ist, daß fast jeder Tätigkeit der öffentlichen Verwaltung Bestimmungsfaktoren zugrundeliegen, so daß der Beschluß — konsequent ausgeführt — eine Umwälzung der gesamten Aufgaben voraussetzen würde. Das scheitert aber nicht nur an dem Fehlen der hierfür notwendigen personellen Kapazitäten, sondern auch deshalb, weil zur Veränderung der Bestimmungsfaktoren umfassende politische Vorgaben erforderlich wären und in der Verwaltung personelle Konsequenzen gezogen werden müßten, die kaum oder gar nicht durchsetzbar sind. Es handelt sich um die gleichen Hemmnisse, die einer umfassenden Aufgabenkritik in Form einer einmaligen Aktion entgegenstehen[57].

Der Erfolg oder Mißerfolg dieses Beschlusses läßt sich noch nicht übersehen. Die von den Behörden bisher erbrachten Einsparungen be-

---

[55] Vgl. hierzu im Dritten Abschnitt Ziff. 3.5.3, S. 84.

[56] Vgl. Becker / Dieckmann, Aufgabenkritik — Am Beispiel der Freien und Hansestadt Hamburg, Anlage 7.

[57] Vgl. hierzu die Ausführungen im Vierten Abschnitt vor Ziff. 1, S. 153.

ruhen zwar sehr wesentlich auf einer Veränderung der Bestimmungsfaktoren, eine systematische flächendeckende Überprüfung hat jedoch nicht stattgefunden. Aus den angeführten Gründen scheint ein flächendeckender Ansatz auch nicht sehr erfolgversprechend, zumal die gleichzeitige Bearbeitung von langfristiger Aufgabenplanung und Sparprogramm die Motivation für ein gesondertes Programm der Überprüfung der Bestimmungsfaktoren erheblich beeinträchtigt.

Ein realistischer Einsatz dieses Instruments der Aufgabenkritik könnte darin bestehen,

— die Bestimmungsfaktoren nicht in einer besonderen Aktion, sondern gelegentlich des Einsatzes anderer Instrumente (z. B. Haushalt, Finanzplanung, Aufgabenplanung) und im Rahmen der täglichen Arbeit (nebenher) überprüfen zu lassen,

— das Schwergewicht auf die intern bestimmbaren Bestimmungsfaktoren zu legen und hier insbesondere auf solche des inneren Verwaltungsbetriebes (Zahl der Botengänge, Verteilung von Essenmarken, Vorzimmerdienst etc.) ohne oder mit geringer politischer Bedeutung,

— nicht alle denkbaren Bestimmungsfaktoren ermitteln zu wollen, sondern nur solche, die für den einzelnen Mitarbeiter auch erkennbar sind, wie z. B. in Vorschriften ausgewiesene Fristen, Wertgrenzen und sonstige in *Zahlen* ausgedrückte Einflußfaktoren,

— das Bewußtsein für die Bedeutung der Bestimmungsfaktoren beim Personal zu wecken.

11. Organisationsuntersuchungen

Organisationsuntersuchungen sind stärker als sonstige Instrumente der Rationalisierung darauf ausgerichtet, die Organisation als multivariables System zu erfassen. Die vier interagierenden Variablen: Aufgaben, Strukturen, Menschen, Techniken/Mittel müssen bei Organisationsuntersuchungen in ihrer engen Verbindung, Wirkung und Abhängigkeit selbst dann berücksichtigt werden, wenn die Untersuchung speziell auf ein Element oder ein Teilelement (etwa die Arbeitsabläufe oder eine bestimmte Organisationsstruktur) gerichtet ist.

So muß bei Organisationsuntersuchungen, die Ablaufprobleme zum Gegenstand haben, die Situation der Mitarbeiter ebenso miteinbezogen werden wie der Einsatz bestimmter Techniken/Mittel, wenn die angestrebte Reorganisation Erfolg haben soll[58]. Eine Organisationsuntersuchung über eine wirtschaftlichere Aufgabenerfüllung im städtischen

[58] Vgl. u. a.: Senatsamt für den Verwaltungsdienst Hamburg, Managementsysteme, Systeme und Methoden des Managements in der hamburgischen Verwaltung, Hamburg 1973, S. 29 - 32; Ulrich Becker, Organisationsberatung aus der Sicht der öffentlichen Verwaltung — Am Beispiel des Stadtstaates Hamburg, in: AWV-Fachbericht Nr. 20/21, S. 19 ff.

Hochbauamt oder im städtischen Vermessungsamt müßte zwangsläufig zur Frage führen, ob nicht ein Teil der Aufgaben wirtschaftlicher von privaten Architekten und Vermessungsingenieuren erledigt werden könnte[59] und damit eine Frage der Aufgabenkritik auslösen.

Bisher sind — beruhend auf dem überwiegenden Verständnis der Rationalisierung als Instrument der Aufgabenerfüllung — Organisationsuntersuchungen nicht als gezielte Instrumente auch der Aufgabenüberprüfung eingesetzt worden. Wie dies geschehen könnte, zeigen die Ausschreibungen für Organisationsuntersuchungen in Hamburg. Beispielhaft sei auf die Leistungsbeschreibung für die „Organisations- und Wirtschaftlichkeitsprüfung im Friedhofswesen Hamburgs vom 10. Dezember 1975 hingewiesen[60]. Neben der Überprüfung der Betriebsabläufe (2.2) und der Kosten/Einnahmen (2.3) wird Aufgabenkritik in folgender Weise erwartet (2.1):

„2.1. *Aufgabenkritik*

Die im beigefügten Geschäftsverteilungsplan (Anlage 14) aufgeführten Aufgaben und Tätigkeiten der Abteilung ‚Friedhöfe und Krematorien' sind auf Vollständigkeit durchzusehen. Der Auftragnehmer hat sich mit dem gegenwärtigen Aufgaben- und Tätigkeitenbestand kritisch auseinanderzusetzen und dabei zu prüfen, ob

2.11 notwendige Aufgaben und/oder Tätigkeiten zur Zeit nicht wahrgenommen werden oder im Gegenteil Aufgaben und/oder Tätigkeiten entfallen oder eingeschränkt werden können (Überprüfung der Bestimmungsfaktoren); entsprechende Empfehlungen sind eingehend zu begründen und in ihren Konsequenzen darzustellen;

2.12 Aufgaben und Tätigkeiten auf andere Träger außerhalb der Verwaltung übertragen werden können (u. a. kostenerstattungspflichtige Arbeiten); auch hier sind Empfehlungen eingehend zu begründen und in ihren Konsequenzen darzustellen."

12. Managementmodelle

Die Bemühungen um eine Reform der Verwaltung haben besonders in den letzten Jahren ihren Ausdruck in einer Vielzahl von Publikationen zur Einführung von Managementsystemen und neueren Führungskonzeptionen in der öffentlichen Verwaltung gefunden[61].

---

[59] Vgl. auch die speziell auf die Verlagerung von Aufgaben auf verselbständigte Träger abgestellten Organisationsuntersuchungen im Programm „Bildung von Betriebseinheiten" im Dritten Abschnitt Ziff. 4.2.5, S. 131.

[60] Az.: 13 b/023.03 - 14 Senatsamt für den Verwaltungsdienst.

[61] Vgl. hierzu: Jürgen Wild und Peter Schmid, Managementsysteme für die öffentliche Verwaltung: PPBS und MbO, Die Verwaltung 1973, S. 145 ff.; Carl Böhret und Marie-Therese Junkers, Führungskonzepte für die öffentliche Verwaltung, Stuttgart 1976, S. 170 ff. (mit weiteren Nachweisen).

Kern solcher Management-Modelle ist

— eine Ziel-/Programmstruktur: sie ordnet die Zielsetzung der Einheit in hierarchischer Form, verbindet sie mit den in Programmen gruppierten Aktivitäten,

— ein Managementverfahren: es legt Aufgaben, Termine und Verantwortlichkeiten der Planung und Erfolgsmessung fest,

— eine Organisationsstruktur: sie ist eine logische Folge der Programmbildung und der zukünftigen Erfordernisse des Management-Verfahrens.

In einigen Teilen sind solche Management- und Führungskonzepte auch in die Praxis umgesetzt worden[62], umfassendere Managementmodelle wurden bisher nicht eingeführt[63].

Versteht man Management als „zielorientierte Gestaltung und Steuerung sozialer Systeme“[64], dann deutet sich in dieser übergreifenden Definition an, daß unter anderem auch die Aufgaben als Teil des Systems öffentliche Verwaltung mit Managementmodellen angesprochen sind. Noch deutlicher wird der Zusammenhang, wenn man die Managementtätigkeit der „zielorientierten Gestaltung und Steuerung“ in einen „personenorientierten Führungsbereich“ und einen mehr „sachorientierten Leistungsbereich“ weiter aufgliedert[65].

So zählen zum „Führungsbereich“ u. a.: Lenken, Personal fördern, Motivieren, Anregen, Anleiten; zum „Leistungsbereich“ u. a.: Probleme erkennen, Ziele setzen, Entscheiden, Realisieren, Planen; und zu beiden Bereichen zählen u. a.: Koordinieren, Kontrollieren, Informieren, Organisieren[66].

---

[62] Vgl. z. B. Gerhard Banner, Ziel- und ergebnisorientierte Führung in der Kommunalverwaltung, Erfahrungen mit dem „Management by Objectives“ in Duisburg, in: Archiv für Kommunalwissenschaften, Jg. 14 (1975), S. 22 ff.; Senatsamt für den Verwaltungsdienst Hamburg, Managementsysteme, Systeme und Methoden des Managements in der hamburgischen Verwaltung, Hamburg 1973; Programmstruktur für das Bundesministerium für Ernährung, Landwirtschaft und Forsten auf der Grundlage eines Gutachtens von Mc Kinsey & Company, Inc. Management Consultants für die Projektgruppe für Regierungs- und Verwaltungsreform beim Bundesminister des Innern, 1973 (nicht veröffentlicht); zum „Integrierten Planungs-, Entscheidungs- und Kontrollsystem“ (IPEKS) vgl. Hans Bachem, Managementansätze im IPEKS, vervielfältigtes Typoskript, Oktober 1974; siehe auch Werner Hugger, Verwaltungsadäquates Management, Plädoyer für praktikable Managementsysteme der Verwaltung, Speyerer Arbeitshefte 5, Hochschule für Verwaltungswissenschaften Speyer, 1976.

[63] Vgl. Böhret, Junkers, S. 17.

[64] Vgl. Wild, Schmid, S. 145/146.

[65] Vgl. Böhret, Junkers, S. 22/23.

[66] Vgl. Böhret, Junkers, S. 22.

Besonders die Funktionen Ziele setzen, Planen und Kontrollieren sind nicht denkbar ohne aufgabenkritische Überlegungen, so daß vor allem Managementmodelle des „Leistungsbereichs" für die Aufgabenkritik von Bedeutung sind.

Aus der Vielzahl der vor allem im betriebswirtschaftlichen Bereich entwickelten Managementsmodelle, Führungsmodelle und Managementtechniken sind als Instrumente der Aufgabenkritik nur solche von Bedeutung, die einerseits den Anspruch erheben, auch auf die öffentliche Verwaltung anwendbar zu sein und andererseits für die Aufgabenkritik eingesetzt werden können. Diese Voraussetzungen treffen ganz oder teilweise zu für das Planning-Programming-Budgeting-System (PPBS)[67] und die Managementkonzeption „Management by Objectives" (MbO)[68].

a) Das *PPBS* unterscheidet drei Planungsebenen

— die langfristige Planung als Lageanalyse und Entwicklung einer Zielstruktur (Planungsphase),

— die mittelfristige Programmierung als Umsetzung der Ziele in alternative Maßnahmen und Programme (Programmierungsphase),

— die mittelfristige und jährliche „Budgetierung" als Zuordnung der Maßnahmen und Programme zu den finanziellen Mitteln (Budgetierungsphase).

Dieser Aufbau des PPBS[69] zeigt, daß den einzelnen Planungsphasen des Systems in ihrer Abfolge die langfristige Aufgabenplanung, die mittelfristige Fachplanung der Ressorts, die mehrjährige Finanzplanung sowie die kurzfristigen Arbeitsprogramme und der Haushaltsplan als vorhandene und schon erörterte Instrumente der Aufgabenkritik zugeordnet werden können. Daraus ergibt sich, daß auch das PPBS als wichtiges Instrument der Aufgabenkritik angesehen werden könnte.

Ob die Zusammenfassung der beschriebenen Einzelplanungen zu einem Planungssystem noch zusätzliche Möglichkeiten für die Aufgabenkritik eröffnet, muß offen bleiben. Möglich wäre, daß die Verknüpfung der Planungsebenen und die wenigstens teilweise Integration der Teilplanungen nicht nur „die Regierungspolitik nicht länger als Summe isolierter Teilpolitiken" erscheinen läßt und die „Rationalität

---

[67] Vgl. Heinrich Reinermann, Programmbudget in Regierung und Verwaltung, Möglichkeiten und Grenzen von Planungs- und Entscheidungssystemen, Schriften zur öffentlichen Verwaltung und Wirtschaft, hrsg. von Peter Eichhorn und Peter Friedrich, Bd. 6, Baden-Baden 1975; Wild, Schmid.

[68] Jürgen Wild, MbO als Führungsmodell für die öffentliche Verwaltung, Die Verwaltung 1973, S. 283 ff.

[69] Wild, Schmid.

staatlichen Handelns durch Ziel- oder Output-Orientierung der Mittelverwendung erhöht"[70], sondern auch eine stärkere Zusammenfassung der verschiedenen Ansätze der Aufgabenkritik bewirkt.

b) Im *MbO*-Konzept sind folgende Teilbereiche allgemeiner Führungsprinzipien integriert[71]:
   — die Planung bzw. das Planungssystem,
   — die Zielbildung,
   — die organisatorische Zuständigkeits- und Verantwortungsregelung,
   — die Kontrolle und Abweichungsanalyse,
   — die Mitarbeitermotivation und das Anreizsystem,
   — die Personalbeurteilung und -förderung.

Aus der Verknüpfung von Planung und Zielbildung im MbO-Konzept leiten sich die Aufgaben der öffentlichen Verwaltung ab. Ändern sich die Ziele, ändern sich auch die Aufgaben. Ohne Klärung der Ziele ist weder eine zielorientierte Organisationsüberprüfung möglich, noch eine Aufgabenänderung[72]. Mit der Herausstellung der Ziele als der Beurteilungsgrundlage für die zu erfüllenden Aufgaben entspricht MbO der im Ansatz 1 der Aufgabenkritik enthaltenen Fragestellung: Handelt es sich um eine öffentliche Aufgabe, die den politischen Zielsetzungen entspricht oder noch entspricht? Da die schriftliche Fixierung der vereinbarten Ziele nach Aufgabengebieten erfolgt, ist die Zielbildung zugleich ein Instrument zur Aufgabenüberprüfung.

Die Zielbildung muß darüber hinaus auf die organisatorischen Zuständigkeits- und Verantwortungsregelungen Rücksicht nehmen. Das bedeutet, daß „im Zuge der Planung und Zielbildung auch eine Überprüfung der Aufgaben, Kompetenzen und Ressourcenausstattung an einer Stelle dahingehend notwendig ist, ob die organisatorischen Voraussetzungen für eine Zielerreichung erfüllt sind und inwieweit neue Ziele bzw. Pläne Änderungen der Organisation erfordern"[73]. Mit diesem Aspekt der zielorientierten Organisationsüberprüfung entspricht MbO den Ansätzen 2 und 3 der Aufgabenkritik mit der Frage nach dem Träger und der den Zielen entsprechenden optimalen Gestaltung der Aufgabe.

Demnach wirkt MbO nicht nur „wie eine permanente, spontan von jedem Arbeitsplatz ausgehende Aufgabenvollzugskritik"[74], sondern kann in umfassendem Sinne Instrument der Aufgabenkritik sein.

[70] Vgl. Wild, Schmid, S. 166.
[71] Vgl. Jürgen Wild, S. 288.
[72] Vgl. Jürgen Wild, S. 288.
[73] Jürgen Wild, S. 298.

13. Erfolgskontrolle

Die Verwaltung konnte sich, solange sie im wesentlichen im Rahmen von Konditionalprogrammen nach dem Muster: Wenn—dann handelte, auf eine Richtigkeitskontrolle beschränken. Gegenwärtig arbeitet sie aber mehr nach Zweckprogrammen. Hierunter ist eine Handlungsanweisung zu verstehen, bei der ein bestimmtes Handlungsziel vorgegeben wird, die Wahl der Mittel jedoch innerhalb bestimmter Grenzen vom Handelnden selber getroffen werden muß. Die Funktionsänderung hin zur Gestaltung von Zweckprogrammen verlangt neben der Richtigkeitskontrolle Erfolgskontrolle und quantitative Leistungskontrolle, also vor allem eine Prüfung, ob die angestrebten Wirkungen erzielt wurden[75]. Diese Kontrolle setzt voraus, daß bei der Programmeinteilung die Ziele explizit formuliert werden. Zum einen, weil die Verantwortlichen ihrem Handeln sonst zu leicht „politische Überlegungen" unterschieben können und damit eine Kontrolle unmöglich machen, zum anderen, weil die Kontrollorgane sonst darauf angewiesen sind, die Beurteilungskriterien selbst zu entwickeln, diese dann aber mangels verbindlicher Festlegung weitgehender Anfechtbarkeit ausgesetzt sind.

Umfang und Qualität der Erfolgskontrolle hängen demnach weitgehend vom Umfang und der Qualität der Programmplanung ab[76]. Aus dieser Feststellung leitet sich die Forderung ab, Aufgabenkritik und -planung sollten mit Erfolgskontrollen verbunden werden. Mit dem Beschluß der Übernahme einer Aufgabe ist deshalb zweckmäßigerweise bereits Zeitpunkt und Inhalt der Erfolgskontrolle festzulegen[77].

Die Instrumente dieser Erfolgskontrolle können — je nach Aufgabe — sehr verschiedenartig sein. Sie reichen von der befristeten Geltung gesetzlicher Vorschriften über Wirtschaftlichkeitsberechnungen, Kosten-Nutzen-Analysen[78] und Organisationsuntersuchungen bis hin zu Mitarbeitergesprächen. Der institutionalisierten internen Verwaltungskontrolle steht der in der folgenden Ziffer besonders abgehandelte Rechnungshof als Form der externen Kontrolle gegenüber.

---

[74] Gerhard Banner, S. 30.

[75] Zur neueren Diskussion der Erfolgskontrolle vgl. Eberhard Bohne, Herbert König, Probleme der politischen Erfolgskontrolle, Die Verwaltung 1976, Heft 1, S. 19 ff.

[76] Vgl. Bohne, König, S. 29.

[77] KGSt-Bericht Nr. 21/1974, S. 6.

[78] Vgl. § 7 der Haushaltsordnung der Freien und Hansestadt Hamburg vom 23. Dezember 1971 (LHO) (GVBl. S. 261).

14. Rechnungshof

Der Rechnungshof ist berufen, „die gesamte Haushalts- und Wirtschaftsführung der Freien und Hansestadt einschließlich ihrer Sondervermögen und Betriebe" zu überwachen (§ 88 Abs. 1 LHO). Dieser „Generalauftrag"[79] beinhaltet neben der Überprüfung der Haushaltsrechnung, darauf zu achten, daß „wirtschaftlich und sparsam verfahren wird" und „die Aufgabe mit geringerem Personal- und Sachaufwand oder auf andere Weise wirksamer erfüllt werden kann" (§ 90 Abs. 1, Ziffer 3 und 4 LHO). Diese Organisations- und Wirtschaftlichkeitsprüfung erfaßt sowohl die Aufbau- als auch die Ablauforganisation. Im wesentlichen handelt es sich um folgende Fragestellungen:

— Richtigkeit der Aufgabenverteilung,
— Reibungsverluste,
— Optimale Größe der Organisationseinheiten,
— Vermeidung von Leerlauf,
— Verringerung des Aufwandes.

Damit ist schon von der gesetzlichen Definition her der Rechnungshof eine Institution, die zur Aufgabenkritik und Rationalisierung der Verwaltung beizutragen hat. Dies geschieht nicht nur in der Kontrollfunktion für das Parlament gegenüber der Regierung, sondern auch als Helfer der Regierung, unter anderem indem er ihr Vorschläge macht und Gutachten erstellt (§ 88 Abs. 3 LHO).

Eine für die Aufgabenkritik wesentliche Wandlung der Aufgabenstellung der Rechnungshöfe vollzieht sich mit der stärkeren Verlagerung ihrer Tätigkeiten von der Verfahrens- und Verhaltenskontrolle zur Qualitäts- und Erfolgskontrolle[80]. Die Erweiterung der reinen Wirtschaftlichkeitsrechnung zu einer Nutzen-Kosten-Betrachtung, wie sie das Haushaltsrecht vorsieht[81], stellt auch für die Arbeit der Rechnungshöfe mehr auf die angestrebten Ziele und Ergebnisse des Verwaltungsträgers ab als auf die Einhaltung bestimmter Vorschriften. Nur so kann er dem Anspruch gerecht werden, schon tätig zu sein, „bevor das Kind in den Brunnen gefallen ist"[82]. Ausdrücklich ist das Recht, sich zu geplanten Vorhaben zu äußern, in den §§ 102 und 103 LHO verankert, wonach der Rechnungshof von bestimmten Maßnahmen der Regierung zu unterrichten ist und sich jederzeit zu den Maßnahmen äußern kann. Das gilt zum Beispiel für organisatorische oder sonstige

---

[79] Vgl. Hans Pries, Handbuch der Verwaltung, Heft 6.5, S. 11.

[80] Vgl. Krüger-Spitta, Bronk, Einführung in das Haushaltsrecht und die Haushaltspolitik, Darmstadt 1973, S. 170.

[81] § 7 Abs. 2 LHO.

[82] Hans Pries, S. 12.

Maßnahmen von erheblicher finanzieller Tragweite (§ 102 Abs. 1 Ziff. 5 LHO). Die ergebnisorientierte Kontrollfunktion könnte durch seine Einschaltung in die Überprüfung von Gesetzen nach bestimmten Zeiträumen noch verstärkt werden[83]. Bisher leidet die nachträgliche (ex post) Plankontrolle allerdings auch in Hamburg darunter, daß Zielkriterien, die für eine echte Leistungskontrolle erforderlich sind, nur sehr spärlich vorgegeben werden.

15. Sparmaßnahmen

Als ein besonders wichtiges Instrument, die Fragen der Aufgabenkritik zu betonen, haben sich in jüngster Zeit die „Sparprogramme" der Gebietskörperschaften erwiesen. Der Ausdruck „Sparprogramm" beinhaltet dabei nicht lediglich auch sonst schon übliche Abstriche bei einzelnen Haushaltstiteln. Gemeint ist vielmehr der Versuch vieler Verwaltungseinheiten, durch ein gemischtes System der Aufgabenüberprüfung und Rationalisierung relativ hohe Einsparungen zu erreichen[84].

Daß wirksame Sparmaßnahmen ohne eine Konzeption der Aufgabenkritik und Rationalisierung nicht auskommen können, soll am Sparprogramm des Hamburger Senats vom 28./30. Januar 1975 kurz verdeutlicht werden.

Die Feststellung der Basisdaten für die mittelfristige finanzielle Entwicklung hat auch in Hamburg global negative Tendenzen erkennen lassen. Die für notwendig gehaltene staatliche Gegensteuerung ergab

83 Vgl. hierzu die Ausführungen im Dritten Abschnitt Ziff. 5.3.4, S. 151.

84 Einsparungsmaßnahmen oder entsprechende Absichten für die Haushaltsjahre 1975/1976 und zum Teil auch für den folgenden Zeitraum sind aus einer Vielzahl von Ländern und Städten bekannt geworden. Am häufigsten findet sich der Beschluß, keine neuen Stellen auszubringen. Darüber hinaus reicht das Spektrum vom Einstellungsstop über das Streichen vorhandener Stellen nach Zahl (1 000 Stellen) oder Prozentsätzen (z. B. 4 % der Personalkosten) bis zu konkret einzustellenden oder einzuschränkenden Aufgaben. Das Vorgehen der Gebietskörperschaften weist ein recht uneinheitliches Bild auf, das nicht nur in den besonderen Bedingungen der einzelnen Gebietskörperschaft begründet sein dürfte, sondern auch in dem Fehlen eines wirksamen Instrumentariums zur Durchsetzung kurzfristiger Sparmaßnahmen; vgl. z. B.: Landtag von Baden-Württemberg, Drucksache 6/8615, Programm zur kurz- und mittelfristigen Anpassung des Landeshaushalts an die wirtschaftliche Entwicklung und zur Sicherung des Investitionsspielraums; Tätigkeit einer „Ratskommission zur Überprüfung und Rationalisierung der städtischen Aufgaben" in Duisburg (Beschluß des Rates der Stadt vom 16. 11. 1975); Freie und Hansestadt Hamburg, Sparbeschlüsse des Hamburger Senats vom 28./30. 1. 1975; vgl. hierzu: Ulrich Becker, Rudolf Dieckmann, Aufgabenkritik — Am Beispiel der Freien und Hansestadt Hamburg, S. 147 - 149 und Helmut Rademacher, Sparen in Hamburgs Verwaltung, Hamburgische Beamtenzeitung, Februar 1975, S. 1 ff. sowie zur Entwicklung bis 1977 Ulrich Becker, Helmut Rademacher, Sparprogramm und Stellenplan, Mitteilungen für die Verwaltung 1976, S. 355 ff.

eine Umorientierung auf breiter Basis. Das gilt sowohl hinsichtlich der grundsätzlichen Ausgabenpolitik der Stadt als auch für die bisherigen politischen Prioritäten. So ist in der Regierungserklärung von Bürgermeister Klose vom 29. 1. 1975 einer der zentralen Punkte für die zukünftige Regierungspolitik, daß zumindest mittelfristig ein Sparprogramm entwickelt wird.

Ausgangslage war, daß das

Haushaltsvolumen 1975 - 1978 .... (bereinigter Haushalt [ohne Finanzausgleich usw.] einschließlich Nebenhaushalte [Theater, Betriebe, Wohnungsbaukreditanstalt usw.])	41,769 Mill. DM
und das	
Haushaltsdefizit	1,961 Mill. DM

betrugen.

Die Beschlüsse vom 28./30. 1. 1975 beinhalteten im wesentlichen die Deckung des Defizits:

Einsparung	
Personalausgaben	500 Mill. DM
Sachausgaben	400 Mill. DM
Investitionen	725 Mill. DM
Deckungslücke	336 Mill. DM

Die Beschlüsse des Senats zur Einsparung von 500 Mill. DM im Personalhaushalt umfaßten[85]:

— Schematische Einsparungsraten der Behörden in Prozenten von durchschnittlich 4 %,

— Konkrete Sparmaßnahmen für bestimmte Aufgabenbereiche,

— Von Sparmaßnahmen ausgenommene Bereiche,

— Keine neuen Stellen für 1975 - 1978,

— Konkrete Prüfungs- und Untersuchungsaufträge,

— Deckung der Bedarfe für neue und wachsende Aufgaben aus dem verringerten Personalbestand[86].

Das Schwergewicht der Beschlüsse lag bei den von den Behörden grundsätzlich in eigener Regie zu erbringenden Einsparungen in Prozentsätzen ihrer Personalkosten („schematischer" Ansatz) und nicht in

[85] Diese Maßnahmen wurden, nachdem sich der Personalabbau in höheren Überstunden niederschlug, später durch Beschlüsse zum Abbau von Mehrarbeit/Überstunden und schematischer Kürzung der Überstundenkontingente ergänzt. Die hierdurch ausgelöste Überprüfung von Überstunden führte zur Durchleuchtung der Aufgaben, bei denen Überstundengeld gezahlt wird.

[86] Vgl. Rundschreiben des Senatsamtes für den Verwaltungsdienst vom 6. März 1975 abgedruckt in: Becker, Dieckmann, Aufgabenkritik — Am Beispiel der Freien und Hansestadt Hamburg, Anlage 2.

der „additiven" Aneinanderreihung konkreter Aufgaben, bei denen bestimmte Beträge eingespart werden sollen.

Unter dem Aspekt schneller Einsparungen ist der „schematische" Ansatz dem punktuellen, auf Einzelaufgaben bezogenen, vorzuziehen, weil die Fachbereiche nur mit schematischen Vorgaben unter den Zwang gestellt werden können, Vorschläge zu machen. Der in Hamburg zunächst unternommene Versuch, durch eine Senatskommission die einzelnen Aufgabenfelder nach dem Haushaltsplan auf mögliche Einsparungen durchzugehen, scheiterte. Dafür dürfte nicht nur die relativ kurze Zeit maßgebend gewesen sein, in der die Kommission Vorschläge unterbreiten sollte, sondern auch die Überforderung der Politiker, aufgabenkritischen Fragen im Detail nachzugehen. Die überlegene Rolle der Fachleute und Spezialisten in den Verwaltungen hat nicht nur beim Aufgabenzuwachs ihre Bedeutung, sondern auch beim Aufgabenabbau, bei der Aufgabeneinschränkung und Übertragung auf andere Träger.

Ein Ausweg aus dieser Schwierigkeit dürfte das schematische Vorgehen nach Prozentsätzen sein, wenn die Möglichkeit zu eng umgrenzten Korrekturen gegeben ist und die Regierung „hautnah" politische Kontrolle betreibt, bei welchen Aufgaben die Dienststellen die Einsparungen vornehmen. Nur so kann gewährleistet werden, daß nicht die politischen Prioritäten unterlaufen werden.

Die politischen Prioritäten sind in einem begrenzten Umfang vom Hamburger Senat schon unmittelbar in den Beschlüssen vom 28./30. 1. 1975 berücksichtigt worden, indem er *bestimmte Aufgaben* („additiver" Ansatz) zur Einsparung vorsah, z. B.

— Erhöhung der Wochenstundenzahl für Hochschullehrer,
— Schließung eines Heimes,
— Einsparung von Krankenhausbetten,
— Umstellung der Sperrmüllabfuhr auf Vierteljahresturnus,
— Übertragung der Gehwegreinigung auf die Anlieger,
— Auflösung der Reiterstaffel der Polizei

und andere ausschloß, z. B.

— Aufrechterhaltung der Planungen für eine zweite Universität in Hamburg,
— kein Verzicht auf die Kapazitätserweiterung für die Gewerbelehrerausbildung,
— keine Gefährdung der „einstufigen Juristenausbildung".

Diese Sparbeschlüsse wurden um einige sehr wesentliche Absichtserklärungen des Senats ergänzt:

— Einstellung aller intern ausgebildeten Nachwuchskräfte nach Abschluß der Ausbildung,
— Kündigung nur in Ausnahmefällen,
— Deckung wirtschaftlicher Nachteile des Personals bei Auflösung von Dienststellen (Sozialpläne) durch zusätzliche Einsparungen,
— keine Hebung von Stellen 1975 und 1976,
— Anordnung von Mehrarbeit und Überstunden nur bei Anlegung strengster Maßstäbe,
— Auftrag an die Staatsrätekonferenz, weitere Einsparungsüberlegungen anzustellen.

Der Gesichtspunkt der o. a. nachträglichen politischen Kontrolle und die bei „schematischen" Sparraten zwangsläufig notwendigen Korrekturen veranlaßten den Senat, sich berichten zu lassen, durch welche Maßnahmen im einzelnen die Erfüllung der Sparraten zum 1. 1. 1976 sichergestellt worden sind und dabei anzugeben, welche Einsparungen einen Abbau oder eine Einschränkung von Aufgaben zur Folge gehabt haben.

Das Ergebnis der im 1. Jahr des Sparprogramms (1. 1. - 31. 12. 1975) von den Behörden erbrachten Einsparungen weist folgendes Bild auf:

Die Behörden haben ihr Spar-Soll weitgehend erfüllt, und zwar durch

Kategorie A (Rückgang von Aufgaben) .... = 23,4 %

Beispiele:
— Sinkende Fallzahlen,
— Bevölkerungsrückgang,
— Wegfall von Aufgaben,
— Durchführung von kw-Vermerken.

Kategorie B (Rationalisierungsmaßnahmen) .... = 20,1 %

Beispiele:
— Zusammenlegung von Dienststellen — auch überbehördlich —,
— Rationalisierung der Aufbauorganisation (z. B. durch Verzicht auf Leitungsebenen),
— Rationalisierung des Arbeitsablaufs,
— Einrichtung zentraler Schreibdienste,
— Einsatz technischer Hilfsmittel einschl. ADV,
— Anheben des Leistungssolls (z. B. Neufestsetzung von Meßzahlen).

Kategorie C (Einschränkung von Aufgaben) .... = 56,5 %

Beispiele:
— Teilweiser Verzicht auf die Durchführung bisher wahrgenommener Aufgaben,
— Verminderung der Intensität der Aufgabenwahrnehmung.

Mehr als die Hälfte der erzielten Einsparungen entfällt danach auf die Kategorie C „Einschränkung von Aufgaben". Dieses Ergebnis ist allerdings wesentlich mit bedingt durch die erheblichen Einsparungsmaßnahmen der Behörde für Schule, Jugend und Berufsbildung und der Gesundheitsbehörde (Einsparung von Lehrerstellen und Schließung des Krankenhauses Wintermoor).

Aufgeschlüsselt nach den einzelnen Ansätzen 1 - 3 der Aufgabenkritik ergibt sich folgendes Bild:

Abbau und Verlagerung von Aufgaben (Ansätze 1 und 2)	81,1 %
Rationalisierung (Ansatz 3 bei bestehenden Aufgaben)	18,9 %

Diese erste Bilanz legt zwei Schlüsse nahe:

Sparprogramme sind nicht ohne umfassende Aufgabenkritik zu erfüllen. Rationalisierung allein reicht nicht aus, Abbau und Einschränkung von Aufgaben als Möglichkeiten zu sparen, stehen zu Beginn eines Sparzeitraumes im Vordergrund. Je mehr aber der Bodensatz der abzubauenden und einschränkbaren Aufgaben erreicht wird — insbesondere wenn bei in der Vergangenheit abnehmenden Bestimmungsfaktoren bisher „Ressourcenpolster" gebildet waren und diese nun aufgehoben werden —, um so mehr wird auf Rationalisierung zurückgegriffen werden müssen. Das Verhältnis der Sparmöglichkeiten nach den einzelnen Ansätzen wird sich wahrscheinlich über einen längeren Zeitraum des Sparprogramms verschieben.

16. Zwischenergebnis

Aus der Darstellung der wesentlichen Instrumente der Aufgabenkritik läßt sich der Schluß ziehen, daß keines der herkömmlichen Verwaltungsinstrumente ausschließlich oder überwiegend auf die Aufgabenkritik abstellt. Es handelt sich meist um auf die Planung oder auf die Rationalisierung bezogene Instrumente. Sie können aber — und dies geschieht auch bereits — zur Aufgabenüberprüfung herangezogen werden. Der Vorteil dieser vielen Instrumente, die *auch* für die Aufgabenkritik eingesetzt werden können, liegt darin, daß auf diese Weise Aufgabenkritik nicht als Spezialaufgabe bei bestimmten Dienststellen separiert wird, sondern breitgestreute Verwaltungsaufgabe bleibt. Zu ihr können eine Vielzahl von Personen aus ganz verschiedenen Sichten etwas beitragen. In dieser Form als Aufgabe erkannt, könnte die Aufgabenkritik mittels der verschiedenartigen Instrumente zu der am Anfang schon angesprochenen Verdichtung und Stetigkeit gebracht werden. Sie wäre in der Wirkung wahrscheinlich einem speziellen Instrument der Aufgabenkritik überlegen, sieht man von den Schwierigkeiten, ein solches zu entwickeln und einzuführen, einmal ab.

In diesem Zusammenhang erscheint es zweckmäßig, die Vorstellungen der Kommunalen Gemeinschaftsstelle (KGSt) zur Aufgabenkritik noch einmal kurz zusammenzufassen, nachdem diese in die jeweiligen Abschnitte der bisherigen Erörterungen nur teilweise aufgenommen wurden. Der Ansatz der Kommunalen Gemeinschaftsstelle ist — zumindest gegenwärtig — noch darauf ausgerichtet, die Aufgabenkritik möglichst im Gefüge bestehender Verwaltungsverfahren zu verankern. In einzelnen Städten bemüht man sich aber, ein spezielles Verfahren der Aufgabenkritik zu entwickeln[87].

---

[87] Vgl. die Ausführungen im Vierten Abschnitt vor Ziff. 1, S. 153.

Fünfter Abschnitt

Bemühungen der Kommunalen Gemeinschaftsstelle für Verwaltungsvereinfachung (KGSt) um Aufgabenkritik

Die Kommunale Gemeinschaftsstelle für Verwaltungsvereinfachung in Köln[1] hat sich in den letzten Jahren verstärkt speziell der Aufgabenkritik zugewandt[2]. Die bisherigen Empfehlungen der KGSt sind in dem Bericht Nr. 21/1974 „Aufgabenkritik" vom 29. Oktober 1974 zusammengefaßt. Über die Umsetzung der Empfehlungen und die Auswertung einer ersten Umfrage in den Kommunalverwaltungen wurde auf der Mitgliederversammlung der KGSt am 15./16. September 1975 berichtet[3].

Danach ergibt sich folgender Stand der Bemühungen der KGSt um eine Aufgabenkritik in ihren Mitgliedsstädten.

Die KGSt versteht Zweckkritik und Vollzugskritik[4] als systematische Aufgabenkritik, bezogen auf bestehende und neue Aufgaben. Kern der Empfehlungen der KGSt ist die Verbindung eines systematischen Verfahrens der Aufgabenkritik mit dem kommunalen Budgetverfahren[5]. Im Rahmen dieses Verfahrens werden für die Kritik *bestehender* Aufgaben (Vollzugskritik) u. a. folgende Fragestellungen gesehen[6]:

---

[1] Zur Arbeit der KGSt vgl. auch: Gerhard Schneider, Kommunale Verwaltungsrationalisierung, dargestellt am Beispiel der Tätigkeit der KGSt, Diplomprüfung für Volkswirte, Köln 1973 (unveröffentlichtes Manuskript), Erhard Mäding, Entwicklung und Stand der kommunalen Rationalisierung, Zur Arbeit der Kommunalen Gemeinschaftsstelle für Verwaltungsvereinfachung (KGSt), Archiv Kommunalwissenschaften 1975, S. 75 ff.

[2] Vgl. u. a. Erstes Internationales Symposion „Organisation und Effizienz der öffentlichen Verwaltung", 29./30. Oktober 1973 in Augsburg, Köln 1974; Zweites Internationales Symposion „Aufgabenplanung — Finanzplanung" 1./2. April 1974 in Wien, Wien 1974; Drittes Internationales Symposion „Organisation und Effizienz der öffentlichen Verwaltung II", 14./15. April 1975 in Eindhoven, Köln, Eindhoven 1976; KGSt-Bericht Nr. 21/1972, Gutachten Organisation der kommunalen Entwicklungsplanung (insbesondere S. 36).

[3] Vortrag des KGSt-Mitarbeiters Beckhoff (unveröffentlichtes Manuskript); vgl. auch KGSt-Sonderdruck „Fortschritte kommunaler Organisationsarbeit", September 1975 und KGSt-Bericht Nr. 16/1975, Stand der Aufgabenkritik.

[4] Vgl. die Ausführungen im Zweiten Abschnitt Ziff. 2.1, S. 49 und 2.2, S. 54.

[5] Vgl. KGSt-Bericht Nr. 21/1974.

[6] Vgl. KGSt-Bericht Nr. 21/1974, S. 7.

- Institutionelle Organisation
- Verfahrensweise
- Personalbedarf
- Sachbedarf
- Mittelbarer Aufwand
- Bedarfsbeobachtung
- Wirkungsbeobachtung
- Kosten-Nutzen-Vergleich
- Zielvergleich zur Erkennung von Doppelarbeit
- Ausgliederung organisatorischer Betriebseinheiten
- Substitution durch Überlassung oder Übertragung an private Träger
- Wegfall infolge Zielwandels
- Änderung der zeitlichen Dringlichkeit von Maßnahmen

Die Kritik *neuer* Aufgaben ist durch vier Kriterien gekennzeichnet[7]:

- Ist ein öffentliches Bedürfnis vorhanden?
- Ist das Bedürfnis vom zuständigen Organ als öffentliche Aufgabe sanktioniert?
- Ist für die Erfüllung ein praktikables Programm aufgestellt?
- Sind die erforderlichen Mittel für die Realisierung der Programme bereitgestellt?

Diese Fragestellungen, die bisher bei der Übernahme neuer und der Erfüllung bestehender Aufgaben im kommunalen Bereich nur vereinzelt aufgeworfen werden (z. B. bei Arbeitsuntersuchungen, Organisationsüberprüfungen, Betriebsabrechnung, Veranschlagung im Haushaltsplan), sollen in das bestehende örtliche Budgetverfahren auf einer möglichst frühen Stufe eingebracht werden, und zwar in die

— Stadtentwicklungsplanung und die ihr zugrunde liegenden Fach- und Bereichsplanungen,

— die mittelfristige Finanz- und Investitionsplanung,

— die jährliche Mittelanforderung für den Haushalts- und Stellenplan[8].

Die um aufgabenkritische Fragen ergänzten Anmeldeformulare der Fachämter sollen im Budgetverfahren nicht unmittelbar der Kämmerei zugestellt, sondern zunächst einer Arbeitsgruppe als „Schleuse“ vorgelegt werden, bestehend aus: Hauptamt, Kämmerei, evtl. Rechnungsprüfungsamt (bei Anhörung des anfordernden Fachamtes) sowie im Einzelfall Personalamt, Rechtsamt und zuständiger Stelle für die kom-

[7] Vgl. KGSt-Bericht Nr. 21/1974, S. 10.

[8] Vgl. KGSt-Bericht Nr. 21/1974, S. 8.

munale Entwicklungsplanung[9]. Der Verfahrensablauf der Aufgabenkritik im Rahmen der jährlichen Haushaltsplanung stellt sich dann wie folgt dar[10]:

1. Anmeldung des Fachamtes im laufenden Haushaltsjahr zum Haushalt des folgenden Jahres
2. Prüfung in der Arbeitsgruppe
3. (a) Weiterleitung ohne Bedenken an Kämmerei oder
   (b) Empfehlung für eine Änderung oder Wegfall des Ansatzes; Beratung hierüber auf der Dezernentenebene oder
   (c) Weiterleitung an Kämmerei unter Vorbehalt der Prüfung möglichst schon auf das übernächste Jahr; Untersuchungsbeschluß (10, 14); Durchführung der Untersuchung binnen eines Jahres.
4. Nach Anmeldung des Fachamtes im folgenden Jahr Auswertung der Untersuchung für den dann nächsten Haushalt; Verfahren wie 3 a - c.
5. Ggf. Bericht an Verwaltungsführung mit Vorschlag zur Aufgaben- oder Maßnahmenänderung; Entscheidung durch oberstes Organ.

Ergibt die Kritik bestehender Aufgaben, daß die Aufgabe abgebaut, eingeschränkt oder auf andere Träger verlagert werden könnte, soll hierüber der Rat der Stadt entscheiden.

Die Übernahme neuer (und die Erweiterung bestehender) Aufgaben soll aufgabenkritischen Fragestellungen in der Weise unterworfen werden, daß

— der Rat zunächst die von ihm angestrebte *mögliche* Aufgabe feststellt,
— die Verwaltung beauftragt wird, die aufgabenkritische Überprüfung insbesondere auch unter dem Ressourcenaspekt vorzunehmen, und erst anschließend
— der Rat in Kenntnis aller Konsequenzen die Übernahme der neuen Aufgabe endgültig beschließt[11].

Die relativ kurze Zeit seit der Veröffentlichung dieser Empfehlungen läßt noch kein abschließendes Urteil zu, ob sich das vorgeschlagene Verfahren bewährt hat[12]. Der durch die Verbindung mit den vorhandenen Budgetierungsverfahren gewählte pragmatische Ansatz der

[9] Vgl. KGSt-Bericht Nr. 21/1974, S. 9.
[10] Vgl. KGSt-Bericht Nr. 21/1974, S. 9.
[11] Vgl. KGSt-Bericht Nr. 21/1974, S. 11.
[12] Vgl. KGSt-Bericht Nr. 16/1975.

Aufgabenkritik erscheint zweckmäßiger als ein denkbares eigenständiges Verfahren, das allein schon wegen des zusätzlichen Aufwandes kaum eine Chance hätte. Andererseits ist eine insbesondere mit dem Haushaltsplan und der mehrjährigen Finanzplanung verknüpfte Aufgabenkritik weder flächendeckend noch intensiv genug. Offenbar haben aus diesem Grunde einige Städte ihre Aufgabenkritik nicht mit dem Haushaltsplanverfahren verbunden. Mittel- und längerfristig ist diese Abkoppelung vom Haushaltsplanverfahren unerläßlich, da sonst die Aufgabenkritik Gefahr läuft, bei kurzfristigen schematischen oder gezielten Sparmaßnahmen stehen zu bleiben.

Die KGSt versteht ihre Empfehlungen selbst als ersten Schritt, den Mitgliedsstädten eine systematische Aufgabenkritik bewußt zu machen. Angesichts des Neulandes, das beschritten wird, ist jeder kleine Schritt einer kaum realisierbaren großen Lösung vorzuziehen. Die ständige Rückkoppelung zu den praktischen Erfahrungen der Kommunen dürfte eine Fortentwicklung des Konzepts ermöglichen. Mittel- und längerfristig wäre es wünschenswert, die über das Budgetverfahren hinaus bestehenden Instrumente stärker zusammenzuführen und zu einem Gesamtkonzept der Aufgabenkritik zu verbinden. In einem solchen ließen sich dann auch für die verschiedenen Aufgabenbereiche speziellere Fragestellungen der Aufgabenkritik herausarbeiten. Bestimmte Aufgaben kommen z. B. eher für einen Abbau in Betracht, andere eher für eine Privatisierung und wieder andere für die Rationalisierung. Eine Systematisierung und Typisierung der Aufgaben könnte hier wahrscheinlich helfen.

Offensichtlich auch auf Grund der Versuche einiger Mitgliedsstädte, ein eigenständiges Verfahren der Aufgabenkritik zu entwickeln, bereitet die KGSt inzwischen eine Überarbeitung ihres Berichts Aufgabenkritik 21/1974[13] vor. Der darin vorgesehene Verfahrensablauf für die Aufgabenkritik (Schaubild 11) gewährleistet die notwendige umfassende Überprüfung der gemeindlichen Aufgaben in einer besonderen Aktion, hat aber die schon dargestellten Schwächen aller dieser Verfahren[14]. Der Ansatz der KGSt müßte deshalb zumindest ergänzt werden um Verfahrensschritte, mit denen die Aufgabenkritik aus der einmaligen gezielten Überprüfung aller Aufgaben herausgeführt und als ständige Aufgabe sanktioniert wird. Dann würden auch die außerordentlich starke Betonung des Aspekts der Einsparung bei der Aufgabenkritik abgemildert und andere Ziele der Aufgabenkritik stärker betont werden.

---

[13] Vgl. im Vierten Abschnitt vor Ziff. 1, S. 153.

[14] Während des Druckes dieser Arbeit erschienen als KGSt-Bericht „Verfahren der Aufgabenkritik", Nr. 25/1976 vom 3. 12. 1976.

Schaubild 11: KGSt-Verfahrensablauf Aufgabenkritik

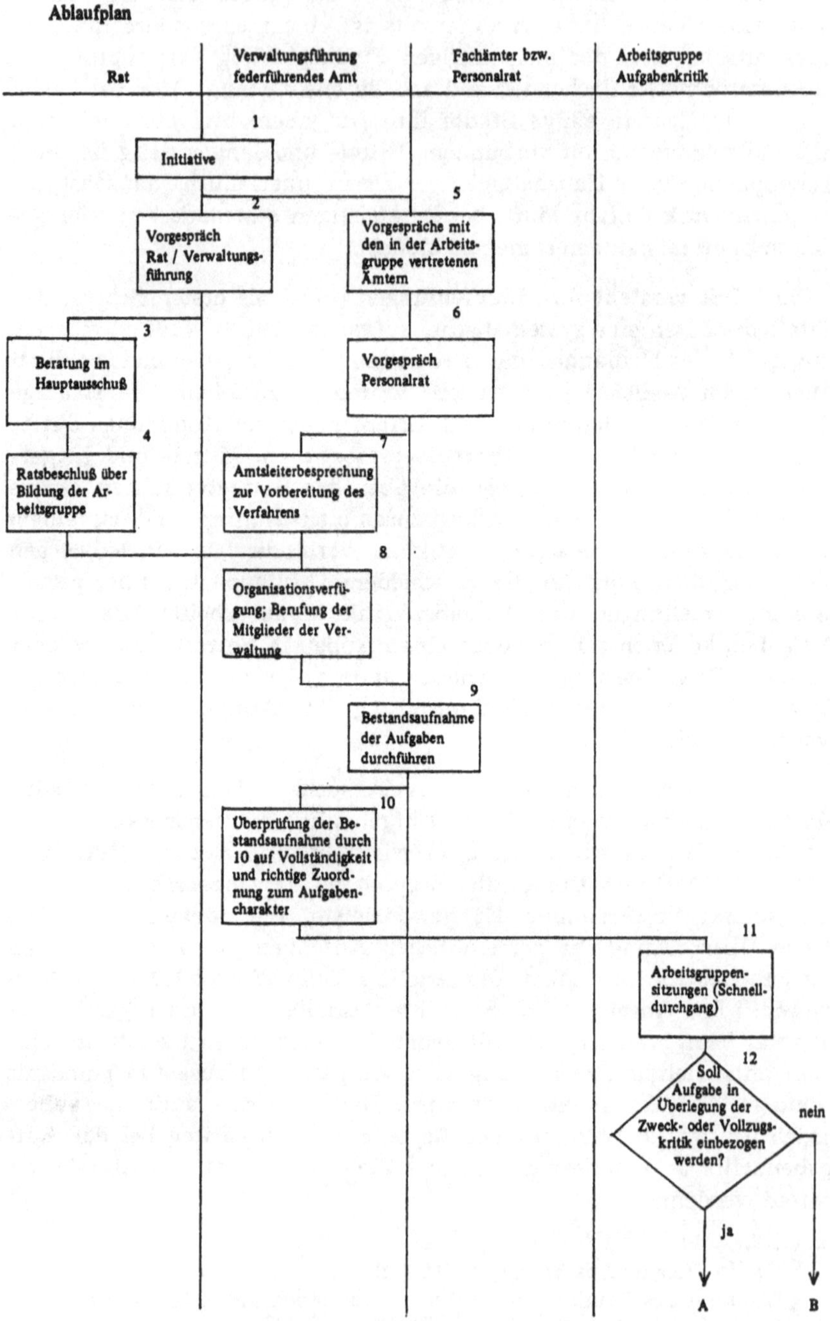

Schaubild 11 (Fortsetzung)

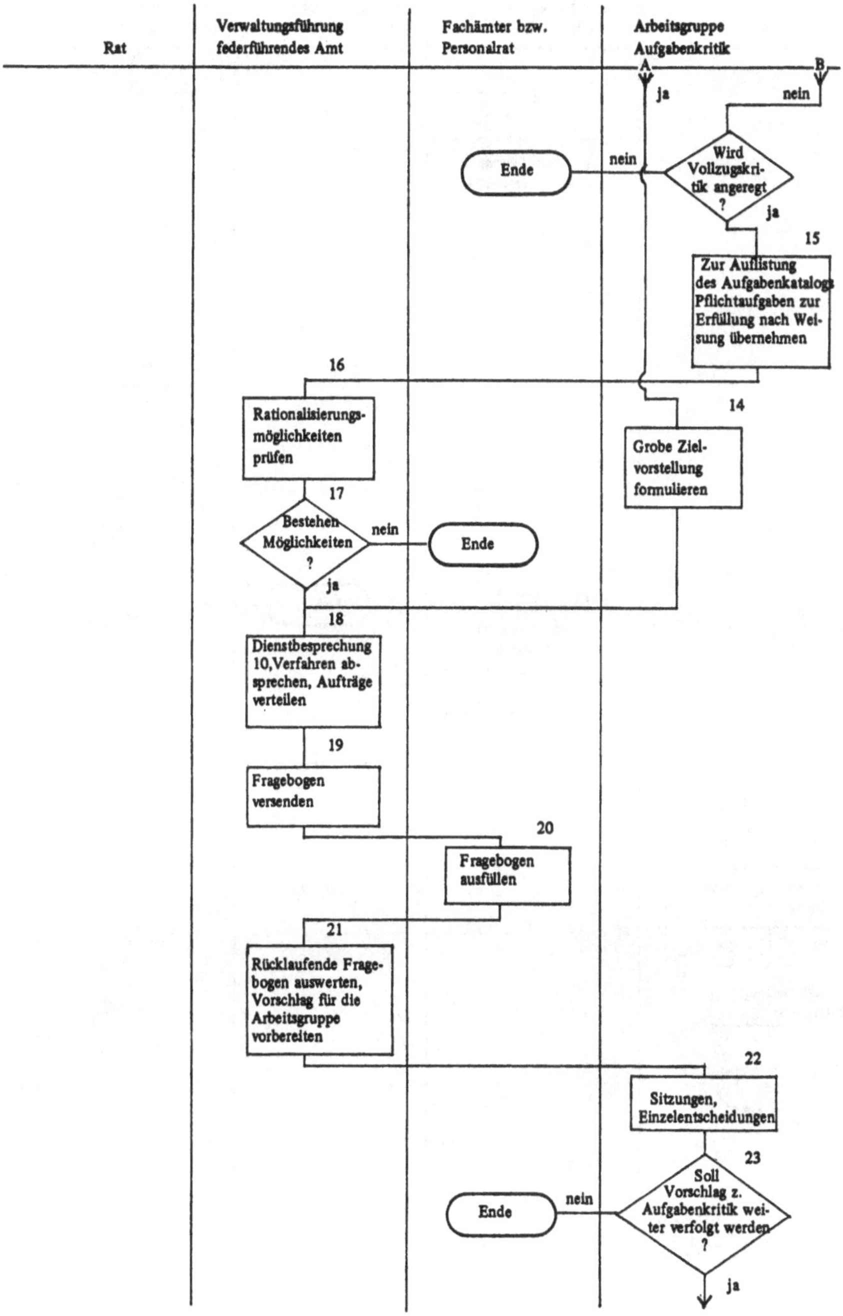

Schaubild 11 (Fortsetzung)

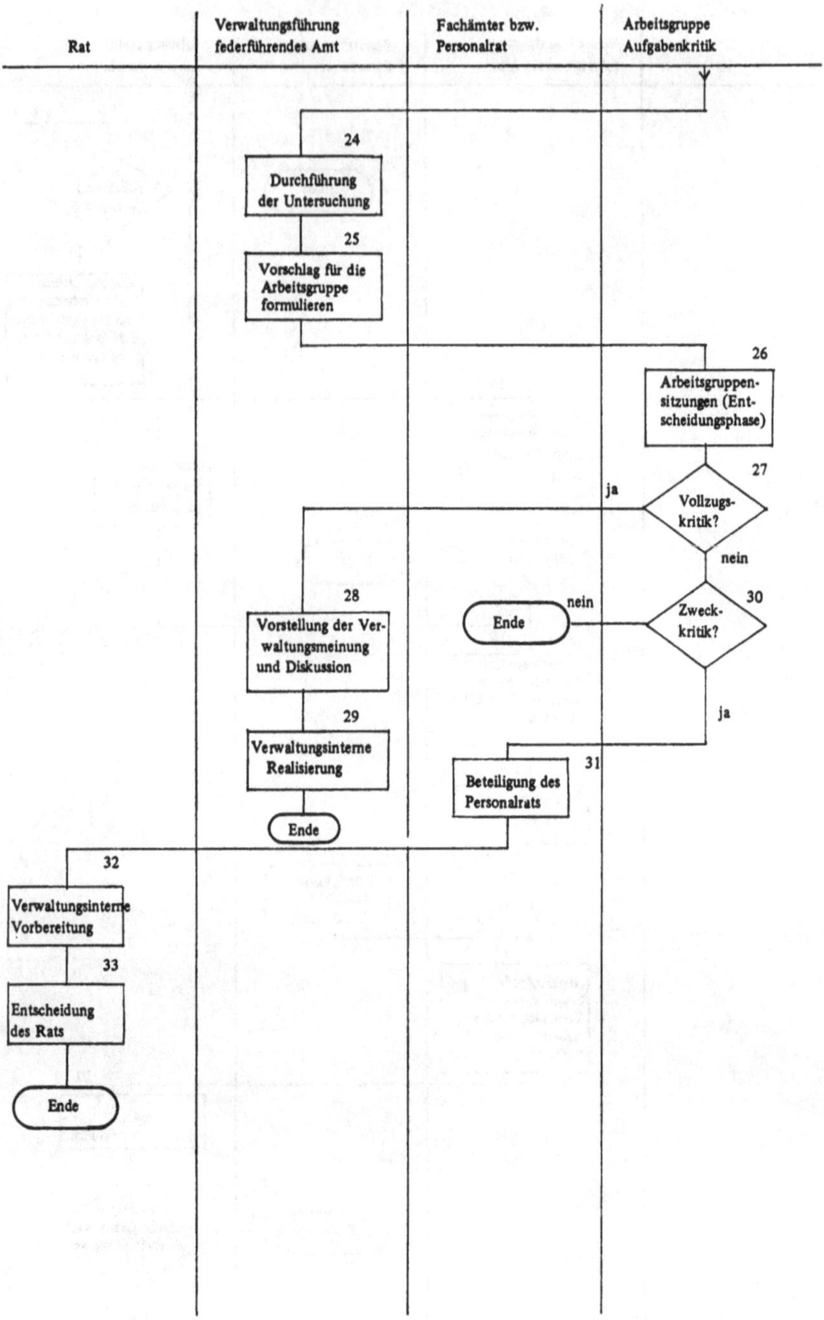

Sechster Abschnitt

Bedingungsrahmen der Aufgabenkritik

Aufgabenkritik ist — wie die bisherigen Ausführungen zeigten — in vielfältiger Weise mit der Aufgabenerfüllung der öffentlichen Verwaltung, dem politischen System und den inneradministrativen Gegebenheiten verbunden. Stichworte wie politische Ziele, parlamentarisches Etatrecht, Ansprüche der Bürger, Motivation und Veränderungsbereitschaft der Mitarbeiter kennzeichnen beispielhaft den inner- und außeradministrativen Rahmen. Die Ansätze und Instrumente der Aufgabenkritik lassen sich nur dann wirksam einsetzen, wenn diese Bedingungen berücksichtigt werden; sie stellen sowohl Voraussetzungen als auch Restriktionen der Aufgabenkritik in wechselseitiger Beeinflussung dar.

Im folgenden wird zwischen den Bedingungen auf der

— Ebene der Verwaltung
— Ebene der Politik
— Ebene der Mitarbeiter in der Verwaltung

unterschieden.

1. Ebene der Verwaltung

1.1 Gesamtkonzeption der Aufgabenkritik

Aus den dargestellten Inhalten und Instrumenten der Aufgabenkritik ergibt sich, daß kurzfristige Maßnahmen, insbesondere solche, die am Haushaltsplan orientiert sind, nur begrenzte und für die Zukunft häufig nicht überschaubare Wirkungen haben.

Sie führen im Gefüge der politischen Zielsetzungen und der gesellschaftlichen Anforderungen an öffentliche Leistungen zu Verzerrungen, bewirken ungewollt die Maximierung eines Bereichs und die Minimierung eines anderen, belasten bestimmte Bevölkerungsgruppen häufig schwerer als andere und haben oft zur Folge, daß die neu zu übernehmenden Aufgaben stärker eingeschränkt werden als die vorhandenen. Bei den bestehenden Aufgaben richten sich die finanziellen Streichungen vielfach auf Objekte, deren Mittel kurzfristig verfügbar sind, für die keine oder die geringste Änderung der Verwaltungsorganisation erforderlich ist und bei denen sich die Betroffenen nicht lautstark bemerkbar machen können. Hierdurch wird eine Disproportionierung der Mittel zu den Aufgaben herbeigeführt, denn die Wichtigkeit einer Aufgabe muß nicht mit der Verfügbarkeit der Mittel, der organisatorischen Art der Wahrnehmung und der Artikulation der Betroffenen korrespondieren.

Kurzfristige Konzeptionen versagen aber auch deshalb, weil sie regelmäßig nicht die notwendige Sorgfalt zum Durchlaufen der von Lewin[1] entwickelten drei Phasen des Wandlungsprozesses einer Organisation gestatten:

— Auflösung des bestehenden Gleichgewichts,

— Bewegung zum neuen Gleichgewicht,

— Stabilisierung des neuen Gleichgewichts.

Weiterhin liegt einmaligen Sparaktionen mit kurzen Erfolgsfristen häufig die Vorstellung zugrunde, die jeweilige Finanzkrise sei eine zufällige Verkettung unglücklicher Umstände oder von einem Mann oder einer Regierung verschuldet. Damit wird übersehen, daß Aufgabenkritik nicht nur einen finanziellen Aspekt hat und außerdem ein Teilproblem ständiger Reform der Verwaltungsorganisation ist, das, wie die Rationalisierung, kontinuierliche Arbeit voraussetzt.

Nur ein Gesamtprogramm der Aufgabenkritik und Rationalisierung, in das die Programme der einzelnen Dienststellen eingebettet sind, liefert die Gesamtschau und die erforderliche Vergleichbarkeit für die Festlegungen von Prioritäten und Posterioritäten. Nur eine längerfristige Strategie gewährleistet gewisse Grundannahmen über die Entwicklung der Aufgaben. Sie muß vorliegen, ehe wirksam über die Finanzen und andere Auswirkungen entschieden werden kann.

Eine Gesamtkonzeption, die diesen Ansprüchen gerecht werden will, müßte folgende Merkmale erfüllen:

— längerfristig (für mehr als eine Legislaturperiode)

— umfassend (umfassend alle Elemente staatlichen Handelns [Aufgaben, Personal, Strukturen, Mittel])

— flexibel (Alternativen ermöglichend und auf Wandel angelegt)

— wirksam (auf die Ziele der Aufgabenkritik ausgerichtet)

— kontrollierbar (in seinen Effekten beurteilbar)

— gleichmäßig (Bürger und Mitarbeiter nicht ungleichmäßig belastend)

— einsichtig und auf breite Unterstützung angelegt.

[1] Kurt Lewin, Feldtheorie in den Sozialwissenschaften, Bern, Stuttgart 1963, S. 262/263.

Mit „flexibel“ ist gemeint, daß nicht im voraus ein rationalistischer Plan entwickelt wird und alle Lösungen gleich am Anfang antizipiert sein müßten. Das bewußte Aufrechterhalten von Reserven ist z. B. eine Möglichkeit, das Bedürfnis nach späterer Anpassung in Rechnung zu stellen, ohne daß ein spezifisches Wissen über die zukünftigen Entwicklungen notwendig ist[2]. Flexibel heißt aber auch, daß Initiativen der Behörden und Ämter gefördert werden und eine jährliche Fortschreibung erfolgt.

Bezogen auf Bürger und Mitarbeiter bedeutet „gleichmäßig“, daß nicht speziellen Gruppen ein „Sonderopfer“ auferlegt wird, sondern eine möglichst gleichmäßige Belastung erfolgt.

Unter „einsichtig“ wird verstanden, daß die Reformvorschläge bei den Betroffenen um so eher Zustimmung finden, je enger sie auf dem Status quo aufbauen[3] und je mehr die Überzeugung besteht, daß nicht einige besondere Opfer zu bringen haben und andere völlig ausgenommen werden. Soweit es auf Einsparungen ankommt, ist nicht der wirkliche Wert der Einsparung für die Bürger entscheidend, sondern die Bereitschaft aller Beteiligten, auch etwas zur Krisenbewältigung beizutragen. Nur ein auf breite Unterstützung angelegtes Gesamtprogramm wird bewirken, daß die Verwaltung sich ernsthaft und kontinuierlich mit der Aufgabenkritik befaßt. Sie muß gewiß sein, daß die Veränderungen in der politischen und gesellschaftlichen Umwelt nicht nur auf Widerstand stoßen.

Das Gesamtkonzept kann durch schematische Vorgaben erstellt werden, die die Fachbereiche zwingen, aus ihrem Blickwinkel Alternativen zu entwickeln. Im Gegensatz zu schematischem Vorgehen bei kurzfristigen Sparmaßnahmen dienen bei einem längerfristigen Konzept die Vorgaben nur als Hilfe der Materialsammlung, um dann in einen politischen Bewertungsprozeß eintreten zu können. Solche Vorgaben können etwa sein: — 5 %, 0 % oder + 5 % des bisherigen finanziellen Anteils des Ressorts am Haushalt.

Auf der Basis des Gesamtkonzepts wären einzelne Sektoren herauszugreifen, um die für die Implementierung benötigte Zeit und den erforderlichen Aufwand einzelner Maßnahmen nicht an die Ausführung der „großen Konzeption“ zu binden. Es müssen nicht alle Veränderungen gleichzeitig stattfinden. Sie können schrittweise vorgenommen werden. Wenn sie aber nicht umfassend und kumulativ sind, sind zusätzliche Kosten und begrenzte Wirkung bis hin zum Scheitern die Folge.

---

[2] Vgl. Amitai Etzioni, Aktive Gesellschaft, S. 316.

[3] Vgl. Roman Schnur, Widerstände gegen Verwaltungsreformen, DVBl. 70, S. 758.

Die Teilbereiche können z. B. nach folgenden Kriterien gebildet werden:

- — nach politischen Prioritäten
- — nach zeitlicher Dimension der Maßnahmen (kurz-, mittel-, langfristig)
- — nach Phasen der Leistungserstellung, (Planung, Ausführung, Kontrolle)
- — nach Aufgabenarten (Dienstleistung, Ordnungsaufgaben etc.)
- — nach innerem und äußerem Leistungsbereich
- — nach Querschnittsfunktionen
- — nach Zwecken der Aufgabenkritik
- — nach Berufsgruppen des Personals
- — nach Ressourcenbedarf.

Eine Gesamtkonzeption hätte weiterhin zur Voraussetzung, daß sie mit der Finanzplanung und Personalplanung gekoppelt wird, um die Ressourcenabhängigkeit zu betonen, ohne die ein Programm der Aufgabenkritik nicht realisierbar wäre. Aufgabenkritik hat nicht nur den verwaltungsinternen Aspekt zu berücksichtigen, sondern auch die gesamtwirtschaftliche Lage (vgl. Investitionen im staatlichen Hochbau). Die Basisdaten für die Planung des Konzepts sind mit der langfristigen Aufgabenplanung zu koppeln[4].

1.2 Zentrale Planung, Steuerung und Koordination

Ein längerfristiges und mittelfristiges Konzept der Aufgabenkritik setzt dessen Planung, Steuerung und Koordinierung an einer zentralen Stelle voraus. Maßgebend für diese Feststellung ist nicht nur der vorstehend geschilderte Zusammenhang zwischen Aufgabenplanung, Finanzplanung, Aufgabenkritik und Rationalisierung, sondern auch die Notwendigkeit

- — der Eckwert-Basis-Daten-Festlegung,
- — der Fortschreibung der Gesamtkonzeption,
- — der Zusammenfassung auf den einzelnen Verwaltungsebenen,
- — der vorbereitenden politischen Beschlußfassung,
- — der Koordination mit Bund und Ländern,
- — der Milderung von Ressortegoismen,
- — der Sicherung der politischen Prioritäten,

---

[4] Es ist auch zu überlegen, ob nicht ein Aufgabenkritik- und Rationalisierungsrat wie ein Finanzplanungsrat entwickelt werden sollte.

— der Rückkoppelung und Kontrolle,

— der Entwicklung von neuen Methoden und Instrumenten,

— der Hilfestellung für die einzelnen Ressorts,

— der Sicherung der personellen und sächlichen Mittel für die Aufgabenkritik.

Diese zentrale Einheit für Aufgabenkritik kann nicht im Wege einer völligen Loslösung von einer vorhandenen Organisation aufgebaut werden, wenn Planung, Steuerung, Koordination und Durchführung möglichst reibungslos ineinandergreifen sollen. Sie sollte daher im bestehenden Organisationsgefüge verankert werden.

In Hamburg steht durch das Zusammenwirken der zentralen Assistenzeinheiten sowie durch das Vorhandensein der Organisationsstellen in den einzelnen Ressorts eine zentrale Einheit für Aufgabenkritik zur Verfügung.

1.3 Arbeitsmarkt und Aufgabenkritik

Die einzelnen Ansätze der Aufgabenkritik zielen — wenn auch mit unterschiedlichem Gewicht — u. a. darauf ab, Personalkosten zu senken, d. h. Personal freizusetzen. Solange das freigesetzte Personal für andere zusätzliche Verwaltungsaufgaben eingesetzt werden kann — und dies wird von den Gebietskörperschaften im Rahmen der bisherigen Sparmaßnahmen angestrebt —, ist für das schon im Öffentlichen Dienst beschäftigte Personal die Arbeitsplatzsituation im großen und ganzen gesichert. Problematisch ist hingegen, daß die Bestrebungen zur Aufgabenkritik — wie auch der Rationalisierung — bei Arbeitslosigkeit in Konflikt geraten mit dem Ziel der allgemeinen Beschäftigungspoltik, möglichst viele Arbeitsplätze zu erhalten. Dieses Ziel beinhaltet an den Staat als Arbeitgeber die Forderung, seine Arbeitsplätze nicht drastisch zu kürzen, sondern zusätzliche Arbeitskräfte vom Markt aufzunehmen. Manches deutet darauf hin, daß sich dieser Konflikt in der nahen Zukunft verschärfen wird.

Es lassen sich im wesentlichen folgende Entwicklungen feststellen[5]:

— eine starke Zunahme der Erwerbsbevölkerung, insbesondere geburtenstarke Jahrgänge, bei relativ langsamem Wirtschaftswachstum,

[5] Das Ergebnis dieser Entwicklung läßt sich anhand einer Analyse der Bundesanstalt für Arbeit für den öffentlichen Dienst in Zahlen wie folgt ausdrücken (vgl. Arbeitsmarkt-Prognose, Stagnation der Stellen, Wirtschaftswoche Nr. 45 vom 5. 11. 1976): „Werden z. B. im gesamten staatlichen Bereich 1980 per Saldo nicht mehr Arbeitskräfte beschäftigt als 1974 bis 1975 und von 1980 bis 1990 nur halb so viel zusätzlich eingestellt wie nach dem bisherigen Trend zu erwarten wäre, so gibt es allein beim Staat 1980 rd. 400 000 Arbeitsplätze und 1990 rd. 800 000 Arbeitsplätze weniger als vom IAB (Institut für Arbeitsmarkt und Berufsforschung der Bundesanstalt für Arbeit) bisher ausgewiesen wurden.“

— die Rate der Arbeitnehmer, die wegen Erreichens der Altersgrenze aus dem Erwerbsleben ausscheidet, ist rückläufig, sie sinkt um so schneller, je mehr Jahrgänge der Kriegsgeneration in den Ruhestand treten,
— es besteht eine erhebliche Diskrepanz zwischen den Strukturen der angebotenen Arbeitsplätze und den Qualifikationsstrukturen der Arbeitslosen,
— in rezessiven Phasen vollzieht sich gleichermaßen in Wirtschaft und Verwaltung ein Personalabbau; dies führt zu einem überproportionalen Anstieg der Arbeitslosigkeit.

Angesichts dieser schwierigen arbeitsmarktpolitischen Situation stellt sich die Frage, welche Vorkehrungen getroffen werden können, um zu verhindern, daß durch die Gebietskörperschaften die Lage auf dem Arbeitsmarkt noch verschärft wird.

Dabei ist grundsätzlich davon auszugehen, daß der Verzicht auf Aufgabenkritik und Rationalisierung kein taugliches Mittel ist, den Mangel an Arbeitsplätzen zu beheben. Zu Recht weist der Sachverständigenrat zur Begutachtung der gesamtwirtschaftlichen Entwicklung in seinem Jahresgutachten 1976/1977 darauf hin[6], daß das Wort von der „Wegrationalisierung von Arbeitsplätzen" eine rationalisierungsfeindliche Haltung beinhalte, der „schwerwiegende Mißverständnisse" zugrunde lägen. Aufgabenkritik und Rationalisierung setzen zwar Arbeitskräfte frei, sie erhöhen aber zugleich die Produktivität und leisten einen entscheidenden Beitrag zur langfristigen Sicherung der Arbeitsplätze. Die sozial- und arbeitsmarktpolitischen Auswirkungen der Aufgabenkritik können nicht zutreffend beurteilt werden, wenn die Betrachtung auf die mit der Maßnahme unmittelbar verbundenen Konsequenzen verengt bleibt. Durch die Aufgabenkritik wird u. a. die Möglichkeit eröffnet, Mittel zur Erfüllung anderer Aufgaben, insbesondere zur Sicherung und Schaffung von Arbeitsplätzen beim Staat oder in privaten Bereichen freizusetzen oder sonst an anderer Stelle erforderliche Einsparungen zu vermeiden. In jedem Fall tritt eine beschäftigungsstabilisierende Wirkung ein, die ihrerseits für die Einnahmesituation der öffentlichen Haushalte positive Effekte induziert. Darüber hinaus ist die Aufgabenkritik ein notwendiges Instrument, um den ständigen, dem Wirtschaftsprozeß zugrunde liegenden Angebots- und Nachfragestrukturveränderungen auch auf dem Arbeitsmarkt Rechnung zu tragen.

Die häufig genannte Forderung, Aufgabenkritik und Rationalisierung beim Staat solle antizyklisch zum Wirtschaftsverlauf angelegt sein,

---

[6] Bundesrats-Drucksache 700/76 vom 25. 11. 1976, S. 130.

d. h. sich in erster Linie auf Zeiten wirtschaftlicher Hochkonjunktur beschränken, dürfte wenig Aussicht auf Erfolg haben. Die Vergangenheit hat gezeigt, daß sowohl in der Wirtschaft als auch beim Staat eine Hochkonjunktur die Aufgabenkritik und Rationalisierung keineswegs begünstigt.

Gleichwohl dürfen die Folgen der Aufgabenkritik und Rationalisierung für den Arbeitsmarkt nicht vernachlässigt werden. Hier hilft nur eine aktive Arbeitsmarkt- und Wirtschaftspolitik, die insbesondere die kurzfristigen Freisetzungseffekte durch arbeitsmarkt- und wirtschaftspolitische Maßnahmen angeht. Zu solchen Maßnahmen zählen z. B.[7]:

— eine der Beschäftigungslage angemessene Lohn- und Tarifpolitik,
— eine Arbeitszeitverkürzung bei vollem Lohnausgleich oder bei Verzicht oder verringerter Anpassung des Lohnes an den Produktivitätsfortschritt,
— ein Abbau von Überstunden,
— eine Erhöhung der Mobilität der Arbeitskräfte,
— zusätzliche Maßnahmen zur Arbeitsbeschaffung,
— Erhöhung der Investitionsbereitschaft der Wirtschaft.

Ein arbeitsmarktpolitisches Konzept, das die gesamtwirtschaftliche Lage und die Maßnahmen der Aufgabenkritik und Rationalisierung in Übereinstimmung mit der Beschäftigungslage bringen soll, kann nicht kurzfristig angelegt sein. Nur eine mittel- und langfristige Aufgabenkritik und eine mittel- und langfristige Arbeitsmarktpolitik für den öffentlichen Dienst gewährleisten, daß das bisher immer wieder feststellbare Ungleichgewicht zwischen Arbeitsmarkt und Aufgabenkritik sowie Rationalisierung zumindest eingegrenzt wird. Durch eine mittel- und langfristige Strategie wäre es auch möglich, im Einzelfall aus Gründen des Arbeitsmarktes auf eine unmittelbare Freisetzung von Personal zu verzichten, ohne damit den Anspruch auf Aufgabenkritik und Rationalisierung generell aufzugeben. Unter arbeitsmarktpolitischen Gesichtspunkten wäre in wirtschaftlicher Rezession solchen Maßnahmen der Aufgabenkritik und Rationalisierung der Vorzug zu geben, die wenig Personal freisetzen und die im Verhältnis zur Zahl der einzusparenden Arbeitsplätze eine überproportionale Effektivitätserhöhung erwarten lassen.

---

[7] Vgl. hierzu Sachverständigenrat zur Begutachtung der gesamtwirtschaftlichen Entwicklung 1976/77, S. 130 ff.

2. Ebene der Politik

2.1 Aufgabenkritik als politische Aufgabe

Aufgabenkritik ist eine politische Aufgabe. Sie ist politischer als die Rationalisierung[8]. Dies ergibt sich schon daraus, daß sie die vorhandenen und zu erwartenden Aufgaben an sich verändernde Rahmenbedingungen im sozialen und politischen Umfeld anpassen soll. Deshalb setzt Aufgabenkritik eine politische Rahmenplanung voraus. Sie muß vom Regierungschef und der Regierung ebenso getragen werden wie vom Parlament, und zwar über eine Legislaturperiode hinaus.

Die Gewichtung der einzelnen Staatsaufgaben, wie sie bei der Aufgabenkritik erforderlich ist, kann nicht allein aufgrund rein rationaler Gesichtspunkte vorgenommen werden, sondern enthält immer Elemente der Wertung bestimmter Gruppeninteressen, zeitliche Präferenzen (wie weit soll gegenwärtiges Wohlergehen geopfert werden für zukünftigen Wohlstand?) und eine Risikobewertung (wie weit sollen die innerstädtischen Straßen unter dem Gesichtspunkt der Verkehrssicherheit ausgebaut werden?). Damit diese Wertungen, die in gewissem Sinne willkürlich sind, so wenig arbiträr wie möglich gesetzt werden, wäre es an sich erforderlich, daß die politischen Gremien, die den politischen Willen der Bevölkerung am ehesten repräsentieren, solche Entscheidungen selbst treffen.

Man wird aber auch in Zukunft davon ausgehen müssen, daß die Aufgabenkritik grundsätzlich in der Exekutive angesiedelt ist. Es erscheint unrealistisch, vom Parlament eine systematische Aufgabenkritik als eigene Leistung zu erwarten. Insoweit reduziert sich das Problem auf eine möglichst enge Beteiligung des Parlaments an der Arbeit der Exekutive[9]. Daß hierfür das gesamte Parlament nicht die geeignete Institution ist, braucht nicht näher erläutert zu werden. Ebenso bieten

---

[8] Vgl. KGSt-Bericht Nr. 21/1974, S. 10.

[9] In Hamburg ist die Beteiligung der Bürgerschaft schon relativ stark. Sowohl in Grundsatzfragen (vgl. Senatsamt für den Verwaltungsdienst Hamburg, Managementsysteme, Systeme und Methoden des Managements in der hamburgischen Verwaltung, Hamburg 1973, und Arbeitsbewertung im System des öffentlichen Dienstes, Hamburg 1974, als Protokolle der Sitzungen des Haushaltsausschusses — Unterausschuß Stellenplan) als auch in Einzelfragen (z. B. Mittelbewilligung für das jährliche Programm der Organisationsuntersuchungen) beschäftigt sich das Parlament u. a. auch mit der Aufgabenkritik.

Auch die Deputationen in den Behörden beraten, soweit sie nicht selbst initiativ werden, über Vorlagen des Fachressorts zu Fragen der Aufgabenkritik und Rationalisierung und sprechen insbesondere Empfehlungen aus zur

— Planungsrelevanz von Aufgaben der Fachressorts
— Zielvorgabe für die Fachplanung
— Prioritätensetzung für die anzustrebenden Ziele und Maßnahmen
— Erfüllung der Handlungsprogramme.

die bestehenden Fachausschüsse bisher nicht die Gewähr, daß die bei einer längerfristigen Gesamtkonzeption der Aufgabenkritik zu beachtenden übergeordneten Ziele und Wertvorstellungen hinreichend berücksichtigt werden. So dürfte die Einsetzung eines ständigen Ausschusses für Aufgabenkritik und Rationalisierung die beste Möglichkeit sein, eine dauerhafte und bestimmende Beteiligung des Parlaments zu gewährleisten.

Der Ausschuß sollte möglichst frühzeitig in die Durchführung der Maßnahmen eingeschaltet werden, um in der Lage zu sein, ausgestattet mit der notwendigen Information, bei der Bestimmung der Ziele Einfluß zu nehmen. Aufgabe des Ausschusses des Parlaments sollte es aber auch sein, das Parlament regelmäßig zu unterrichten und die periodischen (z. B. zweimal jährlich) stattfindenden Debatten vorzubereiten. Weiter müßte er die Möglichkeit haben, durch Anhörung von Sachverständigen oder durch Anforderung von Gutachten sein Wissen, insbesondere zu dem konkreten Problem der Aufgabenkritik, zu erweitern.

Es stellt sich allerdings die Frage, was dem Parlament berichtet werden soll und muß. Das dem Parlament aufzubereitende Material müßte so beschaffen sein, daß

— Leitlinien für das Handeln festgelegt werden können,
— der politisch richtige Zeitpunkt für die Maßnahmen bestimmt werden kann,
— die Konflikte auf der politischen Entscheidungsebene sichtbar werden,
— die Durchführung und Finanzierung der Maßnahmen geplant werden kann,
— die Auslastung der Einheiten für Aufgabenkritik und Rationalisierung erkennbar ist,
— der Veränderungsaufwand und Veränderungsnutzen der einzelnen Maßnahmen deutlich wird,
— das Handeln nach außen dargestellt werden kann.

Die Unterlagen sollten in einem Umfang vorgelegt werden, der groß genug ist, um kleinlichen Detailstreit zu vermeiden und klein genug, um die Auswirkungen übersehen zu können[10]. Dazu gehörte auch, daß in den Fällen, in denen aus politischen Gründen Maßnahmen der Aufgabenkritik nicht realisiert werden, zumindest offenkundig zu machen wäre, welcher „Preis“ dafür gezahlt wird.

[10] Dafür reichen die in Hamburg bisher zur Verfügung gestellten Informationen nicht aus. Es fehlt die nach Aufgabenbereichen zusammengefaßte Darstellung des Tatbestandes, insbesondere der Betroffenengruppen, der Unsicherheiten und Risiken usw.

2.2 Kooperation Bund — Länder — Gemeinden

Die starke Differenzierung des politischen Systems in der Bundesrepublik führt vielfach zu parzellierten Lösungen trotz zusammenhängender Problemfelder. Eine nach vorne gerichtete und nicht als Krisenmanagement verstandene Politik der Aufgabenkritik muß daher die Differenzierung des politischen Systems durch Kooperation überwinden. Ein isoliertes Vorgehen der einzelnen Gebietskörperschaften wäre nur sehr beschränkt wirksam, weil keine Gebietskörperschaft allein aus dem eng geflochtenen Netz bundesgesetzlicher Verpflichtungen ausbrechen kann[11]. Bisher sind jedoch noch nicht einmal die Anforderungen

— für ein gemeinsames Handeln und

— für einen Erfahrungsaustausch über bisherige und zukünftige Maßnahmen

durch eine Verständigung zwischen den Gebietskörperschaften geschaffen worden.

Dafür dürfte u. a. maßgebend sein, daß es in den einzelnen Gemeinden, den Ländern und beim Bund keine zusammengefaßten Programme der Aufgabenkritik und Rationalisierung gibt. In Hamburg ist eine solche Zusammenfassung einzelner Komplexe, z. B. durch Verbindung der Aktivitäten aus den Sparmaßnahmen mit dem Programm für Organisationsuntersuchungen ansatzweise gegeben. In Niedersachsen ist an einen zentralen Rationalisierungsfonds auf der Grundlage eines aus Ressortprogrammen zusammengestellten und vom Kabinett zu beschließenden Landes-Rationalisierungsprogramms gedacht[12].

Es wird auch nicht verkannt, daß es sich bei vielen Maßnahmen der Aufgabenkritik und Rationalisierung um politische Fragen handelt, bei denen eine Übereinstimmung zwischen Bund, Ländern, Kreisen und Gemeinden herzustellen, außerordentlich schwierig ist. Die politischen Fragen dürfen aber nicht von vorneherein die Bemühungen um Gemeinsamkeit blockieren, weil wesentliche Teile der Aufgabenkritik politische Grundsatzfragen nicht aufwerfen. Um die Problemstellung der Aufgabenkritik und Rationalisierung angemessener auf Bund — Länder — Gemeinde — Ebene zu repräsentieren, könnte daran gedacht werden, den 1956 gebildeten Unterausschuß „Verwaltungsvereinfachung“ des Ausschusses für innere Angelegenheiten des Bundesrates

[11] Vgl. Heinrich Schreiner, Finanzielle Grenzen staatlicher Leistung, 5. Bad Kreuznacher Gespräche 30./31. 5. 1975, S. 86.

[12] Vgl. Landesentwicklungsprogramm Niedersachsen 1985 — Stand Sommer 1973 — S. 489.

wieder zu beleben. Dieser hatte sich intensiv mit dem Problem, Gesetze auf ihre verwaltungspraktische Durchführbarkeit zu prüfen, beschäftigt.

2.3 Überzeugung der Bürger

Aufgabenkritik ist regelmäßig mit Konsequenzen für die Bevölkerung verbunden. Deshalb ist eine freie und offene Diskussion der vorgesehenen Maßnahmen mit den Bürgern unerläßlich. „Ohne Konsens läßt sich kein Reformvorhaben verwirklichen"[13]. Zwar kann der Bürger nicht über alle einzelnen Punkte unterrichtet werden, aber Maßnahmen der Aufgabenkritik von wesentlicher Bedeutung erfordern die Zustimmung der Bevölkerung, und zwar derjenigen Bürger, die Nachteile und derjenigen, die Vorteile von der Veränderung haben.

Die Feststellung, die öffentliche Verwaltung sei gegenüber der Umwelt weniger sensibel, denn sie brauche sich „nicht so wie die privaten Verwaltungen um Anerkennung ihrer Entscheidungen oder um eine Anpassung an wechselnde Forderungen, Wünsche und Zukunftsentwicklungen zu bemühen"[14], ist fragwürdig. Die öffentliche Verwaltung läßt sich nicht als ein „Neutrum" isolieren. Sie ist Teil des politischen Prozesses und auf den Konsens mit den Bürgern angewiesen. Ein solcher Konsens ist aber nur zu erreichen, wenn die komplexen Ursachen für die Entwicklung einsichtig gemacht und die Sensibilität selbstkritischer Reformbereitschaft innerhalb des öffentlichen Dienstes geweckt werden[15].

Nur über eine solche Öffentlichkeit der Maßnahmen der Aufgabenkritik ist es den Bürgern möglich, die Notwendigkeit von Eingriffen einzusehen und diese im Bewußtsein zu tolerieren, daß jeder seinen Beitrag leisten muß. Andernfalls verstärkt die Unfähigkeit des Bürgers, die Zusammenhänge in Politik und Verwaltung zu durchschauen, die Tendenz zum Anspruch auf Leistungserhöhung im Einzelfall bei gleichzeitiger allgemeiner Forderung nach Kosteneinschränkung.

Die psychologische Grenze der Belastbarkeit des Bürgers ist keine feststehende Größe, so daß über geplante Öffentlichkeitsarbeit für Aufgabenkritik eine Bewußtseinsänderung möglich erscheint. Wobei allerdings die relativ kurze Zeitspanne zwischen dem Wecken der Bedürfnisse und den gesteigerten Erwartungen auf Zunahme öffentlicher

---

[13] Roman Schnur, Widerstände und Schwierigkeiten bei Verwaltungsreformen, DVBl. 1970, S. 754; vgl. auch Amitai Etzioni, Die aktive Gesellschaft, S. 633.

[14] Bodo A. Baars, Strukturmodelle für die öffentliche Verwaltung, Köln 1973, S. 92.

[15] Vgl. Udo Rödel, ZBR 9/1975, S. 269.

Leistung einerseits und der Forderung, öffentliche Aufgaben abzubauen und einzuschränken, ein nicht geringes Hindernis darstellt.

Die finanzielle Krise in den öffentlichen Haushalten hat das Bewußtsein für Aufgabenkritik und Rationalisierung geschärft, auch wenn dabei — wie aufgezeigt — der Spargesichtspunkt gegenüber den anderen Zwecken der Aufgabenkritik und Rationalisierung zu stark in den Vordergrund getreten ist. Insgesamt kann festgestellt werden, daß der Staat bewußter wahrgenommen wird als in Zeiten wirtschaftlicher Hochkonjunktur. Dem entspricht die allgemeine Erfahrung, daß „Planungsschübe", also Bestrebungen zum Handeln in Gesamtkonzeptionen, besonders durch ökonomische und politische Krisen ausgelöst werden[16]. Wie Planung ist auch Aufgabenkritik „Tochter der Krise" (J. H. Kaiser).

Die Mobilisierung der Bevölkerung und der öffentlichen Meinung durch eine Krise birgt die Gefahr in sich, daß mangels einer planvollen und für den Bürger verständlichen Aufgabenkritik und Rationalisierung das parlamentarische System der Bundesrepublik selbst in eine Krise gerät. „Die Handlungsfähigkeit des politischen Systems könnte durch die Kombination eskalierender Angstreaktionen und verschärfter Verteilungskonflikte gelähmt werden[17]."

Die Krise bietet aber auch eine besondere Chance zur Entwicklung strategischer Konzepte, die — obgleich sie von jedem Bürger Opfer verlangen — verstanden, getragen und akzeptiert werden und das Vertrauen in die öffentliche Verwaltung und die Politik stärken. Denn unmittelbar genutzte Krisensituationen erlauben eher als sonst

— beschleunigte und verstärkte Konsensbildungsprozesse,
— das Zurückdrängen von Sonderinteressen[18].

Ein strategisches Konzept müßte insbesondere die Öffentlichkeit über die Probleme, ihre Ursachen, die wahrscheinliche Entwicklung und die vorgesehenen Maßnahmen zur Überwindung der Schwierigkeiten der Verwaltungen aufklären. Nur so könnte es gelingen, in einem langsamen Prozeß Veränderungen im Bewußtsein und im Verhalten der Bürger zu erreichen. Allerdings wird auch zu berücksichtigen sein, daß der erhöhte Mobilisierungsgrad der Bevölkerung durch eine Krise nicht notwendig die Bereitschaft zu aktivem Tun erhöht, sondern in der Regel auf eine gewisse ökonomische Unterstützung und Sympathie für das neue Programm beschränkt bleibt[19].

---

[16] Vgl. Volker Ronge, Günter Schmieg, Restriktionen politischer Planung, S. 11.

[17] Fritz W. Scharpf, Krisenpolitik, Berlin, Januar 1974, unveröffentlichtes Manuskript, S. 24.

[18] Vgl. Fritz W. Scharpf, Probleme der politischen Aufgabenplanung, Handbuch der Verwaltung, Heft 2.3, S. 12/13; Amitai Etzioni, Die aktive Gesellschaft, S. 314 und 415.

Da aber eine einmalige Konzentration des öffentlichen Interesses keine dauerhafte Änderung bewirkt, könnte eine Institutionalisierung in der Weise hilfreich sein, daß das Programm der Aufgabenkritik in ein organisatorisches Gewand gekleidet wird, das über Jahre gleich ist (wie etwa Rechnungshofberichte) und auf diese Weise immer wieder die Aufmerksamkeit der Öffentlichkeit erlangt und erhält.

3. Ebene der Mitarbeiter

3.1 Überzeugung der Mitarbeiter

Aufgabenkritik wirkt sich in zwei Richtungen auf die Mitarbeiter der öffentlichen Verwaltung aus. Zum einen ist ein Ziel der Aufgabenkritik, die Situation der Mitarbeiter in den Verwaltungseinheiten zu verbessern[20], zum anderen sind die Mitarbeiter Betroffene der Veränderung in der Verwaltungsorganisation, die durch Aufgabenkritik herbeigeführt wird. Beides steht zwar untereinander in Verbindung, sollte jedoch zweckmäßigerweise auseinandergehalten werden.

Die Berücksichtigung oder Nichtberücksichtigung der Interessen der Betroffenen bei Maßnahmen der Aufgabenkritik entscheidet über den Widerstand gegen Veränderungen in der Verwaltungsorganisation und damit nicht selten über deren Durchsetzbarkeit. Es ist Roman Schnur zuzustimmen, „daß die eigentliche Problematik von Reformen nicht in ihrem Inhalt an sich, sondern darin liegt, eine bisherige Routine durch eine andere zu ersetzen“[21]. Die Veränderung kann den Verlust des Arbeitsplatzes, der gewohnten Umgebung oder des bisher vertrauten Arbeitsgebietes zur Folge haben. Selbst wenn diese Folgen tatsächlich nicht so weitgehend eintreten, besteht für den Mitarbeiter zunächst die Sorge, daß die beabsichtigten Maßnahmen diese Konsequenz haben könnten.

Da der Aufgabenkritik regelmäßig eine Kritik an den bestehenden Verhältnissen zugrundeliegt, fühlen sich auch die Mitarbeiter in der jeweiligen Einheit kritisiert und in ihrer Rolle im Verwaltungssystem in Frage gestellt, ungerecht und ungleich gegenüber anderen Personen und Verwaltungseinheiten behandelt. Häufig reicht schon die Tatsache, daß Veränderungen in Aussicht genommen oder Untersuchungen eingeleitet werden, aus, um Widerstand der Betroffenen zu wecken[22]. Die Folge kann sein, daß bei der Untersuchung aktiver oder passiver

---

[19] Vgl. Amitai Etzioni, ebenda, S. 428.

[20] Vgl. hierzu die Ausführungen im Zweiten Abschnitt Ziff. 3.2, S. 63.

[21] DVBl. 1970, S. 754.

[22] Vgl. Niklas Luhmann, Funktion und Folgen formaler Organisation, Berlin 1964, S. 164 f.

Widerstand geübt wird und sich dieser später bei der Realisierung von Maßnahmen der Aufgabenkritik fortsetzt bis zur Vereitelung der Reform. Die Formen des Widerstandes sind vielfältig, sie können am Arbeitsplatz in Erscheinung treten, aber auch in der Ausnutzung von Verbindungen und Zugehörigkeiten zu Personalräten, Gewerkschaften, politischen Parteien und Verbänden.

Stellt man die Frage, wie eine solche Situation vermieden werden kann, so ist festzuhalten, daß die im Verhältnis des Individuums zur Organisation vorhandene Grundspannung nicht beseitigt, sondern allenfalls abgemildert werden kann. Es geht mit darum, diese Grundspannung zu einem relativen Ausgleich zu bringen[23], sie auf das sich aus der jeweiligen Interessenlage ergebende notwendige Maß zurückzuführen. Dafür ist die wichtigste Voraussetzung, daß die Betroffenen einsehen können, warum die Veränderung überhaupt und in dieser Form erforderlich ist. Einsicht bedeutet nicht, daß der Mitarbeiter dahin gebracht wird, die Maßnahmen der Aufgabenkritik als auch in seinem Interesse liegend zu begreifen. Nicht eine Übereinstimmung der Ziele zwischen den Betroffenen und der Organisation um jeden Preis ist anzustreben. Es geht vielmehr darum, die Zielsetzung und die Notwendigkeit der Veränderung deutlich zu machen und den Mitarbeitern die Möglichkeit einzuräumen, ihre Interessen darzustellen. Wenn Menschen „ein Handlungskurs ‚aufgeschwatzt' wird und sie dann ein unartikuliertes Unbehagen verspüren als seien sie betrogen oder gezwungen worden, so ist Überredungsmacht ausgeübt, Widerstand überwunden und Entfremdung erzeugt worden"[24]. Partizipative Entscheidungen allein genügen also nicht, die Betroffenen müssen auch als Menschen und nicht allein als Produktionsfaktoren betrachtet werden[25].

Einsicht wächst nur, wenn die Mitarbeiter die angestrebten Lösungen weitgehend selbst kontrollieren können[26]. Daher verlangt jeder konkrete Konflikt eine spezifische Lösungsstrategie. Dazu gehört, daß

— vor den einzelnen Untersuchungen die „Wahrscheinlichkeitskonflikte"[27] ermittelt werden und

— eine Information, Beteiligung, Mitwirkung[28] der Betroffenen und/oder ihrer Vertreter/Personalräte/Gewerkschaften bei der Vorbereitung und Durchführung der Umstellung erfolgt.

---

[23] Vgl. Hans Ryffel, Individuum und Organisation, unveröffentlichtes Manuskript eines Referats im dritten Führungsseminar in Speyer vom 24.-28. 2. 1975, S. 18.

[24] Amitai Etzioni, Die aktive Gesellschaft, S. 3.

[25] Vgl. hierzu im Zweiten Abschnitt Ziff. 3.2, S. 65.

[26] Vgl. Franz R. Nick, Management durch Motivation, Stuttgart 1974, S. 39.

[27] Vgl. Rosenstiel u. a., Organisationspsychologie, S. 101.

In der hamburgischen Verwaltung ist über die rechtliche Verpflichtung zur Beteiligung der Personalräte an organisatorischen Veränderungen hinaus für Organisationsuntersuchungen ein Informations- und Beteiligungsverfahren im gesamten Prozeßverlauf von Organisationsuntersuchungen vorgesehen, also einschließlich der Zieldefinition des Untersuchungsgegenstandes, der Festlegung der Untersuchungsmethoden, der Entwicklung, Feststellung und Durchführung der Untersuchungsergebnisse. Ein solches Beteiligungsverfahren kann nur ein abstraktes Schema sein, das auf den jeweiligen Untersuchungsbereich abgestimmt werden muß. Im konkreten Fall hängt der Umfang der Beteiligung u. a. auch ab

— von der Größe des Untersuchungsbereichs,
— dem Ausmaß der erwarteten Veränderungen,
— den Interessen der mittelbar und unmittelbar Beteiligten und Betroffenen.

Diese Information und Mitwirkung muß umfassend sein und darf nicht nur Teilaspekte berühren, die eine Manipulation der Meinungsbildung bewirken könnten[29]. Als Ergebnis des Informations- und Beteiligungsprozesses muß zumindestens auf folgende Fragen Antwort gegeben werden:

— was bedeutet das Ergebnis für die Sicherheit der Mitarbeiter?
— wie wird seine Weiterentwicklung dadurch beeinflußt?
— was hat der Mitarbeiter in dem Veränderungsprozeß zu tun[30]?

3.2 Beeinträchtigung von Besitzständen

Einwände des Personals gegen Maßnahmen der Aufgabenkritik beruhen vornehmlich auf der Sorge um die „Sicherheit des Arbeitsplatzes“ und die „Erhaltung des sozialen Besitzstandes“. Diese häufig sehr formelhaften Einwände bedürfen der Präzisierung, um daran die Bedingungen zu messen, die für eine wirksame Umsetzung der Aufgabenkritik geschaffen werden müssen. Psychologisch bedingte Hindernisse sind dabei nicht weniger beachtlich als rechtlich abgesicherte Grenzen zugunsten der Mitarbeiter.

Wegen der unterschiedlichen Gegebenheiten in den einzelnen Aufgabenbereichen und den verschiedenen rechtlichen Regelungen für

[28] Zu weiteren Mitteln behördeninterner Öffentlichkeitsarbeit vgl. Böhret, Junkers, Führungskonzepte für die öffentliche Verwaltung, Stuttgart 1976, S. 60.

[29] Vgl. Günther Gruppe, Organisationspsychologie, in: Management-Enzyklopädie, Band 4, S. 989 ff.

[30] Vgl. Gruppe, ebenda, S. 993.

Beamte, Angestellte und Arbeiter kann eine Aufzählung der „Besitzstände“, die durch die Aufgabenkritik berührt werden könnten, nur beispielhaft sein. Das Spektrum reicht von dem Recht auf Dienstkleidung mit Emblem der Stadt (bei Ausgliederung der Stadtreinigung) über den Wechsel der Gewerkschaftszugehörigkeit (von der Gewerkschaft Öffentlicher Dienst, Transport und Verkehr bei der Stadt zur Industriegewerkschaft Bau, Steine, Erden bei privaten Reinigungsfirmen) bis zur Erhaltung tatsächlicher oder vermeintlicher „Anwartschaften“ auf Beförderung.

Zur Sicherheit des Arbeitsplatzes sind u. a. folgende Fragen des Personals zu berücksichtigen:

— Bestand des Arbeitsplatzes,

— Tätigkeit in einem bestimmten Aufgabenbereich,

— Ausschluß der Kündigung auch zum Zwecke der Herabstufung,

— rechtzeitige und umfassende Beteiligung der Personalräte.

Bei der Erhaltung des „sozialen Besitzstandes“ treten insbesondere folgende Fragen auf:

— Erhaltung des Gehalts-, Vergütungs- und Lohnstandes,

— Sicherung der Kranken- und Altersversorgung,

— Sicherung der Unfallsicherung,

— Sicherung von Beihilfen,
Urlaub,
Fortbildung,
Weihnachtsgeld,
Reisekosten,
Trennungsentschädigung,
Umzugskosten,
Jubiläumszuwendungen,

— Erhaltung bestehender Beförderungschancen.

Zum Bedingungsrahmen der Aufgabenkritik gehört, daß diese Fragen zumindest teilweise in Personalvertretungsgesetzen[31] und in Rationalisierungsschutzabkommen der Tarifpartner[32] ihren Niederschlag gefunden haben. Der Bedingungsrahmen umfaßt aber auch spezielle Mitbestimmungsregelungen für einzelne Aufgabengebiete. Sie stecken in der jeweils gültigen Form den Rahmen ab, in dem sich die Aufgabenkritik nur vollziehen kann.

---

[31] Vgl. Hamburgisches Personalvertretungsgesetz vom 17. November 1972 (GVBl. 1, S. 211).

[32] Tarifverträge über den Rationalisierungsschutz für Angestellte und Arbeiter vom 29. Oktober 1971, Freie und Hansestadt Hamburg, Mitteilungen für die Verwaltung v. 24. 2. 1972, S. 80.

Siebter Abschnitt

Zusammenfassung

1. Die Entwicklung der öffentlichen Aufgaben, die Vermehrung des Personals im öffentlichen Dienst und ein nicht entsprechendes Wachstum der öffentlichen Einnahmen haben zu einer Reihe von Mängeln bei der Aufgabenerfüllung und im Personalwesen geführt, zugleich ist die Effektivität der öffentlichen Verwaltung beeinträchtigt.

2. Neben anderen Reformansätzen wie etwa der Einführung von Managementsystemen, der Vereinheitlichung des öffentlichen Dienstrechts, der Entwicklung einer langfristigen Aufgabenplanung und der Durchführung von Rationalisierungsprogrammen, nimmt die Aufgabenkritik eine zentrale Stellung bei der Bewältigung der Probleme der öffentlichen Verwaltung ein.

3. Aufgabenkritik beinhaltet eine Überprüfung der vorhandenen und der geplanten Aufgaben der öffentlichen Verwaltung daraufhin, ob die Aufgaben als öffentliche Aufgaben wahrgenommen werden sollen, ob der Staat Träger der Aufgaben sein muß und welche Gestaltung die Aufgaben finden müssen.

4. Es gibt in der Bundesrepublik bisher kein institutionalisiertes Verfahren der Überprüfung der bestehenden Aufgaben.

5. Das Schwergewicht der Aufgabenkritik sollte bei der Überprüfung der bestehenden Aufgaben liegen, weil als Ergebnis des politischen Prozesses die öffentliche Aufmerksamkeit fast ausschließlich auf den neuen, den zusätzlichen Aufgaben liegt.

6. Die öffentliche Diskussion zur Aufgabenkritik konzentriert sich einseitig auf die Privatisierung in der Annahme, eine Übertragung von Aufgaben auf Private führe zu einer Entlastung der öffentlichen Haushalte. Die Zahl der tatsächlich privatisierungsfähigen Aufgaben ist aber gering und die Entlastung der öffentlichen Haushalte begrenzt.

7. Die Zwecke der Aufgabenkritik, nämlich Erhöhung der Effektivität, Förderung der Zufriedenheit der Mitarbeiter und Gewähr-

leistung der Demokratie, führen über die Bewältigung finanzieller Krisen hinaus und erfordern eine kontinuierliche Durchleuchtung aller Aufgaben, nicht nur derjenigen, die möglicherweise privatisiert werden könnten.

8. Die drei Ansätze der Aufgabenkritik lösen für jede einzelne öffentliche Aufgabe die Frage aus, ob Gesichtspunkte der Politik, des Rechts, der Wirtschaftlichkeit und des Personals einer Veränderung entgegenstehen.

9. Der sich hieraus ergebende Bewertungsprozeß kann in einem besonderen Verfahren der Aufgabenkritik vorgenommen werden, das die Überprüfung aller Aufgaben des Verwaltungsträgers durch hierfür zusammengestellte Arbeitsgruppen beinhaltet. Ein solches eigenständiges Verfahren der Aufgabenkritik unterliegt jedoch der Gefahr, sich in einmaligen Aktionen, die zudem noch mit Sparmaßnahmen gekoppelt sind, zu erschöpfen.

10. Aufgabenkritik als ständiger Prozeß wie die Rationalisierung verstanden, muß daher auf die vorhandenen aufgabenbezogenen, finanziellen, personellen und organisatorischen Instrumente zur Planung, Ausführung und Kontrolle öffentlicher Aufgaben zurückgreifen.

11. Der Zwang zur Aufgabenkritik durch die Verwaltung und die politischen Gremien sollte durch eine befristete Gültigkeit von Vorschriften oder die Pflicht zur Rechenschaft über beschlossene Aufgaben nach einer bestimmten Zeit unterstützt werden.

12. Aufgabenkritik bedarf einer Gesamtkonzeption in jeder Verwaltung, durch die eine Zusammenfassung, Steuerung und Koordinierung im inneren Verwaltungsbereich, eine Einbeziehung der politischen Vertretungskörperschaften sowie die Berücksichtigung der Belange des Personals gewährleistet wird.

Literaturverzeichnis

Baars, Bodo A.: Strukturmodelle für die öffentliche Verwaltung, Köln u. a. 1973.

Bachem, Hans: Managementansätze im IPEKS, vervielfältigtes Typoskript, Oktober 1974.

Balla, Eckart: Kommunale Wohnungsvermittlung — unzulässige wirtschaftliche Betätigung der Gemeinden, in: Deutsches Verwaltungsblatt 1975, S. 643 ff.

Banner, Gerhard: Ziel- und ergebnisorientierte Führung in der Kommunalverwaltung, Erfahrungen mit dem „Management by Objectives" in Duisburg, in: Archiv für Kommunalwissenschaften, Jg. 14 (1975), S. 22 ff.

Baum, Karl-B.: Probleme neuerer Verfahren der Koordinierung innerhalb eines Ressorts, in: Baars, Baum, Fiedler, Politik und Koordinierung, Band 93 der Schriftenreihe der Kommission für wirtschaftlichen und sozialen Wandel, Göttingen 1976 (in Vorbereitung).

Becker, Bernd: Die Organisation als Fachaufgabe und Probleme der Organisation der Organisation, in: Organisation der Ministerien des Bundes und der Länder, Schriftenreihe der Hochschule Speyer, Band 52, Berlin 1973, S. 77 ff.

Becker, Erich: Verwaltungsaufgaben, in: Fritz Morstein-Marx (Hrsg.), Verwaltung, Eine einführende Darstellung, Berlin 1965, S. 187 ff.

— Wissenschaftliche Erörterungen der Staatsaufgaben, in: Menschenwürde und freiheitliche Rechtsordnung, Festschrift für Willi Geiger zum 65. Geburtstag, hrsg. von Gerhard Leibholz u. a., Tübingen 1974, S. 755 ff.

Becker, Ulrich: Das strukturelle Instrumentarium der Regierung und Verwaltungsführung der Freien und Hansestadt Hamburg, in: Die Verwaltung 1969, S. 213 ff. und 347 ff.

— Die öffentlichen Leistungen — ihr Strukturbild, in: Öffentlicher Dienst und Gesellschaft — Eine Leistungsbilanz, Godesberger Taschenbücher Band 11, 1974, S. 43 ff.

— Zweck und Maß der Organisation, Handbuch der Verwaltung, Heft 3.1.

— Rationalisierung in den Verwaltungen der Stadtstaaten, Referat vor der Stadtstaatentagung des deutschen Gewerkschaftsbundes 1966, vervielfältigtes Manuskript.

— Regierungsprogramm und Ressourcenrahmen, in: Regierungsprogramme und Regierungspläne, Schriftenreihe der Hochschule Speyer, Band 51, Berlin 1973, S. 135 ff.

— Personalwirtschaft, in: W. Bierfelder (Hrsg.), Handwörterbuch des öffentlichen Dienstes, Das Personalwesen, Berlin u. a. 1976, S. 1335 ff.

— Organisationsberatung aus der Sicht der öffentlichen Verwaltung — am Beispiel des Stadtstaates Hamburg —, in: AWV-Fachbericht Nr. 20/21, S. 19 ff.

— Aufgabenerfüllung durch verselbständigte Betriebseinheiten aus der Sicht der Großstadt, in: Frido Wagener (Hrsg.), Regierbarkeit? Dezentralisierung? Entstaatlichung? Schriften der Deutschen Sektion des Internationalen Instituts für Verwaltungswissenschaften, Bd. 3, Bonn 1976, S. 91.

Becker, Ulrich; Rudolf *Dieckmann:* Aufgabenkritik — Am Beispiel der Freien und Hansestadt Hamburg, in: Joosten / van Kaldenkerken (Hrsg.), Organisation und Effizienz der öffentlichen Verwaltung II — Beiträge zu einem Symposium in Eindhoven 1975, Köln / Eindhoven 1976, S. 146 ff.

Becker, Ulrich; Helmut *Rademacher:* Sparprogramm und Stellenplan, Freie und Hansestadt Hamburg, Mitteilungen für die Verwaltung Nr. 23 vom 10. November 1976, S. 355 ff.

Beckert, Peter: Es geht nicht allein um Privatisierung, Frankfurter Allgemeine Zeitung vom 17. 12. 1975.

Blum, Reinhard: Vortrag zur Privatisierung öffentlicher Leistungen auf dem ÖTV-Gewerkschaftstag in Hamburg vom 17. 6. 1976 (Tagungsprotokoll Nr. 5).

Böhret, Carl; Marie-Therese *Junkers:* Führungskonzepte für die öffentliche Verwaltung, Stuttgart 1976.

Bohne, Eberhard; Herbert *König:* Probleme der politischen Erfolgskontrolle, in: Die Verwaltung 1976, S. 19 ff.

Borell, Rolf: Das Chaos droht, in: Wirtschaftswoche Nr. 27 vom 27. 6. 1975, S. 56/57.

Brinckmann, Hans; Klaus *Grimmer:* Rechtsfragen der Weiterbildung, der Information und der Bildungsstatistik, Deutscher Bildungsrat, Gutachten und Studien der Bildungskommission 33, S. 69 ff.

Brown, J. A. C.: Psychologie der industriellen Leistungen, Hamburg 1956.

Bülck, Hartwig: Öffentliche Unternehmen im deutschen und europäischen Recht, in: Politik und Verwaltung, Heft 10, S. 10.

Bull, Hans-Peter: Wandel und Wachsen der Verwaltungsaufgaben, Handbuch der Verwaltung, Heft 2.1.

— Die Staatsaufgaben nach dem Grundgesetz, Frankfurt a. M. 1973.

Bund der Steuerzahler: Ein Weg aus der Misere, Wiesbaden 1975.

— Entstaatlichung, Wie man die öffentlichen Haushalte durch Verlagerung von Aufgaben auf Private entlasten kann, Wiesbaden 1975.

Bundesminister des Innern: Dritter Bericht der Projektgruppe Regierungs- und Verwaltungsreform, Zur Änderung der Struktur von Bundesregierung und Bundesverwaltung, Bonn 1972.

— Projektgruppe Regierungs- und Verwaltungsreform, Bericht zur Verlagerung von Aufgaben aus den Bundesministerien, Bonn 1972.

— Programmstruktur für das Bundesministerium für Ernährung, Landwirtschaft und Forsten auf der Grundlage eines Gutachtens von McKinsey & Company Inc. Management Consultants für die Projektgruppe für Regierungs- und Verwaltungsreform beim Bundesminister des Innern, 1973 (nicht veröffentlicht).

Cartellieri, W.: Die Großforschung und der Staat, Gutachten über die zweckmäßige rechtliche und organisatorische Ausgestaltung der Institutionen für die Großforschung, Teil II, 1968, S. 63 - 73.

Child, John: Prognose und Erklärung von Organisationsstrukturen, in: Erwin Grochla (Hrsg.), Organisationstheorie, 1. Teilband, Stuttgart 1975, S. 118 - 119.

Dagtoglou, Prodromos: Die Beteiligung Privater an Verwaltungsaufgaben, in: Die öffentliche Verwaltung 1970, S. 532 ff.

Dammann, Klaus: Ökonomisierung, Loyalisierung, Reform und Gegenreform des Öffentlichen Dienstes, in: WSI-Mitteilungen des Wirtschafts- und Sozialwissenschaftlichen Instituts des Deutschen Gewerkschaftsbundes GmbH 12/1974, S. 479 ff.

Derlien, Hans-Ulrich: Probleme des neuen Planungssystems im Bundesministerium für Ernährung, Landwirtschaft und Forsten, in: Die Verwaltung 1975, S. 363 ff.

— Theoretische und methodische Probleme der Beurteilung organisatorischer Effizienz der öffentlichen Verwaltung, in: Die Verwaltung 1974, S. 1 ff.

Deutscher Städtetag: Privatisierung öffentlicher Aufgaben, DST-Beiträge zur Kommunalpolitik, Reihe A, Heft 2, Köln 1976.

Dieckmann, Rudolf: Organisation der Organisation, Handbuch der Verwaltung, Heft 3.5.

— Regierungspolitik und Gesetzgebung, in: Recht und Politik, Heft 2/1975, S. 84 ff.

— Stellungnahme zu den ASJ-Thesen zur Verwaltungspolitik (1975), Recht und Politik, Heft 4/1975, S. 207 ff.

— Problemaufriß zur Verselbständigung von Verwaltungsträgern, in: Frido Wagener (Hrsg.), Verselbständigung von Verwaltungsträgern, Schriften der Deutschen Sektion des Internationalen Instituts für Verwaltungswissenschaften, Bd. 1, Bonn 1976, S. 19 ff.

Diederich, Nils: Aufgabenplanung, interne Arbeitsprogramme der Regierung, Regierungserklärungen, in: Klaus König (Hrsg.), Koordination in den Staatskanzleien, Schriftenreihe Bd. 60, Berlin 1976, S. 65 ff.

Dörfer, Gerhard; Erhard *Ulrich:* Personalplanung, Materialien aus der Arbeitsmarkt- und Berufsforschung, 16/1973, hrsg. vom Institut für Arbeitsmarkt und Berufsforschung der Bundesanstalt für Arbeit.

Düll, Klaus; Dieter *Sauer:* Rationalisierung im öffentlichen Dienst, in: Gewerkschaftliche Monatshefte Nr. 2/1975, S. 97.

Egloff, Willi: Die Informationslage des Parlaments — Eine Untersuchung zur Gesetzgebungslehre am Beispiel des Deutschen Bundestages und der schweizerischen Bundesversammlung, Zürich 1974.

Eichhorn, Peter: Struktur und Systematik kommunaler Betriebe, Verwaltung und Wirtschaft, Heft 40, 1970.

— Was die Ökonomen ignorieren, in: Wirtschaftswoche Nr. 22 vom 25. 5. 1973, S. 36 ff.

Ellwein, Thomas: Einführung in die Regierungs- und Verwaltungslehre, Stuttgart 1966.

— Das Regierungssystem der Bundesrepublik Deutschland, 3. Aufl., Opladen 1973.

— Zur Entwicklung der öffentlichen Aufgaben, in: Die öffentliche Verwaltung, 1972, S. 13 ff.

— Entstaatlichung und Dezentralisierung als Mittel zur besseren Konfliktlösung im politischen Prozeß, in: Frido Wagener (Hrsg.), Regierbarkeit? Dezentralisierung? Entstaatlichung? Schriften der Deutschen Sektion des Internationalen Instituts für Verwaltungswissenschaften, Bd. 3, Bonn 1976, S. 217.

Ellwein, Thomas; Ralf *Zoll:* Zur Entwicklung der öffentlichen Aufgaben in der Bundesrepublik Deutschland, Studienkommission für die Reform des öffentlichen Dienstrechts, Bd. 8, Baden-Baden 1973, S. 203 ff.

Ellwein, Thomas; Axel *Görlitz;* Andreas *Schröder:* Gesetzgebung und politische Kontrolle, Stuttgart 1967.

Engels, Wolfram: Leistung und Verschwendung der öffentlichen Hand, in: Was soll und kann der Staat noch leisten? Reden, Thesen, Ergebnisse auf den 5. Bad Kreuznacher Gesprächen vom 30./31. Mai 1975, S. 15 ff.

Etzioni, Amitai: Soziologie der Organisationen, 2. Aufl., München 1969.

— Die aktive Gesellschaft, Opladen 1975.

Faude, Alfred: Verlagerung von Teilaufgaben aus Bundesministerium auf Zentralämter am Beispiel des Bundesverwaltungsamtes in Köln, in: Frido Wagener (Hrsg.), Verselbständigung von Verwaltungsträgern, Schriften der Deutschen Sektion des Internationalen Instituts für Verwaltungswissenschaften, Bd. 1, Bonn 1976, S. 91 ff.

Fichtmüller, Carl Peter: Zulässigkeit ministerialfreien Raums in der Bundesverwaltung, in: Archiv öffentliches Recht 91, Heft 3, S. 297 ff.

Fischer-Menshausen, Herbert: Entlastung des Staates von Aufgaben und Ausgaben?, in: Frido Wagener (Hrsg.), Verselbständigung von Verwaltungsträgern, Schriften der Deutschen Sektion des Internationalen Instituts für Verwaltungswissenschaften, Bd. 1, Bonn 1976, S. 51 ff.

Fonk, Friedrich: Die Behörde des Regierungspräsidenten, Schriftenreihe der Hochschule Speyer, Bd. 36, Berlin 1967, S. 19 ff.

— Die Problematik der Sonderbehörden, Köln und Berlin, 1969.

Forsthoff, Ernst: Lehrbuch des Verwaltungsrechts, 7. Aufl., München 1958.

Freie und Hansestadt Hamburg: Koordination und integrierte Planung in den Staatskanzleien, Landesbericht Hamburg, Schriftenreihe der Hochschule Speyer, Bd. 60, Berlin 1976, S. 268 ff.

Frey, René L.: Öffentliche Armut in der Marktwirtschaft?, in: Hamburger Jahrbuch für Wirtschaft und Gesellschaftspolitik, 19. Jahrg. 1974, S. 99 ff.

Fromm, Ernst: Revolution der Hoffnung, Stuttgart 1971.

Gebert, Diether: Organisationsentwicklung, Stuttgart, 1974.

Gehlen, Arnold: Die Seele im technischen Zeitalter, Hamburg 1957.

Geske, Otto-Erich: Zur Personalentwicklung bei Bund, Ländern und Gemeinden von 1963 - 1974, in: Wirtschaftsdienst 1975/XI, S. 576 ff.

Gesundheitsbehörde Hamburg: Voruntersuchung der Arbeitsgruppe „Krankenhausbetriebsgesellschaft" vom 4. 12. 1972 (nicht veröffentlicht).

Gewerkschaft Öffentliche Dienste, Transport und Verkehr: Auszug aus dem Tagungsprotokoll 5 des Gewerkschaftstages der Gewerkschaft Öffentliche Dienste, Transport und Verkehr in Hamburg vom 17. 6. 1976.

Gleitze; Klein: Substanzverluste müssen in Kauf genommen werden — Auszüge aus städtischen Haushaltsreden 1976 —, in: Der Städtetag, 1976, S. 15 ff.

Gollnik, Hartmut: Finanzplanung, Handbuch der Verwaltung, Heft 6.2.

Grauhan, Rolf-Richard: Zur Struktur der planenden Verwaltung, Stadtbauwelt 1969, S. 132 ff.

— Rationalisierung — Bürokratisierung — gesellschaftlicher Fortschritt?, in: Aus Politik und Zeitgeschichte, Beilage zur Zeitschrift „Das Parlament" B 3/75 vom 18. 1. 1975.

Grauhan, Rolf-Richard: Modelle politischer Verwaltungsführung, Politische Vierteljahresschrift 1969, S. 269 ff.

Grochla, Erwin: Handwörterbuch der Organisation, hrsg. von Erwin Grochla, Planung der Organisation, Spalte 1317 ff., Stuttgart 1969.

Gröttrup, Hendrik: Die kommunale Leistungsverwaltung, Stuttgart 1973.

Grunow, Dieter; Friedhart *Hegner:* Überlegungen zur System-Umwelt-Problematik anhand der Analyse des Verhältnisses zwischen Organisation und Publikum, in: Zeitschrift für Soziologie, Jahrgang 1, Heft 3, Juli 1972, S. 209.

Gruppe, Günter: Organisationspsychologie, in: Management-Enzyklopädie, Band 4, München 1971, S. 989 ff.

Hämmerlein, Hans: Öffentliche Unternehmen in der Rechtsform der GmbH, in: GmbH-Rundschau 1970, S. 273 ff.

Hartfiel, Günter: Die öffentliche Verwaltung zwischen technischem Fortschritt und sozialem Wandel, in: Hamburger Jahrbuch für Wirtschaft und Gesellschaftspolitik, 1970, S. 190 ff.

— Der Mensch als Systemelement oder Herr des Systems, Zeitschrift für Organisation 3/1973, S. 132 ff.

— u. a.: Beamte und Angestellte in der Verwaltungspyramide, Berlin 1964.

Hartkopf, Günter: Der öffentliche Dienst als leistungsfähiges Instrument zum Nutzen des Bürgers, Bulletin der Bundesregierung Nr. 117 vom 9. Oktober 1974, S. 1189 ff.

Hartwieg, Oskar: Rechtstatsachenforschung im Übergang, Bestandsaufnahme zur empirischen Rechtssoziologie in der Bundesrepublik Deutschland, Göttingen 1975.

Hoffmann, Klaus: Die Kasse stimmt, Gebäudereiniger-Service, manager-magazin, Juli 1976, S. 44 - 49.

Homans, G. C.: Theorie der sozialen Gruppe, Köln 1960.

Hugger, Werner: Verwaltungsadäquates Management, Plädoyer für praktikable Managementsysteme der Verwaltung, Speyerer Arbeitshefte 5, Hochschule für Verwaltungswissenschaften Speyer, 1976.

Innenministerium Baden-Württemberg (Hrsg.): Vorschläge für eine bürgerfreundliche und effektive Verwaltung, Bericht der Arbeitsgruppe Innere Verwaltungsreform, Stuttgart Oktober 1974.

Isenberg, Gerhard: Leistungsverwaltung, Finanzen, Marktwirtschaft und Raumordnung, in: Der öffentliche Haushalt, Jahrgang 16, Heft 1 und 2, S. 1 ff.

Jellinek, Hans Jörg: Aktuelle Probleme der Aufgabenverteilung zwischen Bund und Ländern, in: Aus Politik und Zeitgeschichte, Beilage zur Zeitschrift Das Parlament B 32/75 vom 9. August 1975, S. 13 ff.

Jochimsen, Reimut: Überlegungen zur mittel- und längerfristigen Aufgabenplanung und deren Einfluß auf die Vorbereitung der Haushaltsentscheidungen, in: Der öffentliche Haushalt, Archiv für das öffentliche Haushaltswesen, 1972, S. 129 ff.

— Planung im staatlichen Bereich, Bulletin der Bundesregierung Nr. 113 vom 23. Juli 1971, S. 1236 ff.

Jochimsen, Reimut; Peter *Treuner:* Staatliche Planung in der Bundesrepublik in: Aus Politik und Zeitgeschichte, Beilage zur Zeitschrift Das Parlament B 9/74, S. 39 ff.

Jungblut, Michael: Rebellion gegen die Langeweile, in: Die Zeit Nr. 14 vom 30. 3. 1973, S. 42.

Kaldenkerken van, Karl-Heinz; Wolf *Gottschalk:* Verselbständigte Betriebseinheiten in der Kommunalverwaltung aus der Sicht mittlerer und kleinerer Gemeinden, in: Frido Wagener (Hrsg.), Regierbarkeit? Dezentralisierung? Entstaatlichung? Schriften der Deutschen Sektion des Internationalen Instituts für Verwaltungswissenschaften, Bd. 3, Bonn 1976, S. 129.

Kisker, Gunter: Abbau politischer Konfliktüberlastung durch Dezentralisierung, in: Frido Wagener (Hrsg.), Verselbständigung von Verwaltungsträgern, Schriften der Deutschen Sektion des Internationalen Instituts für Verwaltungswissenschaften, Bonn 1976, S. 73 ff.

Kirchhoff, Gerd: Übertragung öffentlicher Aufgaben auf autonome Träger, Thesenliste und Literatursammlung, zusammengestellt im Auftrag des Bundesministeriums des Innern, Forschungsinstitut der Hochschule für Verwaltungswissenschaften Speyer, Speyer 1974.

Klein, Richard R.: Gemeindefinanzbericht 1976, in: Der Städtetag, 1976, S. 2 ff.

Klose, Hans-Ulrich: Hamburgs Zukunft sichern, Regierungserklärung vom 29. Januar 1975, Hamburger Dokumente 1/1975.

König, Herbert: Management-Konzeptionen für Regierung und Verwaltung, Verwaltungsarchiv 1976, Heft 4, S. 360 ff.

König, Klaus: Die Rolle zentraler oder ressorteigener Einheiten für Regierungspolitik und für Planung im Bereich der Politikentscheidung und Prioritätensetzung, Länderbericht: Bundesrepublik Deutschland, in: Regierungspolitik und Koordination, Schriftenreihe der Hochschule Speyer, Band 57, Berlin 1976, S. 227 ff.

Kommunale Gemeinschaftsstelle für Verwaltungsvereinfachung: Bericht: Aufgabenkritik, Nr. 21/1974 vom 29. 10. 1974.

— Bericht: Verfahren der Aufgabenkritik, Nr. 25/1976 vom 3. 12. 1976.

— Gutachten Verwaltungsbauten, 7. Aufl., Köln 1974.

— Bericht: Funktionelle Organisation, Delegation von Entscheidungsbefugnissen, Nr. 3/1971.

— Erstes Internationales Symposion „Organisation und Effizienz der öffentlichen Verwaltung“, 29./30. Oktober 1973 in Augsburg; Köln 1974.

— Zweites Internationales Symposion „Aufgabenplanung — Finanzplanung“ 1./2. April 1974 in Wien; Wien 1974.

— Drittes Internationales Symposion „Organisation und Effizienz der öffentlichen Verwaltung II“, 14./15. April 1975 in Eindhoven, Köln / Eindhoven 1976.

— Sonderdruck Fortschritte kommunaler Organisationsarbeit, September 1975.

— Bericht: Stand der Aufgabenkritik, Sparmaßnahmen, Auswertung einer Umfrage, Nr. 16/1975.

— Rundschreiben Hilfsbetriebe, Öffentliche Einrichtungen und erwerbswirtschaftliche Unternehmen im gemeindlichen Bereich, Nr. 20/1966 vom 27. Juli 1966.

— Bericht: Organisation der kommunalen Entwicklungsplanung, Nr. 21/1972.

— Bericht: Übertragung bisher von der Verwaltung wahrgenommener Aufgaben, Ergebnis einer Umfrage (1976), Nr. 20/1976 vom 19. Oktober 1976.

Krüger-Spitta, Wolfgang; Horst *Bronk:* Einführung in das Haushaltsrecht und die Haushaltspolitik, Darmstadt 1973.

Kruse, Hans-Joachim: Allgemeine Aufgabenplanung, Handbuch der Verwaltung, Heft 2.2.

Laubinger, Hans-Werner: Gesetzesvollzug und Personalaufwand — Zur Bestimmung des für den Vollzug neuer Gesetze erforderlichen Personalaufwandes, Forschungsinstitut der Hochschule Speyer, Speyer 1976.

Laux, Eberhard: Führungsorganisation und Führungsstil in der Kommunalverwaltung, in: Archiv für Kommunalwissenschaften, 1968, S. 233 ff.

— Autonomie als politisches Prinzip — zur Entwicklung der Selbstverwaltung in unserer Zeit, Münster 1975.

— Katalog von Rechtsformen verselbständigter Verwaltungsträger, in: Frido Wagener (Hrsg.), Verselbständigung von Verwaltungsträgern, Schriften der Deutschen Sektion des Internationalen Instituts für Verwaltungswissenschaften, Bd. 1, Bonn 1976, S. 119 ff.

— Öffentliche Einrichtungen als Betriebe unter besonderer Berücksichtigung der Kommunalverwaltung, in: Frido Wagener (Hrsg.), Verselbständigung von Verwaltungsträgern, Schriften der Deutschen Sektion des Internationalen Instituts für Verwaltungswissenschaften, Bd. 1, Bonn 1976, S. 141 ff.

— Zur Personalpolitik und Personalplanung, ein Literaturbericht, Archiv für Kommunalwissenschaften 1976, S. 76 ff.

— Personalplanung im öffentlichen Dienst, in: Die Verwaltung 1976, S. 137 ff.

— Größere Flexibilität der öffentlichen Verwaltung durch Verselbständigung betrieblicher Einheiten, Wibera-Sonderdruck Nr. 75, Düsseldorf 1976.

Lehmann, Max Rudolf: Echte Rationalisierung als Zentralproblem positiver Wirtschaftspolitik, Leipzig 1931.

Lewin, Kurt: Feldtheorie in den Sozialwissenschaften, Bern, Stuttgart 1963.

Lindner, Klaus: Quantitative Aspekte des Personalbedarfs, Handbuch der Verwaltung, Heft 5.3.

Littmann, Konrad; Leonhard *Hajen;* Rudi *Ulbrich:* Argumente für eine Aufgabenabgrenzung zwischen privatem und öffentlichem Sektor und Mischformen, Literaturanalyse, Projekt 90 für die Kommission für wirtschaftlichen und sozialen Wandel.

Lohmann, Erich: Organisation und Rationalisierung der Verwaltung, Handbuch der Rationalisierung, Schriftenreihe Rationalisierungskuratorium der Deutschen Wirtschaft, Nr. 23, Heidelberg 1971.

Luhmann, Niklas: Reform des öffentlichen Dienstes, in: Politische Planung, Opladen 1971, S. 203 - 227.

— Kann die Verwaltung wirtschaftlich handeln?, in: Verwaltungsarchiv Bd. 51, Heft 2, 1960, S. 97 ff.

— Zweck-Herrschaft-System, Grundbegriffe und Prämissen Max Webers, in: Renate Mayntz (Hrsg.), Bürokratische Organisation, 2. Aufl., Köln, Berlin 1971.

— Theorie der Verwaltungswissenschaft, Bestandsaufnahme und Entwurf, Köln und Berlin 1966.

— Funktion und Folgen formaler Organisation, Berlin 1964.

Lutz, Burkhart: Rationalisierung und Mechanisierung im öffentlichen Dienst. Ein Gutachten für die Gewerkschaft ÖTV, München 1970.

Mäding, Erhard: Entwicklung und Stand der kommunalen Rationalisierung, Zur Arbeit der Kommunalen Gemeinschaftsstelle für Verwaltungsvereinfachung (KGSt), in: Archiv Kommunalwissenschaften 1975, S. 75 ff.

— Aufgaben der öffentlichen Verwaltung, in: Die Verwaltung 1973, S. 257 ff.

— Zwecke und Verfahren der Aufgabenkritik, in: Joosten / van Kaldenkerken (Hrsg.), Organisation und Effizienz der öffentlichen Verwaltung II, Beiträge zu einem Symposium in Eindhoven 1975, Köln / Eindhoven 1976, S. 181 ff.

Mayntz, Renate: Soziologie der Organisation, Die Mitglieder der Organisation, Abschnitt VI, rde 166, Hamburg 1963.

Mayntz, Renate; Hans-Ulrich *Derlien:* Bericht über die Vorarbeiten zum Forschungsprogramm „Effizienz in der öffentlichen Verwaltung", unveröffentlichtes Manuskript, Speyer 1973.

Naschold, Frider: Vernachlässigte Aspekte der Regierungs- und Verwaltungsreform in der Bundesrepublik Deutschland, in: Kommunikation V/4 1969, S. 192 ff.

Nell-Breuning, von, Otto: Subsidiaritätsprinzip, Wörterbuch der Soziologie, 2. Aufl., Stuttgart 1969, S. 1137 - 38.

Nick, Franz R.: Management durch Motivation, Stuttgart 1974.

Niedersächsischer Ministerpräsident: Landesentwicklungsprogramm „Niedersachsen 1985", Stand Sommer 1973, herausgegeben vom niedersächsischen Ministerpräsidenten, Hannover 1973.

Oertzen von, Hans-Joachim (Hrsg.): Demokratisierung und Funktionsfähigkeit der Verwaltung. Zusammenfassung der Beiträge der Tagung der Deutschen Sektion des Internationalen Instituts für Verwaltungswissenschaften in Regensburg, Stuttgart 1974.

— Verwaltungsämter und Generalbehörden zur Entlastung von Ministerien, in: Organisation der Ministerien des Bundes und der Länder, Schriftenreihe der Hochschule Speyer, Band 52, Berlin 1973, S. 53 ff.

Oettle, Karl: Die ökonomische Bedeutung der Rechtsform öffentlicher Betriebe, in: Archiv für öffentliche und freigemeinnützige Unternehmen, 1967, S. 193 - 226.

Offe, Claus; Volker *Ronge:* Fiskalische Krise, Bauindustrie und die Grenzen staatlicher Aufgabenrationalisierung, in: Leviathan 2/1973, S. 189 ff.

Ossenbühl, F.; H. U. *Gallwas:* Die Erfüllung von Verwaltungsaufgaben durch Private, Veröffentlichungen der Vereinigung der Deutschen Staatsrechtlehrer, Heft 29, Berlin 1971.

Pankoke, Eckart; Hans *Nokielski;* Theodor *Beine:* Neue Formen gesellschaftlicher Selbststeuerung, Band 86 Kommission für wirtschaftlichen und sozialen Handel, Göttingen 1975.

Parkinson, C. N.: Parkinsons Gesetz und andere Untersuchungen über die Verwaltung, Düsseldorf 1958.

Pentzlin, Kurt: Rationalisierung, in: Handwörterbuch der Sozialwissenschaften, hrsg. von Erwin von Beckerath u. a., Bd. 8, Stuttgart, Tübingen und Göttingen 1964, S. 676 ff.

Peters, Hans: Öffentliche und staatliche Aufgaben, in: Festschrift für H. C. Nipperdey, Bd. II, München und Berlin 1965, S. 877 ff.

Pietsch, Max: Rationalisierung, in: Staatslexikon, hrsg. von der Görres-Gesellschaft, Bd. 6, 6. Aufl., Freiburg 1961, Spalte 598.

Pries, Hans: Rechnungslegung und Kontrolle, Handbuch der Verwaltung, Heft 6.5.

Püttner, Günter: Verselbständigung von Organisationseinheiten mit Betriebscharakter in Privatrechtsreform, in: Frido Wagener (Hrsg.), Verselbständigung von Verwaltungsträgern, Schriften der Deutschen Sektion des Internationalen Instituts für Verwaltungswissenschaften, Bd. 1, Bonn 1976, S. 125 ff.

— Die öffentlichen Unternehmen, Bad Homburg 1969.

— Die Einwirkungspflicht, Zur Problematik öffentlicher Einrichtungen in Privatrechtsform, in: Deutsches Verwaltungsblatt 1975, S. 353 ff.

Rademacher, Helmut: Sparen in Hamburgs Verwaltung, Hamburgische Beamtenzeitung, Februar 1975, S. 1 ff.

Randel, Edgar: Regierungsreform in der Halbzeit?, in: analysen und prognosen, November 1973, S. 15 - 18.

Recktenwald, H.-C. (Hrsg.): Finanztheorie, Köln und Berlin 1969.

Reichelt, Johannes: Organisationsprobleme der öffentlichen Verwaltung, in: Degelmann (Hrsg.), Organisationsleiter-Handbuch, München 1968, S. 324.

Reinermann, Heinrich: Wirtschaftlichkeitsanalysen, Handbuch der Verwaltung, Heft 4.6.

— Programmbudgets in Regierung und Verwaltung, Möglichkeiten und Grenzen von Planungs- und Entscheidungssystemen, Schriften zur öffentlichen Verwaltung und Wirtschaft, Hrsg. von Peter Eichhorn und Peter Friedrich, Bd. 6, Baden-Baden 1975.

Rödel, Udo: Umstrittener Staat, Faktoren und Merkmale staatlicher Aktivität und Rationalität, in: Zeitschrift für Beamtenrecht, 1975, S. 269 ff.

Ronge, Volker; Günter *Schmieg:* Restriktionen politischer Planung, Frankfurt/M. 1973.

Rosenstiel von, Lutz; Walter *Molt; Bruno Rüttinger:* Organisationspsychologie, Stuttgart, Berlin, Köln, Mainz 1972.

Rüfner, Wolfgang: Formen öffentlicher Verwaltung im Bereich der Wirtschaft, Berlin 1967.

Ryffel, Hans: Individuum und Organisation, Referat beim dritten Führungsseminar der Hochschule für Verwaltungswissenschaften Speyer vom 24. - 28. 2. 1975 (vervielfältigtes Manuskript).

Sachverständigenrat zur Begutachtung der gesamtwirtschaftlichen Entwicklung: Jahresgutachten 1976/77, Bundesratsdrucksache 700/76 vom 25. 11. 1976.

Schäfer, Friedrich: Überlegungen zur Verwaltungsforschung und Verwaltungsreform, in: Materialien zur Verwaltungsforschung und Verwaltungsreform, hrsg. vom Verein für Verwaltungsreform und Verwaltungsforschung, Bonn 1972.

Schäfers, Josef: Verlagerung von Teilaufgaben aus Landesministerien auf Zentralämter am Beispiel des Landesamtes für Jugend und Soziales Rheinland-Pfalz, in: Frido Wagener (Hrsg.), Verselbständigung von Verwaltungsträgern, Schriften der Deutschen Sektion des Internationalen Instituts für Verwaltungswissenschaften, Bd. 1, Bonn 1976, S. 109 ff.

Schaper, Rudolf: Verlagerung von Teilaufgaben aus Landesministerien am Beispiel des Niedersächsischen Landesverwaltungsamtes, in: Frido Wagener (Hrsg.), Verselbständigung von Verwaltungsträgern, Schriften der Deutschen Sektion des Internationalen Instituts für Verwaltungswissenschaften, Bd. 1, Bonn 1976, S. 99 ff.

Scharpf, Fritz: Bilanz: Steigende Anforderungen und abnehmende Handlungsmöglichkeiten — das selbstblockierende System, Berlin, Oktober 1974 (unveröffentlichtes Manuskript).

— Effizienz im Bereich der öffentlichen Dienstleistungen: Thesen, Berlin, Februar 1975 (unveröffentlichtes Manuskript).

— Probleme der politischen Aufgabenplanung, Handbuch der Verwaltung, Heft 2.3.

— Krisenpolitik, Berlin 1974 (unveröffentlichtes Manuskript).

Schiffer, Eckart: Verfassungs- und organisationsrechtliche Probleme der Erfüllung öffentlicher Aufgaben durch autonome Organisationen — Eine Problemskizze aus Bundessicht — Verwaltungswissenschaftliche Informationen, Sonderheft 1, Bonn 1974.

Schmidt, Volker: Finanz- und Aufgabenplanung als Instrumente der Regierungsplanung, in: Die Verwaltung 1/1973, S. 1 ff.

Schneider, Gerhard: Kommunale Verwaltungsrationalisierung am Beispiel der Tätigkeit der KGSt, Arbeit für die Diplomprüfung für Volkswirte, Köln 1973 (unveröffentlichtes Manuskript).

Schnur, Roman: Widerstände und Schwierigkeiten bei Verwaltungsreformen, Deutsches Verwaltungsblatt 1970, S. 753 ff.

Schreiner, Heinrich: Finanzielle Grenzen staatlicher Leistung, in: Was soll und kann der Staat noch leisten? Reden, Thesen und Ergebnisse auf den 5. Bad Kreuznacher Gesprächen vom 30./31. Mai 1975, S. 67 ff.

Senatsamt für den Verwaltungsdienst Hamburg: Kostenrechnung und Wirtschaftlichkeitsberechnung, Richtlinien für die hamburgische Verwaltung, Hamburg 1969.

— Gutachten Gebäudereinigung in der hamburgischen Verwaltung, Hamburg 1974.

— Gutachten Verlagerung staatlicher Hochbauaufgaben auf besondere Träger, Hamburg 1971.

— Rundschreiben zur Einsparung in der Gebäudereinigung vom 23. 10. 1975; Aktenzeichen 12/031.31-1/6.

— Informationssystem Personalwesen, Hamburg 1973.

— Arbeitsbewertung im System des öffentlichen Dienstes, Hamburg 1974.

— Richtlinien für die Aufstellung von Raum-, Funktions- und Ausstattungsprogrammen bei Hochbauvorhaben (Bauprogramm-Richtlinien), Hamburg 1973.

— Rundschreiben zur mittelfristigen Finanzplanung 1972 - 1976 vom 27. Januar 1972, Az. 170.00 - 11.11.

— Rundschreiben zum Sparprogramm vom 6. März 1975 Az. 170.00 - 11 Ziff. 3.

— Ziele, Auswirkungen und Durchführbarkeit von Vorschriften, Leitfaden für Praxis und Ausbildung, 2. Aufl., Hamburg 1975.

— Managementsysteme, Systeme und Methoden des Managements in der hamburgischen Verwaltung, Hamburg 1973.

— Voruntersuchung über die möglichen Betriebs- und Rechtsformen zur Bildung einer Betriebseinheit Stadtentwässerung in der Freien und Hansestadt Hamburg, Hamburg 1973.

Sidler, Fredy: Grundlagen zu einem Management-Modell für Regierung und Verwaltung, Zürich 1974.

Siedentopf, Heinrich: Funktion und allgemeine Rechtsstellung — Analyse der Funktionen des öffentlichen Dienstes, Studienkommission für die Reform des öffentlichen Dienstrechts, Bd. 8, Baden-Baden 1973, S. 19 ff.

Siepmann, Heinrich: Bedarfsdeckung, Handbuch der Verwaltung, Heft 5.5.

Staehle, Wolfgang H.: Organisation und Führung sozio-technischer Systeme, Stuttgart 1973.

Steiner, Udo: Öffentliche Verwaltung durch Private, in: Die Öffentliche Verwaltung 1970, S. 526 ff.

— Öffentliche Verwaltung durch Private, Hamburg 1975.

Szyperski, Norbert: Wirtschaftliche Verwaltungen für leistungsfähige Unternehmen, Betriebswirtschaftliche Forschung und Praxis, Heft 5/1974, S. 455 ff.

Thiel, Eberhard: Der staatliche Haushalt im volkswirtschaftlichen Zusammenhang, Handbuch der Verwaltung, Heft 6.1.

— Mehr oder weniger Staat? Wirtschaftsdienst 1975/XI, S. 554.

— Möglichkeiten und Grenzen einer Privatisierung staatlicher Aktivitäten, aspekte für Angestellte und Beamte Nr. 3, 1976, S. 10 ff.

Thieme, Werner: Verwaltungslehre, 2. Aufl., Köln u. a. 1967.

Thiemeyer, Theo: Von „Messen" keine Rede, in: Wirtschaftswoche Nr. 23 vom 1. 6. 1973, S. 35.

Tofaute, Hartmut: Probleme des Personaleinsatzes im öffentlichen Dienst, WSI-Studien Nr. 28, Köln 1974.

Ule, Carl: Parkinsons Gesetz und die deutsche Verwaltung, Berlin 1960.

Unruh von, Georg Christoph: Dezentralisation der Verwaltung des demokratischen Rechtsstaates nach dem Grundgesetz, in: Die Öffentliche Verwaltung 19/1974, S. 649 ff.

Wagener, Frido: Einwohnerzahl und Aufgabenerfüllung der Länder, in: Materialien zum Bericht der Sachverständigenkommission für die Neugliederung des Bundesgebietes, Der Bundesminister des Innern (Hrsg.), Bonn 1973, S. 83 ff.

— Öffentliche Finanzen und Haushalt in der Bundesrepublik Deutschland, Vorlesungsmanuskript, Speyer, Sommersemester 1976.

— Verwaltungsgemeinschaften oder Einheitsgemeinden (Gutachten), Speyer 1974.

— Zur Praxis der Aufstellung von Entwicklungsplanungen, in: Archiv für Kommunalwissenschaften, 1970, S. 47 ff.

— Die öffentliche Verwaltung in der Bundesrepublik Deutschland und in der DDR, Anhang zum Bericht zur Lage der Nation 1974, Bundestagsdrucksache 7/2425 vom 29. 7. 1974, S. 504 ff.

— Von der Raumplanung zur Entwicklungsplanung, in: Deutsches Verwaltungsblatt, 1970, S. 93 ff.

— System einer integrierten Entwicklungsplanung im Bund, in den Ländern und in den Gemeinden, Schriftenreihe der Hochschule Speyer, Bd. 55, Berlin 1975, S. 129 ff.

— Eignung des Bundesraumordnungsprogramms als Planungsinstrument, in: Zeitschrift für Raumordnung und Raumforschung Heft 5, 1975, S. 225 ff.

— Neubau der Verwaltung, Schriftenreihe der Hochschule Speyer, Band 41, Berlin 1969.

Wagener, Frido: Typen der verselbständigten Erfüllung öffentlicher Aufgaben, in: Frido Wagener (Hrsg.), Verselbständigung von Verwaltungsträgern, Schriften der Deutschen Sektion des Internationalen Instituts für Verwaltungswissenschaften, Bd. 1, Bonn 1976, S. 31 ff.

— Zur Zukunft der inneren Struktur der Verwaltung, in: Verwaltungsarchiv 1970, S. 126 ff.

— Erwiderung zu Wegener: Von der Entwicklungsplanung zur Aufgabenplanung?, in: Die Öffentliche Verwaltung 1975, S. 370 ff.

Weber, Max: Wirtschaft und Gesellschaft, 5. Aufl., Tübingen 1972.

Wegener, Gerhard: Von der Entwicklungsplanung zur Aufgabenplanung, in: Die Öffentliche Verwaltung 1975, S. 365 ff.

Weltz, Friedrich O.: Organisationsumstellung, in: Degelmann (Hrsg.), Organisationsleiter-Handbuch, München 1968, S. 1392.

Wibera Wirtschaftsberatung AG: Gutachten über die möglichen Betriebs- und Rechtsformen zur Bildung einer Betriebseinheit Stadtreinigung in der Freien und Hansestadt Hamburg, Düsseldorf 1973.

Wild, Jürgen: MbO als Führungsmodell für die öffentliche Verwaltung, in: Die Verwaltung 1973, S. 283 ff.

Wild, Jürgen; Peter *Schmid:* Management-Systeme für die Verwaltung: PPBS und MbO, in: Die Verwaltung 1973, S. 145 ff.

Wissenschaftlicher Beirat beim Bundesministerium der Finanzen: Gutachten zur Lage und Entwicklung der Staatsfinanzen in der Bundesrepublik Deutschland, Bulletin der Bundesregierung Nr. 103 vom 16. August 1975, S. 1001 ff.

Wissenschaftlicher Beirat beim Bundesministerium für Wirtschaft: Kosten und Preise öffentlicher Unternehmen, Bulletin der Bundesregierung Nr. 4 vom 8. Januar 1976, S. 36 ff.

Wissenschaftlicher Beirat für öffentliche Wirtschaft und Gemeinwirtschaft: Privatisierung öffentlicher Unternehmen — kein Mittel zum Abbau von Haushaltsdefiziten, Schriftenreihe der Gesellschaft für öffentliche Wirtschaft und Gemeinwirtschaft e. V. Heft 13, Berlin 1976.

Wolff, Hans-J.: Rechtsformen gemeindlicher Einrichtungen, in: Archiv für Kommunale Wissenschaft, 1963, S. 149 - 174.

Zahn, Erich: Systemforschung in der Bundesrepublik Deutschland, Bericht im Auftrage der Stiftung Volkswagenwerk, Göttingen 1972.

Zielinski, Heinz: Diskrepanz zwischen Aufgabenentwicklung und Finanzierung in den Gemeinden, Kommission für wirtschaftlichen und sozialen Wandel, Nr. 40, Göttingen 1975.

Kolibri 360 GmbH
Ferdinand-Jühlke-Straße 7
99095 Erfurt, Deutschland
produktsicherheit@kolibri360.de

Druck:
CPI Druckdienstleistungen GmbH
im Auftrag der
Kolibri 360 GmbH
Ferdinand-Jühlke-Str. 7
99095 Erfurt